高质量教育体系背景下"双师型"教师队伍建设研究

刘中美 著

中国原子能出版社

图书在版编目（CIP）数据

高质量教育体系背景下"双师型"教师队伍建设研究 / 刘中美著. --北京：中国原子能出版社，2024.6

ISBN 978-7-5221-3391-1

Ⅰ. ①高… Ⅱ. ①刘… Ⅲ. ①师资队伍建设–研究

Ⅳ. ①G451.2

中国国家版本馆 CIP 数据核字（2024）第 093284 号

高质量教育体系背景下"双师型"教师队伍建设研究

出版发行	中国原子能出版社（北京市海淀区阜成路 43 号　100048）
责任编辑	张　磊
责任印制	赵　明
印　　刷	河北宝昌佳彩印刷有限公司
经　　销	全国新华书店
开　　本	787 mm×1092 mm　1/16
印　　张	18
字　　数	272 千字
版　　次	2024 年 6 月第 1 版　2024 年 6 月第 1 次印刷
书　　号	ISBN 978-7-5221-3391-1　　　定　价　**78.00 元**

前　言

随着社会经济的发展和科技的进步，教育作为社会进步和个人成长的基石，正面临着新的机遇和挑战。在构建高质量教育体系的过程中，教育者的角色愈发凸显，他们的专业水平和教育理念直接关系到培养何种人才，并决定国家和社会的未来。在这一背景下，建设一支"双师型"教师队伍成为推动教育现代化的重要举措。

高质量的教育体系是国家发展的关键，也是提高人民群众整体素质的有效途径。现代社会对人才的需求不再仅限于传统的知识传授，更加注重学生的创新能力、团队协作能力以及实践应用能力。因此，教育体系需要从过去注重知识传授，转向培养综合素质的方向。

在这一过程中，教育者的作用不可忽视。他们不仅需要具备扎实的学科知识，还需拥有跨学科的综合素养，能够引导学生在知识的海洋中找到方向，培养创新思维和解决问题的能力。建设高质量的教育体系，需要一支具备高度专业素养且教育理念先进的教师队伍作为支撑。

"双师型"教师是指既具备深厚的学科专业知识，又具备先进的教育理念和教学技能的教师。他们不仅在自己的学科领域内独具造诣，还能够跨学科地思考问题，引导学生全面发展。这种教师既是学科专业的"专家"，又是教育理念和方法的"行家"。

建设"双师型"教师队伍对于高质量教育体系的构建至关重要。一方面，他们能够为学生提供更加深入、专业的学科知识，确保学生在学科方面有扎实的基础；另一方面，他们又能够通过先进的教育理念和教学方法，培养学生的创新能力、实践能力等综合素质，使学生更好地适应未来社会的发展需求。

此外，建设"双师型"教师队伍还有助于提升教育质量和教学效果。这类教师能够更好地融合最新的教育理论和科技手段，灵活运用多样化的教学方法，使教学更具吸引力和亲和力。通过建设"双师型"教师队伍，可以进一步提升教育水平，推动整个教育体系的现代化发展。

"双师型"教师队伍的建设是教育现代化的必然要求，也是高质量教育体系的重要支撑。通过深入研究和实践，构建"双师型"教师队伍将有助于培养更多更优秀的人才，推动教育事业迈上新台阶。在全社会的共同努力下，我们有望建设一支既擅长学科知识传授，又注重培养学生综合素质的"双师型"教师队伍。在这一过程中，学校、政府和社会都将发挥关键作用，共同助力培养更具创新力和实践能力的未来一代。

著　者

2024 年 1 月

目　录

第一章 绪 论

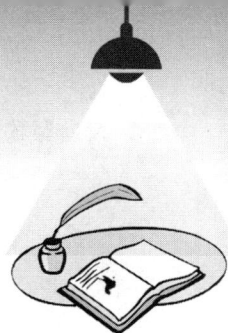

第一节 研究背景、目的和意义

一、高质量教育体系的重要性

教育一直被认为是社会发展和个体成长的重要推动力。一个高质量的教育体系对于塑造未来的领导者、创新者和社会的全面发展至关重要。它不仅对个体产生深远影响，还关系到社会的和谐与国家的竞争力。

首先，高质量的教育对个体的影响是显而易见的。它显著提高了个人的就业竞争力，使其在职场中获得更多机会和更好的职业发展前景。受过良好教育的人不仅更容易找到工作，而且更有可能获得升职和高薪职位，从而提升生活质量。此外，教育还对个人的整体生活状态产生积极影响，受过良好教育的人通常更健康、更幸福，且更能参与社会和政治活动。他们不仅能够理解和运用知识，还具备解决问题的能力，并倾向于选择积极的生活方式，这些都为他们的生活质量提供了坚实保障。

教育的价值还体现在个人成长和社会责任感的培养上。高质量的教育不仅传授知识和技能，还培养个人的创新思维、批判性思维、沟通能力和领导力等重要素质，这些素质对于终身发展至关重要。同时，教育也是培养社会责任感的重要途径。受过教育的人更有可能参与慈善和志愿活动，关注社会问题，并为社会做出积极贡献，这有助于建设更加和谐的社会。

其次，高质量的教育对社会的影响也不可忽视。它促进社会和谐，减少

1

社会不平等，增加社会流动性，为每个人提供平等机会，进而减少社会分裂和冲突。受过良好教育的公民更愿意参与民主政治，推动社会进步。此外，教育还增强了国家的竞争力。受过良好教育的劳动力不仅提高了国家的技能水平，还促进了创新和科技发展，从而提升国家的生产力和全球竞争力。教育也是传承国家文化和价值观的重要途径。高质量的教育能够培养国民的文化自信和国家认同，促进文化的传承与创新。更重要的是，高质量的教育能够提高社会安全水平。受过教育的人更有可能遵守法律，犯罪率较低，从而减轻社会治安压力。

在国家层面，高质量的教育是推动经济增长的关键因素之一。它培养并发展了高素质的劳动力，适应经济变化，满足不同行业需求，推动科技创新，为国家提供科学家、工程师、医生等专业人才，增强国家科研与创新能力，从而提升国家的国际影响力。拥有高质量教育体系的国家更有可能在国际舞台上发挥重要作用，受过教育的人更能参与国际合作与交流，推动国际关系的发展。

要构建和维护高质量的教育体系，国家和社会必须加大对教育的投资。这不仅包括提供充足的教育资源、改善学校设施、提高教师待遇，还包括确保教育的普及和公平。高质量的教育需要高质量的内容和方法，国家和学校应不断改进教育课程，提升教师的培训与发展，采用先进的教育技术和方法，以提高教育的质量与效果。同时，教育体系应关注学生的综合发展，培养他们的创新思维、批判性思维和解决问题的能力。

教育公平也是高质量教育体系的重要组成部分。国家和学校应采取措施，确保每个人都有平等接受教育的机会，不论其社会经济背景、性别、种族、残疾状况或其他因素。这包括提供财政支持、奖学金、特殊教育和其他帮助弱势群体获得高质量教育的措施。

为了确保教育体系的质量和有效性，国家应建立有效的监管机制，如教育质量评估、教育标准与指导，以及对学校和教师的绩效监督。这些机制有助于教育体系达到国家和国际标准，并持续改进。

教育是一个不断发展的领域，需要不断地改革与创新。国家和学校应鼓励教育改革，包括课程改革、教育技术的应用、教师培训和教育管理的改进，以适应社会变化和满足未来需求。国际合作在提升教育质量和推动教育发展方面也至关重要。国家应积极参与国际教育合作，分享最佳实践、资源和经验，共同推动全球教育目标的实现。

二、"双师型"教师的作用和价值

"双师型"教师，是指那些既具备学科专业知识，又拥有教育学或教育心理学等教育领域的专业培训背景的教师。这种教师不仅能够有效传授学科知识，还能灵活运用教育方法和策略，促进学生的综合素质发展。以下将详细探讨"双师型"教师在提升教育质量、促进综合素质教育、推动教育改革、满足学生需求以及培养全面发展的学生方面的作用和价值。

首先，"双师型"教师在提高教育质量方面发挥着至关重要的作用。他们不仅拥有深厚的学科专业知识，还具备教育领域的专业背景，能够将两者有机结合，帮助学生更深入地理解和掌握学科知识。这些教师通过有效运用教育方法和策略，因材施教，满足学生多样化的学习需求。同时，他们能够针对不同学生的个体差异，制订个性化的学习计划，并凭借对教育心理学的深入了解，帮助学生处理学习与生活中的各种挑战，促进其全面发展。

其次，在促进综合素质教育方面，"双师型"教师同样具有重要的作用。他们不仅关注学生的学术表现，还注重培养学生的品德、价值观、创新思维、批判思维以及社交和沟通能力。通过结合实际教学案例，他们能够引导学生思考复杂的社会问题，培养其创新潜力和社会责任感。此外，"双师型"教师还帮助学生进行生涯规划，提供职业建议和支持，确保他们在未来的职业发展中取得成功。

在推动教育改革方面，"双师型"教师作为教育改革的先行者和推动者，通过自身的专业发展和继续教育，提升了整体师资队伍的水平。他们参与教育研究和创新项目，为教育政策的制定和教育改革提供了宝贵的经验和见解。

此外，这些教师还具备跨学科、跨领域合作的能力，推动了综合素质教育的协调发展。

在满足学生的需求方面，"双师型"教师能够识别学生的学习挑战，提供更有效的学习支持，帮助学生克服学术困难。他们通过生涯指导、个人发展支持，帮助学生制定合理的学习计划，提升其社交技能和领导能力，从而促进学生的全面发展。

最后，"双师型"教师在培养全面发展的学生方面起到了关键作用。他们的教育方法和策略不仅注重学生的认知发展，还关注其情感、社交和生活技能的培养。同时，他们通过鼓励学生发展创造力和创新能力，帮助学生开阔全球视野，培养国际竞争力，并通过参与社会服务和公益活动，增强学生的社会责任感。

三、"双师型"教师队伍建设研究目的和意义

（一）"双师型"教师队伍建设研究的目的

"双师型"教师的队伍建设，旨在应对当今教育领域内复杂多样的挑战，并推动教育质量的全面提升。首先，提升教育质量是建设"双师型"教师队伍的核心目的之一。传统的教师教育体系往往将学科知识与教育理论分离，然而，"双师型"教师通过兼备学科专业知识与教育学或教育心理学的背景，能够更加有效地传授知识。这种复合型的教育背景使他们不仅能够精通所教的学科内容，还能够理解并应用先进的教育方法和策略，从而为学生提供更加全面、深入的学习体验。这种教师能够根据学生的个性化需求调整教学内容和方法，以促进学生的学业成绩和综合素质的全面发展。

其次，"双师型"教师队伍建设的另一个重要目的在于推动综合素质教育。随着全球化和信息化的发展，社会对教育的要求已不再仅仅停留在学科知识的掌握上，而是更加注重学生的全面发展。这包括学生的品德培养、创新能力、批判性思维、社交技能等多方面的发展。"双师型"教师由于兼具学科与

教育学背景，能够更好地整合这些元素，为学生提供全面的教育支持。通过他们的教学，学生不仅能够在学术上有所成就，还能在个人品德、社会责任感、创造力等方面得到全面发展，成为具有多方面素质的全面人才。

此外，促进教育改革也是"双师型"教师队伍建设的一个重要目的。教育改革是一个复杂而长期的过程，涉及教育理念、教学方法、教育内容等多个方面的变革。而"双师型"教师在这其中可以发挥关键作用。由于他们具备教育领域的专业背景，能够参与教育研究和创新项目，提出切实可行的改革建议，并在教育实践中不断检验和完善这些建议，从而推动教育政策的制定和实施。这不仅有助于改进现有的教育体系，还能促使教育体系更好地适应社会的变化与需求，培养出符合未来社会需求的人才。

最后，适应现代教育需求是"双师型"教师队伍建设的又一重要目的。在信息化时代，教育领域面临着前所未有的挑战和机遇。新的教育技术和信息工具的普及，使得传统的教育方式难以满足现代学生的需求。此时，"双师型"教师由于具备教育技术与学科知识的双重背景，能够更好地利用这些技术，创新教学方法，满足学生的个性化需求。他们不仅能够培养学生的学科能力，还能够帮助学生发展创新能力、社交技能和批判性思维，为学生未来的社会生活和职业发展打下坚实的基础。

（二）"双师型"教师队伍建设研究的意义

"双师型"教师队伍建设的意义，不仅体现在对教育质量的提升上，还在于它对整个教育体系、学生个体发展以及社会发展的深远影响。首先，"双师型"教师的存在显著提高了教育质量。他们能够将学科知识与教育理论相结合，更好地满足学生的学习需求。在教学过程中，他们能够灵活运用各种教育方法和策略，使得学生能够更深刻地理解所学内容，提升学业成绩的同时，也能更好地掌握学习技巧，增强自主学习能力。随着教育质量的提高，整个教育体系的竞争力也将随之增强，从而在全球教育市场中占据更有利的位置。

其次,"双师型"教师队伍的建设有助于培养全面发展的学生。在全球化日益深入的背景下,单一的学科知识已不足以应对未来社会的复杂挑战。学生需要在学术之外,还具备其他重要的素质,如品德、创新能力、批判性思维和社交技能等。"双师型"教师在教学中不仅传授学科知识,还注重学生的全面发展,帮助学生在多个方面得到提升。这种全面发展的教育模式,使得学生能够在未来的职业生涯和社会生活中表现出色,成为有责任感、有创造力的社会成员。

再次,"双师型"教师队伍的建设对推动教育改革具有重要意义。教育改革往往需要理论和实践的紧密结合,而"双师型"教师正是连接这两者的重要桥梁。他们既有扎实的教育理论背景,又有丰富的教学实践经验,因此能够提出有针对性的改革建议,并在实际教学中不断验证和完善这些建议,推动教育实践的进步。此外,由于"双师型"教师对教育理论和教学实践都有深入理解,他们还能够在教育研究中发挥重要作用,为教育改革提供理论支持和实践指导,从而推动整个教育体系的革新与发展。

最后,"双师型"教师队伍的建设有助于适应现代教育需求。在信息化和全球化的时代背景下,教育领域面临着前所未有的挑战。传统的教育方式和内容已难以满足现代学生的需求,而"双师型"教师由于具备双重专业背景,能够更好地应对这些挑战。他们能够在教学中引入现代教育技术,创新教学方法,提供个性化的教育支持,从而帮助学生更好地适应信息化时代的学习与生活。此外,他们还能够通过参与教育研究和创新项目,为教育体系的现代化提供支持,推动教育体系的不断革新与进步。

(三)推动"双师型"教师队伍建设

为了实现"双师型"教师队伍建设的目标,必须采取一系列措施来推动其发展与壮大。首先,教育培训与认证是其中的关键环节。政府和教育机构应联合制定"双师型"教师的培训计划,这些培训计划应包括教育学、教育心理学、教育方法与策略等课程,确保参与者能够全面掌握教育领域的专业知识与技能。培训完成后，应颁发相应的教育认证，以确保这些教育从业人员具备必要的资质，能够在教学实践中发挥应有的作用。教育机构还应为这些教师提供持续的职业发展支持，通过定期的培训与交流，不断提升他们的专业水平。

其次，聘用与激励措施对于吸引和保留"双师型"教师至关重要。学校和教育机构应积极聘用"双师型"教师，并提供有竞争力的薪酬和福利待遇，以吸引更多有潜力的候选人。同时，还应建立有效的绩效评估机制，激励他们在教育领域发挥更大的作用。通过提供职业晋升机会和奖励机制，鼓励"双师型"教师不断提升自我，为教育事业做出更大贡献。

再次，研究与创新支持也是推动"双师型"教师队伍建设的重要举措。政府和教育机构应加大对教育研究项目的投资，支持"双师型"教师参与教育研究和创新项目。这不仅有助于提高他们的专业水平，还能够推动教育实践的创新与改进。此外，通过政策支持和资金投入，促进教育领域的研究与创新，为"双师型"教师提供更加广阔的发展平台，从而进一步提升教育质量。

合作与分享经验也是推动"双师型"教师队伍发展的重要手段。教育机构和政府应鼓励"双师型"教师积极参与学术和教育社区，通过建立教育专业组织和网络，促进经验交流与合作。通过分享教学经验和最佳实践，"双师型"教师能够不断学习和进步，从而提高整个教师队伍的整体水平。这种合作与分享不仅有助于个体教师的发展，还能推动整个教育体系的进步。

最后，提高社会对"双师型"教师的认可度与支持是推动其发展的必要条件。政府和社会各界应通过各种宣传渠道，提升"双师型"教师的社会地位与认可度。这可以通过宣传教育的重要性，推广教育改革的成功案例，以及鼓励社会各界参与教育事业来实现。通过增强社会对教育的关注与支持，吸引更多优秀人才加入"双师型"教师队伍，为教育领域带来更多积极的变革。

第二节 国内外研究动态

一、国内"双师型"教师研究

近年来,"双师型"教师逐渐成为教育领域的新兴职业群体。这类教师不仅具备扎实的学科专业知识,还接受了教育学、教育心理学等教育领域的专业培训。随着国内对这一职业群体关注度的提高,相关的研究也逐渐增多。下面将探讨国内"双师型"教师研究的现状、主要内容和发展趋势。

研究现状方面,国内"双师型"教师的研究逐渐受到越来越多学者的关注。首先,在学科与教育领域的交叉研究中,研究者们往往涉及教育学、心理学、教育管理以及学科教育等多个领域。他们尝试探讨"双师型"教师如何将学科知识与教育知识相结合,以提升教育质量和学生的综合素质。其次,教育政策研究也受到重视,国内政府的政策支持推动了"双师型"教师的兴起。研究者分析了相关政策的效果及局限性,并为政策制定提供了参考意见。教育改革研究中,"双师型"教师被视为教育改革的一部分,研究者关注其在推动教育体系变革和创新中的角色。他们探讨了"双师型"教师如何应对现代教育需求,促进综合素质教育的发展。在教育实践研究方面,部分研究专注于"双师型"教师的教育实践,探讨他们如何运用教育知识和方法提升学生的学业成绩和综合素质。这些研究包括教育案例分析、教学设计和课程开发等内容。此外,一些研究还关注"双师型"教师的教育质量和学生绩效,利用教育评估工具和方法探讨"双师型"教师对学生学习的影响。

主要内容方面,国内关于"双师型"教师的研究涵盖了多个方面。首先,研究者探讨了"双师型"教师的定义和特征,明确他们的教育背景、知识结构和专业领域,并研究他们与传统学科教师之间的差异以及在教育领域中的独特作用。其次,培训与认证机制也是研究重点,研究者关注"双师型"教师的培训过程和标准,研究不同培训机构和项目及其对"双师型"教师的影响。教育政策与发展方面的研究则分析了国内教育政策与"双师型"教师发展之间的关系，评估了政策的有效性和可行性，并提出了政策建议。在教育实践与教学创新方面，研究者探讨了"双师型"教师如何通过教学策略、教材设计和教育创新提高学生的学业成绩和综合素质。教育效果与学生绩效方面的研究则使用评估工具探讨"双师型"教师对学生学习的影响，包括学生的学术成绩、综合素质发展和学习体验等。最后，教育改革与未来发展研究关注"双师型"教师在教育改革中的作用，探讨他们如何推动综合素质教育和应对现代教育需求，为未来教育改革提供指导和建议。

发展趋势方面，未来的"双师型"教师研究将呈现出以下几个趋势。首先，跨学科研究将成为重点，未来的研究将涉及教育学、心理学、社会学、教育管理等多个领域，以全面理解"双师型"教师的作用。其次，教育政策研究将持续关注政府政策的制定和实施，以及这些政策对"双师型"教师队伍建设的影响。教育改革与实践研究将更加关注"双师型"教师在推动教育改革中的作用，并促进教育体系的创新与发展。随着"双师型"教师队伍的壮大，教育评估与效果研究将成为重点，研究者将更多地关注"双师型"教师的教育效果，以提供政策和决策的参考依据。教育实践与创新研究也将成为重要领域，研究者将深入探讨"双师型"教师的教学策略、教材设计和课程开发，以促进教育创新。此外，国际比较研究将逐渐成为研究的一个重要方向，研究者将借鉴其他国家的"双师型"教师发展经验，推动国内教育领域的发展。

二、国外"双师型"教师研究

教育是社会发展的核心要素之一，而教师是教育体系的重要组成部分。教师在培养学生知识、技能和价值观方面发挥着至关重要的作用。近年来，随着教育技术的不断发展和教学方法的不断演变，出现了一种新的教育模式，即"双师型"教师模式。这一模式将传统的教师与技术教育相结合，以提高学生的学习体验和教育质量。下面将探讨国外对"双师型"教师模式的研究和实践，以及该模式对教育领域的潜在影响。

（一）"双师型"教师模式的定义与发展

"双师型"教师模式，又称"双师制"教育，是一种教育模式，在这种模式下，学生不仅在传统教师的指导下学习，还能够借助技术教育资源来支持他们的学习。该模式的核心理念是将教育技术与传统教学方法相结合，以提供更加丰富和有效的学习体验。通常情况下，传统教师负责课堂教学和知识传授，而技术教育通过在线教育平台、多媒体教材和虚拟实验室等方式提供额外的学习资源和支持。

"双师型"教师模式的发展历程因国家而异，但其核心概念起源于 20 世纪末和 21 世纪初。美国是这一模式的先驱之一，最早在高等教育领域广泛应用，以满足不同学习风格和需求的学生。随着在线教育技术的发展，这一模式扩展到了中小学阶段，以满足不同年龄段学生的学习需求。在欧洲，"双师型"教育模式也得到了广泛实践。例如，芬兰的教育体系采用了这一模式，学生可以在传统教室教学和在线教育资源之间进行选择。这种模式的目标是提供更加灵活的学习机会，使学生更好地适应 21 世纪的教育需求。

（二）国外"双师型"教育的实践与经验

美国是"双师型"教育模式的重要实践者之一。许多大学和高中都采用了这种模式，为学生提供更多的在线学习资源和支持。例如，一些高中允许学生通过在线课程获取学分，以满足个性化学习需求。此外，美国的大学也在推动在线学习和混合式学习模式，以提高教育的质量和可及性。这种模式的推广还得益于大量教育科技公司的发展，这些公司提供在线教育平台、教育应用程序和教材，以支持传统教师的教学工作，从而为学生提供了更多的学习机会，帮助他们更好地掌握知识和技能。

芬兰是"双师型"教育模式的另一个成功实践者。芬兰的教育体系被广泛认为是世界上最成功的之一，这部分得益于其采用了"双师型"教育模式。在芬兰，学生可以根据自己的需求和兴趣选择在线学习或传统课堂教学。这种灵活性有助于满足不同学生的需求，并提高了教育质量。此外，芬兰的教育系统注重教师的专业发展，教师接受持续的培训和支持，以更好地应对"双师型"教育模式的挑战，确保他们能够充分利用技术教育资源，提供高质量的教育。

（三）国外"双师型"教育的优势与挑战

"双师型"教育模式具有许多优势，使其在国外得到了广泛的实践。一些主要优势包括：个性化学习——"双师型"模式允许学生按照自己的学习节奏和兴趣进行学习，实现个性化教育；多样性的学习资源——学生可以通过在线学习资源获得更多的学习材料和工具，丰富他们的学习经验；提高可及性——"双师型"教育可以突破地理和时间限制，使更多学生能够获得高质量的教育，特别是那些无法轻松前往学校的学生；提高教育质量——结合传统教学和技术教育可以提供更多的教学工具和资源，从而提高教育质量；增强技能——学生在"双师型"模式下可以获得数字素养和技术技能，这对他们未来的职业发展至关重要。

尽管"双师型"教育模式具有许多优势，但也面临一些挑战。首先，技术依赖性是一个重要问题，如果技术出现故障或不可用，学生的学习可能会受到严重影响。其次，在线学习可能缺乏与老师和同学的面对面互动，这可能影响学生的社交和沟通技能。此外，"双师型"教育模式可能加剧不平等问题，那些无法获得合适技术设备和网络连接的学生将处于不利地位。最后，教师培训需求增加，教师需要适应"双师型"教育模式并掌握相关技能，这需要投入大量时间和资源。同时，在线学习的质量控制也是一大挑战，需要确保学生能够获得高质量的教育。

（四）国外"双师型"教育的潜在影响

随着"双师型"教育模式在国外的不断发展和实践，这一模式可能对教育领域产生深远的影响。首先，它有可能促使教育体系进行根本性变革，鼓励学校和教育机构更加关注个性化学习、技术整合和在线教育资源的开发，从而推动教育体系朝着更加灵活和适应学生需求的方向发展。其次，这一模式有助于培养学生在数字时代所需的技能，包括信息素养、数字素养和在线合作能力，这些技能对学生未来的职业和生活至关重要，可以为他们的发展提供更好的机会。此外，"双师型"教育模式可能改变传统教师的角色，教师将更多地担任导师、指导者和技术整合者的角色，而不仅仅是知识传授者，这要求教师接受更多的培训和专业发展。最后，"双师型"教育模式有助于推动全球化教育，学生可以通过在线学习与来自世界各地的同学互动，获得不同文化和背景的见解，这将拓宽他们的视野，培养国际化的思维能力。

"双师型"教师模式作为一种融合传统教育和教育技术的教育模式，在国外得到了广泛的研究和实践。它具有许多优势，包括个性化学习、多样性的学习资源和提高教育质量。然而，也面临一些挑战，如技术依赖性和不平等问题。尽管如此，"双师型"教育模式有潜力改变教育体系，培养学生所需的技能，并提升教育的全球化水平。未来，国外的"双师型"教育模式可能对全球教育产生深远的影响，为学生提供更好的学习机会和发展前景。

第三节　研究思路及方法

一、"双师型"教师队伍建设研究思路的构建

教育作为国家发展的重要支撑，教师队伍则是教育事业的中流砥柱。如何建设一支既有学科专业素养，又具备教育教学能力的"双师型"教师队伍，一直是教育界亟待解决的问题。以下内容将探讨"双师型"教师队伍建设的思路，特别是针对国内背景下的策略和方法，以提升我国教育质量，并培养具备综合素养的学生。

（一）理念引领

"双师型"教师队伍建设的核心在于培养具备教育综合素养的教师。教育

综合素养不仅包括学科知识，还涵盖教育教学技能、教育心理学，以及教育法律法规等多个方面。教师的学科知识是其专业基础，但仅依赖单一学科知识无法满足现代教育的需求。因此，教师需要具备教育教学技能，以便能够有效地将知识传授给学生。此外，教育心理学的知识能够帮助教师更好地理解学生的需求和特点，进而采用更合适的教育方法。了解教育法律法规则是教师职业道德的保障，有助于确保教育过程的合法性和合规性。

在"双师型"教师队伍建设中，明确教育改革的方向至关重要。教育改革不仅是制度上的调整，更在于教育理念和方法的创新。在我国，教育改革的方向包括综合素质教育、探究式学习、创新能力培养等。因此，建设"双师型"教师队伍应紧密围绕这些方向，培养能够胜任教育改革要求的教师队伍。与此同时，教育公平作为教育改革的核心之一，必须得到充分重视。在"双师型"教师队伍建设中，应确保教育资源的公平分配，不仅在城市与农村之间，更要关注不同学校和学生之间的公平性。通过教育资源整合，确保每位学生都能够获得优质的教育，这对于教育公平的实现尤为重要。

（二）培养模式

"双师型"教师队伍的建设需要从师范教育改革着手。传统的师范教育往往过于注重学科知识，而忽视了教育教学技能的培养。为此，需要对师范教育进行全面改革，将教育教学技能纳入培养计划，建立科学的教育教学方法课程，并加强教育实践环节，使师范生在毕业时具备实际的教育教学能力。教育实习是培养"双师型"教师的重要环节。实践是检验理论的最佳方式，教师只有通过实际的教育实践，才能提高自身的教育教学能力。因此，应高度重视教育实习环节，确保其实效性。学生在实习过程中应有机会接触不同类型的学校和学生，积累更多的教育经验。

"双师型"教师队伍建设不仅是培养问题，还涉及教师的职业发展路径。教师应有机会继续深造，以提升自己的教育教学能力，同时也应有机会晋升为学校领导或教育管理者。因此，需要建立完善的职业发展体系，为教师提供更多职业发展的机会和路径，以促进教师队伍的整体素质提升。

（三）教育资源整合

"双师型"教师队伍建设需要充分发挥教育资源整合的作用。在我国，不同学校和地区之间的教育资源差距较大，通过教育资源共享，可以提高教育资源的利用效率。例如，借助互联网技术，可以将一线名师的教学资源分享给更多学校和学生，实现优质教育资源的共享。此外，"双师型"教师队伍建设需要跨学科的合作。跨学科合作不仅可以丰富教师的知识体系，还能提升他们的教育教学水平。例如，数学与科学教师可以合作开展跨学科的实验项目，而语文与历史教师则可以共同设计跨学科的研究课题。这种跨学科合作将有助于教师获得更全面的综合素养。

在教育资源整合过程中，需要合理调配教育资源。有些地区或学校的教育资源较为丰富，而其他地区或学校可能资源匮乏。为了实现教育公平，可以通过政府或社会组织的力量，将教育资源进行合理调配，例如向资源匮乏地区或学校输送有经验的教师，提供更多的教育资金，以及建立教育资源共享平台等。

（四）师资培训

"双师型"教师队伍建设需要注重教师的持续培训。教育领域的知识和方法在不断更新，教师需要持续提升自身的教育教学水平。因此，应建立完善的教师培训体系，为教师提供定期的培训机会，使其能够紧跟教育发展的最新趋势。教育研究也是提高教师综合素养的重要途径。教师应积极参与教育研究，了解最新的研究成果和教育理论。通过参与教育研究，教师可以更好地理解教育问题，提升自身的教育教学能力。此外，建立教育学习社区是培养"双师型"教师的有效途径。通过线上和线下的交流平台，如教育论坛和教育研讨会等，教师可以分享教育经验，互相学习，共同成长，从而形成学习型的职业文化。

（五）评价体系

"双师型"教师队伍建设还需要建立科学的评价体系。传统的教师评价往往侧重于学科知识和教育教学经验，而忽视了教育综合素养的评价。因此，应建立包括学科知识、教育教学技能、教育心理学知识、教育法律法规知识等多个方面的综合评价体系，以全面评估教师的能力。学生评价也是教师绩效评价的重要组成部分。作为教育的受益者，学生能够客观地评价教师的教育教学水平，因此，应建立科学的学生评价体系，通过学生的反馈评估教师的教育质量。此外，同行评价也是教师绩效评价的重要方式。教师之间的互相评价应建立在信任与合作的基础上，通过建设性的反馈，帮助彼此提高教育教学水平，鼓励互相学习和分享。

"双师型"教师队伍建设是提升我国教育质量的重要举措。通过明确核心理念、优化培养模式、整合教育资源、加强师资培训，以及建立科学的评价体系，可以有效地培养"双师型"教师，提升教师的教育综合素养，促进教育改革的顺利推进。这些思路和方法需要在政府、教育机构和学校的共同努力下得以实施，以更好地满足教育发展的需求，培养具备综合素养的学生，推动国家教育事业的可持续发展。

二、"双师型"教师队伍建设研究方法的选择

"双师型"教师队伍建设是当前教育领域的重要议题，旨在培养既具备学科专业素养又具备教育教学能力的优秀教师，以提高教育质量并推动教育改革。在这一背景下，选择合适的研究方法显得尤为重要。下面将探讨研究方法的选择在"双师型"教师队伍建设中的重要性，并介绍几种可能的研究方法，以指导和支持相关实践。

（一）研究方法选择的重要性

选择合适的研究方法对于"双师型"教师队伍建设的研究具有多方面的

重要性。首先，它有助于确定研究方向，使研究者能够更好地理解并聚焦于"双师型"教师队伍建设中的关键问题。研究方法的选择能够帮助明确研究的焦点、范围和目标，从而使研究更加具有针对性和实用性。其次，研究方法直接影响到数据的采集和分析方式。不同的研究方法需要不同类型的数据，因此必须根据研究问题选择合适的方法，以确保数据的准确性和可靠性。此外，不同的方法需要运用不同的数据分析技巧，正确选择方法能够提升研究结果的质量。最后，选择合适的研究方法有助于提高研究成果的适用性。研究方法的适切性不仅决定了研究成果的理论价值，也影响到其在"双师型"教师队伍建设实践中的指导作用。

选择正确的研究方法还可以优化研究资源的利用效率。不同的方法需要不同的资源投入，包括时间、人力和经费。因此，合理选择研究方法能够帮助研究者更好地规划和管理研究资源，确保研究的顺利进行和高效完成。

（二）可能的研究方法

在"双师型"教师队伍建设的研究中，可以考虑采用多种研究方法。文献综述是一种通过收集、分析和综合已有研究成果的方法，可以帮助研究者建立对研究领域的全面理解，并明确研究问题和方向。这种方法特别适用于已有一定研究基础的问题，是研究的良好起点。

调查研究则通过问卷调查或面访的方式收集数据，了解"双师型"教师队伍建设的现状、问题和需求。这种方法适合获取定量数据，能够为政策建议和实践改进提供依据。

案例研究是一种深入分析特定案例的方法，适用于需要详细了解个别学校、教师或项目的情况。通过观察、访谈和文献研究，案例研究能够揭示"双师型"教师队伍建设中的具体情况和经验，提供具有深度的分析和见解。

实验研究则通过对照组和实验组的比较，研究"双师型"教师队伍建设的效果。这种方法能够控制其他变量，从而验证教育政策或教学方法的因果关系，适合需要实验验证的研究问题。

质化研究通过深度访谈、焦点小组讨论和观察等方式收集和分析质性数据，深入理解"双师型"教师队伍建设背后的原因、动机和影响因素。这种方法能够揭示问题的复杂性，适用于需要深度理解行为、态度和观点的研究。

行动研究是一种基于实际问题的研究方法，常由教育从业者自行进行，旨在改进"双师型"教师队伍建设的实际工作。通过不断反思和行动，行动研究在实践中不断改进教育教学。

混合研究结合定性和定量研究方法，可以全面理解"双师型"教师队伍建设问题。先进行定性研究了解背景，后进行定量研究验证结果，是这种方法的典型应用。

比较研究则通过比较不同地区、学校或政策，研究"双师型"教师队伍建设的差异和影响因素。这种方法有助于在不同情境下发现有效的解决方案，提供政策和实践的启示。

模拟研究通过模拟教育情境，在受控环境中测试不同教育教学方法和政策的效果。这种方法适合需要在实验室条件下进行的研究，有助于排除干扰因素。

参与观察则是研究者通过亲身参与教育实践，深入了解"双师型"教师队伍建设的方法。这种方法具有高度的真实性，适用于需要深度了解教育实践和参与者观点的研究。

（三）研究方法选择的综合考虑

在选择研究方法时，需综合考虑研究问题、数据需求、研究背景、资源、目的、效果和伦理等多个因素。首先，要明确研究问题的性质，是定性问题还是定量问题，是需要深入理解问题背后的原因，还是验证某一假设。其次，依据研究问题确定所需的数据类型和数量，选择能够提供所需数据的方法。

研究背景和环境也是选择方法时需要考量的因素，需确定是否需要实地调查或模拟实验。同时，研究资源的可用性，包括时间、预算和人力，也对方法的选择有着重要影响。研究目的明确后，选择适合实现这一目的的研究方法，以确保研究成果的应用价值。最后，研究方法必须符合伦理原则，保护研究对象的权益。综合考虑这些因素，选择最适合特定研究问题和背景的研究方法，能够提高研究的有效性和实用性，为"双师型"教师队伍建设的研究和实践提供有力支持。

"双师型"教师队伍建设作为当前教育领域的重点议题，需要进行深入研究，以支持政策和实践的改进。选择合适的研究方法是研究成功的关键。通过科学选择研究方法，研究者可以更好地理解"双师型"教师队伍建设中的问题，提供有益的研究成果，从而促进教育领域的发展和改进。

第二章 高质量教育体系的内涵特征

第一节 高质量教育体系的核心内涵

一、教育体系的定义与特点

教育体系是一个国家或地区教育系统的核心组成部分，涵盖了从幼儿园到高等教育的各个层次和各类教育机构。它是一个综合的、复杂的系统，旨在提供广泛的知识、技能和价值观，以培养和发展国家的人力资源。下面将探讨教育体系的定义与特点，以便更好地理解不同国家和地区的教育体系。

（一）教育体系的定义

1. 教育体系的概念

教育体系是指一个国家或地区在教育领域的组织结构、政策框架和实施机制，它涵盖了各种教育层次和类型，包括早期教育、基础教育、中等教育、高等教育以及终身教育。教育体系不仅包括教育机构，还包括教育政策、教育法规、教育资源分配和管理机制等方面的要素。

2. 教育体系的目标

教育体系的主要目标是提供全面的、均衡的教育，以培养和发展国家的人力资源，促进社会经济发展和文化传承。通过教育，个体可以获得知识、技能和价值观，提高自身素质，为社会和国家的繁荣做出贡献。

3. 教育体系的组成

教育体系通常包括以下组成部分。

早期教育：包括幼儿园和托儿所，为幼儿提供早期教育和照顾。

基础教育：包括小学和初中，提供基本的学科教育。

中等教育：包括高中或职业学校，提供更高级别的学科教育，为学生提供职业和升学准备。

高等教育：包括大学和学院，提供本科和研究生教育。

终身教育：包括继续教育、职业培训和成人教育，为成年人提供终身学习机会。

4. 教育体系的演化

教育体系的演化通常伴随着社会、经济、文化和技术的变革。不同历史时期和不同国家地区的教育体系都有其特定的演化轨迹。教育体系的演化可以受到政治、经济、文化和社会因素的影响，反映了社会对教育的需求和价值观的变化。

（二）教育体系的特点

1. 普及性

教育体系的一个重要特点是普及性，即提供教育机会给所有年龄层次和社会群体的人。普及性教育是现代社会的基本要求，旨在消除教育机会的不平等，确保每个人都有平等的机会接受教育。为实现普及性，国家通常实施义务教育政策，确保每个儿童都能获得基础教育。

2. 多样性

教育体系通常是多样化的，包括不同层次和类型的教育。这种多样性反映了不同学生的需求和兴趣，以及不同职业和行业的要求。教育体系提供了多种选择，如学术教育、职业教育、继续教育等，以满足不同学生的需求和发展方向。

3. 高度制度化

教育体系通常是高度制度化的，包括教育法规、课程标准、考试制度、学校管理等方面的规定和程序。制度化的特点有助于确保教育的质量和公平性，提供教育机会的透明性和可预测性。

4. 政府干预

教育体系通常需要政府的广泛干预和支持，包括教育政策的制定、资金的分配、师资培训、学校管理和监督等方面的支持。政府在教育领域发挥着重要的角色，以确保教育的质量和公平性。

5. 社会影响

教育体系通常受到社会因素的影响，如文化、社会价值观、经济发展和技术进步。这些因素会影响教育的目标、内容、形式和方法，反映社会对教育的需求和优先事项。

6. 教育评估

教育体系通常包括教育评估的机制，用于监测教育的质量和效果。教育评估可以包括学生的学业成绩评估、教育机构的绩效评估、教育政策的效果评估等。评估结果通常用于改进教育体系和政策，以提高教育的质量和效益。

7. 国际比较

教育体系通常会与国际标准进行比较和评估。国际比较可以帮助国家了解自己的教育水平和竞争力，同时也可以借鉴其他国家的成功经验和最佳实践。国际比较通常包括教育指标、标准化测试和国际排名等方式。

8. 持续改进

教育体系通常需要不断改进和更新，以适应社会的变化和发展。教育改革通常包括课程改革、教学方法改进、教育政策调整等方面的工作，以提高教育的质量和适应性。

9. 可及性和平等

教育体系应该致力于提供可及的教育机会，并确保教育的平等。可及性意味着每个人都应该有机会接受教育，不受性别、种族、社会经济地位等因素的歧视。

10. 创新与发展

教育体系应该鼓励创新和发展，以满足不断变化的社会需求和技术进步。教育体系需要不断更新教育内容和方法，以培养具备创新能力和适应力的学生，为社会和经济发展做出贡献。

教育体系是一个国家或地区教育系统的核心组成部分，具有多样性、制度化、政府干预、社会影响、评估机制等特点。它的目标是普及性的，旨在提供全面的、均衡的教育，以培养和发展国家的人力资源。教育体系通常需要政府的广泛干预和支持，以确保教育的质量和公平性，同时也受到社会因素的影响，如文化、社会价值观、经济发展和技术进步。为了适应社会的变化和发展，教育体系需要不断改进和创新，以提高教育的质量和适应性。

了解不同国家和地区的教育体系，有助于更好地理解教育的多样性和复杂性，以为教育政策和实践提供有益的启示和经验借鉴。不同国家和地区的教育体系在具体实施和运作方面存在差异，但它们都旨在为学生提供知识、技能和价值观，以促进社会和国家的发展。

二、高质量教育的内涵解析

高质量教育一直是各国教育领域的追求目标之一。它涵盖了教育的多个方面，包括教育目标、教学方法、教育资源、教育评估等。下面将深入探讨高质量教育的内涵，以帮助更好地理解什么是高质量教育以及如何实现它。

（一）高质量教育的定义

高质量教育是一种教育模式，其目标是提供学生全面的知识、技能和价值观，以使他们能够积极参与社会和经济生活，实现个人和社会的发展目标。高质量教育不仅仅是传授知识，还包括培养学生的创造力、批判性思维、解决问题的能力以及社会和情感智力。

高质量教育的定义通常包括以下几个关键要素。

教育目标：高质量教育的目标不仅包括学科知识的传授，还包括培养学生的综合素质，如批判性思维、沟通能力、合作精神、道德价值观等。这些目标旨在使学生具备终身学习的能力，适应不断变化的社会和职业需求。

教育方法：高质量教育采用多种教育方法，包括启发式教学、问题解决、实践体验、小组合作等，以激发学生的兴趣和主动性，促进深层次学习。高质量教育也注重个性化教育，根据学生的不同需求和能力进行教学设计。

教育资源：高质量教育需要充足的教育资源，包括师资、教材、设施、技术设备等。教育资源的充足性对于提供丰富多彩的学习体验和机会至关重要。

教育评估：高质量教育通常包括有效的教育评估机制，用于监测学生的学习成果和教学质量。评估结果可以帮助教师和学校改进教学，确保教育的质量。

全面发展：高质量教育强调学生的全面发展，包括智力、情感、社交和身体健康。教育不仅是知识的传授，还包括品格和价值观的培养。

（二）高质量教育的特点

高质量教育具有一些独特的特点，以下是其中一些重要特点。

1. 学生中心

高质量教育是以学生为中心的教育。它考虑学生的需求、兴趣和能力，根据学生的差异性提供个性化的学习体验。学生在高质量教育中被视为积极主体，他们参与教学决策、自主学习、批判性思考，而不仅仅是被动接受知识。

2. 终身学习

高质量教育不仅是为了满足当前的学习需求，还培养学生的终身学习能力。学生在高质量教育中学会了解如何学习，如何解决问题，如何不断提升自己。这种学习能力使他们能够适应不断变化的职业和社会需求。

3. 质量导向

高质量教育是质量导向的教育。它追求教育的最高标准，要求教育机构和教育者不断提高教学质量，以确保学生获得最好的教育。教育评估和质量保证是高质量教育的重要组成部分。

4. 多元化和包容性

高质量教育是多元化和包容性的。它尊重不同文化、种族、性别、社会经济地位和能力的学生，提供平等的学习机会。高质量教育致力于消除不平等，确保每个学生都有机会获得高质量的教育。

5. 实践导向

高质量教育注重实践导向。学生不仅仅是学习理论知识，还要将知识应用于实际问题解决。实践导向教育可以提供学生更深入的学习体验，培养他们的解决问题的能力。

6. 教育创新

高质量教育鼓励教育创新。教育者和教育机构需要不断尝试新的教学方法、教育技术和教育政策，以适应不断变化的教育需求和社会发展。教育创新可以提高教育的质量和效益，使教育更具吸引力和适应性。

7. 道德和价值观

高质量教育不仅仅是关于知识和技能，还包括道德和价值观的培养。它强调了品格和社会责任感的重要性，培养学生成为有道德、有价值观的公民。教育的目标不仅仅是培养职业人才，还包括培养公民。

8. 教育资源平等

高质量教育强调教育资源的平等分配。它要求确保每个学生都有平等的机会获得充足的教育资源，包括师资、教材、设施、技术设备等。资源平等是实现教育公平的基础。

9. 教育评估和反馈

高质量教育包括有效的教育评估和反馈机制。教育评估不仅仅是测量学生的学习成果，还包括对教学质量和教育政策的评估。反馈结果可以帮助改进教学和政策，以提高教育的质量。

10. 国际视野

高质量教育具有国际视野。它不仅仅是局限于国内，还考虑全球化的教育需求和竞争。学生在高质量教育中接触到国际化的教育内容和跨文化交流，以培养他们的国际视野和全球竞争力。

（三）高质量教育的实现

要实现高质量教育，需要采取一系列措施和政策，包括以下方面。

1. 教育政策

教育政策是实现高质量教育的基础。政府应制定教育政策，明确教育目标和标准，提供教育资源，鼓励教育创新，确保教育资源的平等分配，以及建立教育评估和质量保证体系。

2. 师资培训

师资是高质量教育的关键因素。教育机构需要提供师资培训，帮助教育者提高教学质量，了解最新的教育方法和技术，以满足学生的需求。

3. 课程设计和教学方法

课程设计和教学方法需要根据学生的需求和兴趣进行调整。教育者需要采用多样化的教学方法，以激发学生的兴趣和主动性，促进深层次的学习。

4. 教育资源

教育资源包括师资、教材、设施、技术设备等。政府和教育机构需要确保充足的教育资源，以提供丰富多彩的学习体验和机会。

5. 教育评估

教育评估是监测学生学习成果和教学质量的重要手段。教育评估应包括学生的学术成绩评估、教育机构的绩效评估、教育政策的效果评估等方面。

6. 社会支持和合作

高质量教育需要社会的支持和合作。家庭、社区、政府、教育机构和行业等各方应共同合作，为学生提供支持和机会，共同推动高质量教育的实现。

7. 教育创新

教育创新是高质量教育的推动力。教育机构和教育者应鼓励教育创新，不断尝试新的教育方法和教育技术，以适应不断变化的教育需求和社会发展。

8. 国际交流与合作

高质量教育需要国际交流与合作。教育机构和教育者应积极参与国际教育合作项目，借鉴其他国家的教育经验和最佳实践，以提高教育质量和全球竞争力。

高质量教育是各国教育领域的共同追求目标，它强调学生的全面发展、终身学习能力、质量导向、多元化和包容性等特点。实现高质量教育需要政府、教育机构、教育者、家庭和社会等多方合作，采取一系列措施和政策，包括教育政策制定、师资培训、课程设计和教学方法改进、教育资源的平等分配、教育评估和质量保证、社会支持和合作、教育创新以及国际交流与合作。高质量教育的实现有助于培养有创造力、批判性思维、解决问题的能力以及社会和情感智力的学生，使他们能够积极参与社会和经济生活，实现个人和社会的发展目标。

高质量教育不仅关乎知识和技能的传授，更重要的是培养学生的综合素质和终身学习能力。它强调学生的参与和自主学习，注重全面发展、道德和价值观的培养。高质量教育还要求教育资源的平等分配，以确保每个学生都有平等的机会获得高质量的教育。

最终，高质量教育不仅是一个国家或地区的事业，也是全球教育共同体的事业。各国应加强国际交流与合作，共同促进高质量教育的实现，为全球教育的进步和社会的可持续发展做出贡献。只有通过不懈地努力，我们才能为每个学生提供高质量的教育，帮助他们实现个人潜力，并为社会的繁荣和进步做出贡献。

三、高质量教育体系的构成要素

高质量教育体系是一个国家或地区的教育系统的核心组成部分，旨在提供学生全面的知识、技能和价值观，以促进个人和社会的发展。一个高质量的教育体系应该具备多个要素，包括政策框架、教育资源、教育机构、教育师资、课程设计、评估机制等。下面将探讨高质量教育体系的构成要素，以帮助更好地理解如何构建和改进这些要素，以实现高质量的教育。

（一）政策框架

1. 教育政策

教育政策是高质量教育体系的基础。教育政策应明确教育的目标和价值观，为教育体系提供指导方针。这些政策包括教育法规、教育计划、教育目标、教育标准等。教育政策应该促进教育的普及性、质量和公平性，同时也应适应社会的变化和发展需求。

2. 财政政策

财政政策是支持高质量教育体系的重要因素。政府应当投入足够的财政资源，以支持教育的发展和运作。这包括教育经费的分配、资金来源的多样化、经费管理的透明性等。财政政策应确保教育资源的平等分配，以满足各个教育层次和类型的需求。

3. 教育法规

教育法规是规范教育体系运作的法律框架。它应明确教育的权利和义务，规定教育机构的组织和管理，确保教育的质量和公平性。教育法规还应规定教育者的职责和权利，以保护教育的权益。

4. 教育政治支持

政治支持是高质量教育体系的重要保障。政府领导层应高度重视教育，并制定相关政策和计划。政府领导层的支持可以确保教育政策的执行和资源的分配，促进教育体系的发展和改进。

（二）教育资源

1. 师资

师资是高质量教育的关键。教育者应具备专业知识、教育技能和教育热情。教育者的培训和发展是至关重要的，以不断提高教学质量。此外，师资的多样性和多元化有助于满足不同学生的需求和促进包容性教育。

2．教育设施

教育设施包括教室、实验室、图书馆、体育场馆等。这些设施应当满足教育的需要，提供安全、舒适的学习环境。现代化的教育设施还可以支持实践导向的教学和科学研究。

3．教育技术

教育技术是教育体系的重要组成部分。它包括计算机、互联网、在线学习平台、多媒体教材等。教育技术可以丰富教学内容，提供个性化学习机会，促进远程教育，提高教育的效益。

4．教材和教育资源

教材和教育资源是教育的基础。高质量的教育需要适宜的教材和学习资源。这包括教科书、参考书、在线学习资源、实验材料等。教材应该与课程内容一致，具有丰富的教育资源有助于学生深入学习。

5．财政资源

财政资源是支持教育的重要因素。政府应当投入足够的经费，以确保教育的质量和公平性。教育经费的分配应当公平，以满足不同教育层次和类型的需求。

（三）教育机构

1．学前教育机构

学前教育机构包括幼儿园和托儿所。这些机构提供早期教育和照顾服务，为儿童的发展提供基础。学前教育机构的质量对儿童的成长和学习起着关键作用。

2. 基础教育机构

基础教育机构包括小学和初中。它们提供基本的学科教育，培养学生的基本知识和技能。基础教育机构的质量对于学生的综合素质和终身学习能力的培养至关重要。这些机构应当提供安全的学习环境，适当的课程和师资，以确保高质量的教育。

3. 高中和中等职业教育机构

高中和中等职业教育机构提供更高级别的教育，包括普通高中、职业高中和技术学院。这些机构为学生提供更广泛的学科选择，帮助他们更好地适应职业和高等教育的需求。高中和中等职业教育机构的质量对学生的未来发展至关重要。

4. 高等教育机构

高等教育机构包括大学、学院、技术学院等。它们提供更高级别的学科和专业教育，培养学生的专业知识和研究能力。高等教育机构的质量对于国家的科技创新和经济发展具有重要影响。

5. 职业培训机构

职业培训机构提供职业技能培训和继续教育。这些机构帮助学生获得实际技能，适应职场需求。职业培训机构的质量对于就业和职业发展至关重要。

6. 远程和在线教育机构

远程和在线教育机构提供灵活的学习机会，允许学生随时随地获取教育。这些机构的存在可以扩大教育的覆盖范围，满足不同学生的需求。远程和在线教育机构的质量也需要得到保障。

7. 特殊教育机构

特殊教育机构提供针对残疾学生的教育和支持。这些机构需要提供专门的教育资源和师资，以满足特殊学生的需求。特殊教育机构的质量对于包容性教育的实现至关重要。

（四）教育师资

1. 师资素质

教育师资是教育体系的中坚力量。教育者应具备高水平的专业知识和教育技能。他们还应具有热情和责任感，以激发学生的兴趣和学习动力。师资的素质对于教育质量起着决定性的作用。

2. 师资培训和发展

师资培训和发展是帮助教育者不断提高教学质量的关键。教育机构应提供定期的师资培训，以帮助教育者了解最新的教育方法、教材和技术。师资培训和发展应与教育政策和目标相一致，以提高教育师资的专业化水平。

3. 师资多样性

师资多样性对于满足不同学生的需求至关重要。教育者的多样性包括性别、文化背景、语言能力等。多样性的师资可以为学生提供不同的学习体验和视角，促进包容性教育。

（五）课程设计和教学方法

1. 课程设计

课程设计是高质量教育的基础。课程应当具有明确的教育目标和标准，包括学科知识、综合素质和价值观的培养。课程应当与社会和职业需求相适应，以满足学生的发展需求。

2. 教学方法

教学方法是实现教育目标的手段。高质量的教育需要多样化的教学方法，包括启发式教学、问题解决、实践体验、小组合作等。教育者应根据学生的需求和能力选择合适的教学方法，以激发学生的兴趣和主动性。

3. 个性化教育

个性化教育是帮助学生充分发挥潜力的关键。教育者应了解学生的个性、学习风格和兴趣，根据学生的需求进行教学设计。个性化教育可以提高学生的学习成效，增强他们的自信心和自主学习能力。

（六）教育评估机制

1. 学生评估

学生评估是监测学生学习成果的重要手段。学生的学术成绩评估、标准化测试、作业和项目评估等都可以用于衡量学生的知识和技能。学生评估应当全面，以鼓励学生的综合发展。

2. 教育机构评估

教育机构评估是评估教育机构绩效的关键。这包括学校、学院、大学等教育机构的评估。教育机构评估可以用来监测学校管理和教学质量，鼓励学校改进和提高教育质量。

3. 教育政策和效果评估

教育政策和效果评估是评估教育政策和改革的工具。政府和教育机构应当定期评估教育政策的效果，包括教育目标的实现、资源分配的公平性、教学质量的提升等。这可以帮助政府和教育机构调整政策，以更好地满足学生和社会的需求。

（七）社会支持和合作

1. 家庭支持

家庭支持是学生成功的重要因素。家庭应当积极参与学生的教育，鼓励学生学习，提供情感支持和鼓励。家庭支持可以帮助学生更好地应对学习压力，提高学习成绩。

2. 社区支持

社区支持是教育体系的一部分。社区应当提供教育资源和服务，帮助学生融入社会，提供额外的学习机会和支持。社区合作可以增强学生的综合发展和社交技能。

3. 政府支持

政府支持是高质量教育体系的保障。政府应当投入足够的财政资源，制定教育政策，监督教育机构的运作，保障教育质量和公平性。政府支持可以推动教育改革和发展。

4. 行业和社会组织合作

行业和社会组织可以提供教育资源和支持，帮助学生获得实际技能和经验。与行业和社会组织的合作可以增强教育的实践导向和就业导向。

（八）国际视野

1. 国际化教育

国际化教育可以帮助学生获得国际视野和全球竞争力。教育机构应提供国际化的教育内容和跨文化交流机会，以帮助学生适应全球化的社会和职业需求。

2. 国际交流与合作

国际交流与合作是提高教育质量的重要途径。教育机构和教育者应积极参与国际教育合作项目，借鉴其他国家的教育经验和最佳实践，以提高教育质量和全球竞争力。

高质量教育体系的构成要素包括政策框架、教育资源、教育机构、教育师资、课程设计、评估机制、社会支持和合作，以及国际视野。这些要素相互关联，共同构建了一个全面的教育体系，旨在提供高质量的教育，促进学生的全面发展，培养他们的终身学习能力。

实现高质量教育体系需要政府、教育机构、教育者、家庭和社会等多方合作，共同制定政策、投入资源、提供支持，以确保教育的质量和公平性。只有通过不懈的努力和合作，我们才能为每个学生提供高质量的教育，帮助他们实现个人潜力，并为社会的繁荣和进步做出贡献。高质量教育体系不仅有助于个人的成功，也对国家的发展和全球社会的可持续发展产生积极影响。

第二节　高质量教育体系的本质特征

一、高质量教育体系概述

高质量的教育体系是任何国家或地区的核心资产，对个体成长和社会繁荣至关重要。一个高质量的教育体系应具备一系列本质特征，以确保学生获得全面的知识和技能，促进终身学习，并提高社会和经济的发展水平。以下将探讨高质量教育体系的这些本质特征，以更好地理解如何构建和改进它们，从而实现优质教育。

（一）普及性和平等性

高质量教育体系的首要特征是普及性和平等性。这意味着教育应对所有学生普遍开放，无论其背景、性别、种族、宗教信仰、残疾或社会经济地位如何。教育体系应提供平等的教育机会，确保每个学生都有机会获得高质量的教育。为实现这一目标，政府和教育机构应采取一系列措施，如提供免费或廉价的教育、发放奖学金和助学金、减轻经济负担、改善基础设施及教育资源的公平分配等。普及性和平等性有助于减少社会不平等，提升社会公平性和社会和谐。

（二）高水平的教育质量

高质量教育体系的第二个本质特征是高水平的教育质量，这意味着教育应提供优质的教学和学习体验，确保学生获得充分的知识和技能。高质量的教育应具备以下几个方面：首先，师资力量应具备高水平的专业知识和教育技能，并应通过定期培训和发展来不断提升教学质量。其次，课程设计应具有明确的教育目标和标准，包括学科知识、综合素质和价值观的培养，并与社会和职业需求相适应，以满足学生的发展需求。再者，教育应采用多样化的教学方法，如启发式教学、问题解决、实践体验和小组合作等，以激发学生的兴趣和主动性。最后，高质量教育应根据学生的需求和能力提供个性化的教育，帮助学生获得不仅是学科知识和技能，还包括创造力、批判性思维、问题解决和沟通能力。有效的学生评估也是高质量教育的重要组成部分，它应全面监测学生的学习成果，鼓励学生的全面发展。高水平的教育质量有助于培养具备竞争力的人才，推动社会和经济的发展。

（三）全面的终身学习

高质量教育体系的第三个本质特征是全面的终身学习。这意味着教育应超越学校和大学，为个体提供终身学习的机会。终身学习包括不断更新和发展知识与技能，以适应不断变化的社会和职业需求。为实现这一特征，教育体系应提供成人教育课程，满足成年人的继续学习需求，包括职业培训、继续教育和文化课程等。同时，借助互联网和数字技术的发展，教育应提供在线学习机会，使学生能够随时随地获取教育，尤其适合忙碌的工作人士和居住在偏远地区的人群。此外，教育机构应提供丰富的学习资源，如图书馆、实验室和研究设备，支持个体不断探索和发展兴趣与技能。职业发展支持也是终身学习的重要组成部分，教育体系应提供职业规划、就业指导、实习和实践机会，以帮助个体提高职业技能和竞争力。全面的终身学习有助于个体不断提升职业能力，适应不断变化的工作市场和社会需求，同时推动社会的可持续发展和科技创新。

（四）社会参与和公民教育

高质量教育体系的第四个本质特征是社会参与和公民教育。教育应培养具有社会责任感和公民意识的个体，使其能够参与社会事务和政治过程。这包括提供公民教育，帮助学生了解政府、法律、政治体制和人权等方面的知识，培养有思想、负责任的公民。同时，教育应鼓励学生参与社会和政治事务，如选举、志愿服务和社区活动等，以培养具备领导力和社会影响力的人才。此外，多元文化教育也是社会参与和公民教育的重要组成部分，它帮助学生了解不同文化和价值观，促进文化多样性和跨文化交流。社会参与和公民教育有助于建立更加民主、和谐和公正的社会，提高社会的可持续性和发展水平。

（五）包容性和多元化

高质量教育体系的第五个本质特征是包容性和多元化。教育应适应不同学生的需求和背景，包括残疾学生、少数民族、移民和贫困学生等。为此，教育体系应提供特殊教育支持，帮助残疾学生融入普通学校环境并获得高质量教育。同时，教育应提供多语言支持，帮助移民学生适应新的文化和语言环境，融入社会。为了减轻贫困学生的经济负担，教育体系还应提供社会和经济支持，确保他们能够获得高质量教育。包容性和多元化有助于提高社会的公平性和公正性，推动社会和谐发展。

（六）国际视野和全球竞争力

高质量教育体系的第六个本质特征是国际视野和全球竞争力。教育应帮助学生培养国际视野，了解全球问题和挑战，以适应全球化的社会和职业需求。这包括提供国际化的教育内容和跨文化交流机会，培养具有全球竞争力的人才。此外，教育体系应积极参与国际教育合作项目，借鉴其他国家的教育经验和最佳实践，以提高教育质量和国际竞争力。国际视野和全球竞争力有助于培养具备全球背景和视野的人才，推动国家的科技创新和经济发展。

（七）资源投入和政策支持

高质量教育体系的最后一个本质特征是资源投入和政策支持。政府和社会应投入充足的财政资源，并制定相应的教育政策，监督教育机构的运作，以确保教育的质量和公平性。具体来说，政府应投入足够的财政资源以支持教育的运作和发展，包括教育经费、教育设施、教材和技术设备等。此外，政策支持应促进教育改革、提高教育标准，并为教育者提供支持。监督和评估机制同样重要，政府应监督教育机构的运作，确保它们按照政策和标准提供高质量的教育。资源投入和政策支持有助于建立高质量的教育体系，提高教育的效果和公平性。

高质量教育体系的本质特征包括普及性和平等性、高水平的教育质量、全面的终身学习、社会参与和公民教育、包容性和多元化、国际视野和全球竞争力，以及资源投入和政策支持。这些特征共同构成了一个高质量的教育体系，能够培养具备竞争力的人才，推动社会和经济发展，提升社会的公平性和公正性，并促进全球社会的可持续发展。为实现这些特征，政府、教育机构、教育者、家庭和社会应通力合作，制定政策、投入资源并提供支持，以确保每个学生都有平等的教育机会，能够充分发展其潜力，为社会的繁荣与进步做出贡献。构建和改进高质量的教育体系不仅有助于个体的成功，还对国家的发展和全球社会的可持续发展产生积极影响。因此，构建和改进高质量的教育体系是一个国家或地区的重要任务，值得不懈的努力和投入。

二、本质特征对教育体系的要求

教育体系的本质特征对于社会和个体的发展具有重要意义。下面我们将探讨教育体系的本质特征以及它们对教育体系的要求。我们将从不同的角度来分析这些要求，包括教育的目标、教育方法、师资队伍、教育资源和课程设计等方面。

（一）教育的本质特征

教育是一种社会活动，它的本质特征可以总结为以下几点。

个性化与普及：教育应该既关注个体的发展，又追求教育的普及，确保每个人都有平等的接触和机会接受教育。这意味着教育体系需要提供多样化的教育途径，以满足不同学生的需求，无论是天赋特长、学习能力还是兴趣爱好。

培养综合素养：教育的目标不仅是传授知识，还包括培养学生的综合素养，包括思维能力、创新能力、批判性思维、沟通能力、解决问题的能力和社会情感智能。这需要教育体系采取多样化的教育方法，以满足这些方面的需求。

社会化与价值观传递：教育是社会化的过程，通过它传递社会价值观念、道德观念和社会责任感。教育体系需要确保学生在知识的同时，也接受正确的价值观念和道德准则，以帮助他们成为有益于社会的公民。

持续学习：教育不应该仅限于学校时期，而应该是终身学习的过程。教育体系需要鼓励和支持个体在整个生命周期中不断学习和发展，以适应不断变化的社会和职业需求。

（二）教育体系对本质特征的要求

教育体系的本质特征提出了一系列要求，以确保教育能够有效地实现其目标。以下是一些教育体系对本质特征的要求。

多元化的教育目标：教育体系需要制定多元化的教育目标，以满足不同学生的需求。这包括提供基本的知识和技能培训，同时也支持学生的兴趣和特长的发展。教育目标应该强调综合素养的培养，而不仅仅是传递知识。

灵活的教育方法：教育体系需要采用多样化的教育方法，以满足不同学生的学习风格和需求。这包括面对面教学、在线学习、实践和实践等不同的方法，以确保每个学生都能够充分发展自己的潜力。

优质的师资队伍：教育体系需要拥有高素质的师资队伍，他们不仅具备丰富的知识和教育经验，还具备教育创新和教育心理学等方面的专业知识。教师应该能够与学生建立积极的互动，激发他们的学习兴趣。

充足的教育资源：教育体系需要提供足够的教育资源，包括教材、教室、实验室、图书馆、计算机设备等。这些资源应该能够满足学生的需求，无论是在知识获取还是在技能培训方面。

课程设计的灵活性：课程设计应该灵活，能够根据社会和职业需求进行调整。教育体系需要与产业界合作，以了解未来的就业趋势，并相应地调整课程，以确保学生毕业后能够适应职场的需求。

评估和反馈机制：教育体系需要建立有效的评估和反馈机制，以监测学生的学习进展，并提供及时的反馈。这有助于教育体系不断改进教学方法和课程设计，以提高教育质量。

培养社会责任感：教育体系应该强调社会责任感的培养，使学生认识到他们作为公民的责任，鼓励他们参与社会和社区服务。这有助于建立一个更加公正的和谐的社会。

终身学习支持：教育体系应该提供终身学习的支持，包括成人教育和职业培训。这有助于确保个体在整个生命周期中能够不断学习和发展，以适应社会变化。

（三）教育体系的挑战与应对

尽管教育体系对本质特征提出了一系列要求，但实际上，教育体系在面临各种挑战时可能面对其实现这些要求的能力受到限制。以下是一些常见的教育体系挑战以及应对这些挑战的方法。

资源不足：许多教育体系面临资金不足的问题，这可能导致师资不足、教育设施的不足以及教材的匮乏。解决这个问题的方法包括增加政府投资、吸引私人部门参与，并采用更有效的资源分配策略。

教育质量不均衡：教育质量在不同地区和学校之间可能存在差异，这可能导致社会不平等。为了提高教育质量的均衡性，政府可以制定政策，提供更多资源给贫困地区的学校，提供教育资源的均衡分配，并确保教师的培训和素质。

教育技术不足：在数字化时代，教育技术的应用变得至关重要。然而，许多学校缺乏必要的技术基础设施和教育技术培训。为了解决这个问题，学校可以合理配置技术资源，提供教师培训，以有效地整合教育技术到教学中。

课程滞后：教育课程可能滞后于社会和职业需求，导致学生毕业后无法适应现实世界。为了解决这个问题，教育体系应与产业界紧密合作，定期更新课程，确保其与就业市场保持一致。

学生多样性：学生的多样性可能包括不同的文化背景、语言能力和学习风格。为了满足不同学生的需求，教育体系需要采用个性化的教育方法，提供多元化的文化教育，以及为非母语学生提供额外的支持。

师资不足：拥有高质量的教师是教育成功的关键。然而，许多地区面临教师短缺的问题。为了解决这个问题，政府可以提供更多的奖学金和鼓励更多的人投身教育领域，同时提供更多的教育培训和职业发展机会。

教育评估问题：评估和反馈机制需要进行改进，以确保其能够客观和准确地反映学生的学习进展。这可以通过采用多种评估方法、减少应试教育的压力、提供及时的反馈等方式来实现。

社会价值观的传递：教育体系需要确保传递的社会价值观和道德准则是积极的、包容的和多元化的。这可以通过制定明确的教育政策、提供教育师资培训和开展多元文化教育来实现。

总之，教育体系的本质特征对社会和个体的发展至关重要。为了满足这些特征的要求，教育体系需要克服各种挑战，包括资源不足、教育质量不均衡、教育技术不足、课程滞后等。通过政府、学校和社会的共同努力，可以改进教育体系，以满足学生的多样化需求，提高教育质量，为社会的发展和进步做出贡献。

第三节　高质量教育体系的评价导向

一、教育体系评价的重要性

教育是社会进步和个人发展的关键因素之一，因此对教育体系的评价至关重要。教育体系评价是一种系统性的过程，用于确定教育体系的有效性、质量和成就。下面将探讨教育体系评价的重要性，并讨论它对学生、教育机构、政府和社会的影响。

（一）提高教育质量

教育体系评价有助于提高教育质量。通过评估学生的学习成果、教师的教学方法、课程的有效性以及教育资源的利用，教育机构能够识别问题并采取纠正措施。这有助于确保学生获得高质量的教育，提高他们的学术成绩和综合素养。

教育体系评价还可以帮助教育机构识别最佳实践，并分享成功经验。通过了解哪些教学方法和策略在提高学生学习成果方面最为有效，其他学校和教育机构可以采用这些方法，以提高教育质量。

（二）监测学生的学术进展

教育体系评价是监测学生学术进展的重要工具。它可以帮助教育机构识别哪些学生可能需要额外的支持，以克服学术困难。通过及时的评价和反馈，学校可以制定个性化的学习计划，以满足每个学生的需求。这有助于确保没有学生被忽视，而是每个学生都有机会实现其潜力。

教育体系评价还可以帮助学校识别学生的天赋和特长，以便提供相应的支持和发展机会。这有助于培养多元化的技能和兴趣，使学生在各个领域都能取得成功。

（三）提高教育机构的账户能力

教育体系评价有助于提高教育机构的账户能力。通过评估学校的表现，政府、教育机构和家长可以更好地了解学校的质量和效率。这有助于确保资源得到合理分配，学校管理得当，并且学校对学生的表现负有责任。

教育体系评价还可以帮助学校改进管理和组织，以提高效率和透明度。这有助于防止腐败和滥用资源，确保学校的资源得到最佳利用。

（四）为政策制定提供数据支持

教育体系评价为政府制定政策和决策提供了重要的数据支持。通过收集和分析教育数据，政府可以更好地了解教育体系的状况，识别问题和趋势，以制定政策来改进教育。

教育体系评价可以帮助政府确定哪些领域需要增加资源，哪些政策需要改进，以更好地满足社会和经济需求。这有助于确保政府的决策是基于事实和数据的，而不是主观意见。

（五）提高社会公平

教育体系评价可以帮助提高社会公平。通过监测学生的学术成果和评估学校的表现，可以识别教育不平等和社会排斥问题。这有助于确保每个学生都有平等的机会接受高质量的教育，无论其社会背景如何。

评估教育体系还可以帮助识别在教育中存在的歧视和偏见，并采取措施来减少这些问题。这有助于创造一个更加包容和多元化的教育环境，使每个学生都能感到受到尊重和鼓励。

（六）国际竞争力

教育体系评价有助于提高一个国家的国际竞争力。一个高质量的教育体系可以吸引国际学生和教育投资，促进国家的经济增长。此外，国际评估可以帮助国家了解自己在全球范围内的教育表现，并与其他国家进行比较。

通过了解其他国家的最佳实践，国家可以采取措施改进自己的教育体系，以更好地满足国际标准和需求。这有助于提高国家在全球教育市场中的地位，吸引更多的国际学生和合作伙伴。

（七）提高就业机会

教育体系评价对就业机会也有积极的影响。雇主通常更愿意雇佣受过高质量教育的人，因为他们具备更丰富的知识和技能。评估教育体系有助于确保学生毕业后具备与工作市场相关的知识和技能，从而提高他们的就业机会和职业发展。

此外，教育体系评价可以帮助学生更好地了解他们的学术水平，帮助他们制定职业规划和目标。这有助于学生更好地适应职场需求，提高他们的就业竞争力。

（八）鼓励教育创新

教育体系评价还可以鼓励教育创新。通过评估教育体系的效果，可以识别哪些教育方法和策略最为成功，鼓励其他学校和教育机构采用这些创新方法。这有助于推动教育领域的不断改进和发展。

教育体系评价还可以促使教育机构寻求改进和创新，以提高他们的表现。学校和教育机构可以与其他同行合作，分享最佳实践，从而推动整个教育领域的发展。

教育体系评价对于提高教育质量、监测学生的学术进展、提高教育机构的账户能力、为政策制定提供数据支持、提高社会公平、提高国际竞争力和提高就业机会都具有极为重要的作用。它不仅有助于确保教育体系的有效性和质量，还有助于推动教育领域的创新和改进。因此，教育体系评价应该被视为教育领域中不可或缺的一部分，以确保每个学生都能获得高质量的教育，提高他们的学术成就和综合素养，从而为社会的进步和个体的发展做出贡献。

二、高质量教育体系的评价指标

高质量的教育体系是任何国家或地区经济繁荣和社会发展的基石。为了确保教育体系的有效性和效率，定期进行评价是必不可少的。教育体系评价指标作为一种重要工具，可以有效衡量教育体系的表现与质量。以下将讨论高质量教育体系的评价指标及其在评估教育体系有效性方面的作用。

（一）学生学术成就

学生学术成就是衡量教育体系的关键指标之一。学术成绩不仅反映了学生在核心学科领域的知识和技能水平，也体现了教育体系的整体成效。通过考试和测试成绩，教育体系能够直观地评估学生的学术表现。除了单一时点的成绩，还应关注学术成绩的变化趋势，以便更好地理解学生的进步与成长。此外，标准化测试为比较不同学校和地区的学生表现提供了客观依据。学术成就差距的存在则提醒我们，教育体系需采取措施以减少不同学生群体之间的学术成就差异，推动社会公平。

（二）师资水平

教师作为教育体系的核心，他们的素质直接影响学生的学术成就和整体发展。评估教师的资格和认证情况有助于确保他们具备必要的教育背景和专业知识，能够胜任教学工作。教师的教育经验也是提升教学质量的重要因素，教育体系应关注教师的工作年限和相关领域的经验。为了不断提高教学质量，教师的继续教育和职业发展也是不可忽视的评估内容。了解教师的工作满意度不仅可以提升他们的工作投入，也能促进整个教育体系的优化。

（三）教育资源

教育资源的充足与否直接关系到学生的学术成就和全面发展。教育资源的投入，包括资金、设备和教育设施，是支持学生学习的重要保障。学生资源比则反映了每个学生能够获得的资源数量，低学生资源比可能限制学生的发展机会。教材和课程的质量与适用性也在很大程度上决定了学生的学习效果。因此，教育体系必须确保教材和课程与学科内容及学生需求相匹配。此外，教育设施的状况对学习环境有直接影响，良好的设施有助于为学生提供优质的学习条件。

（四）社会公平

社会公平是高质量教育体系的重要目标之一。通过评估不同学生群体之间的学术成就差距，可以发现并解决可能存在的不公平现象。学术机会平等是社会公平的重要组成部分，确保所有学生都能够获得高质量教育，不论其背景如何。教育体系提供的课程多样性应满足不同学生的兴趣和需求，以保证每个学生都有机会接受适合他们的教育。合理的学校和学区资源分配对于减少学术成就差距至关重要，有助于实现社会的全面公平。

（五）终身学习机会

高质量的教育体系不仅关注学生在校期间的学习，还应提供终身学习的机会，以满足个人的持续发展需求。成人教育和继续教育机会的提供，使人们能够在整个生命周期内不断获得新的知识和技能。职业培训和发展机会的评估可以确保教育体系能够满足不断变化的职业需求，支持个人的职业成长。终身学习的支持与资源，如财政支持、学习材料和导师支持，也是确保人们能够充分利用教育机会的重要因素。

（六）教育创新

教育创新是评估教育体系动态适应性的重要维度。教育技术的应用是提升教学质量和效率的重要手段，教育体系应不断引入和采用先进的技术。积极参与教育研究和发展活动，有助于推动教育方法的更新和改进。教育政策和实践的灵活性也是教育创新的一部分，适应社会需求和趋势的变化能够使教育体系保持活力，满足时代的要求。

（七）国际比较

国际比较为评估教育体系提供了全球视野。通过国际标准化测试，不同国家和地区的学生表现可以进行比较，帮助教育体系了解其在全球范围内的位置。比较不同国家的教育资源投入情况，如资金、设备和人力资源，可以为自身体系的改进提供参考。教育政策和实践的比较则能够发现和借鉴最佳实践与趋势，推动本国教育体系的发展。

高质量的教育体系评价指标是评估教育体系有效性和质量的重要工具。这些指标涵盖了学生学术成就、师资水平、教育资源、社会公平、终身学习机会、教育创新以及国际比较等方面。通过监测和评估这些方面，教育体系可以不断优化，确保学生获得高质量的教育，满足社会和个体的需求，进而促进社会进步与经济繁荣。

三、评价导向对教育体系的影响

评价导向教育是一种将评价和测量视为教育核心组成部分的方法，旨在提高学生的学术成绩、提升教育质量，并增强教育体系的有效性。此种教育模式强调明确的教育目标、数据驱动的决策、学术成就的监测以及教育的持续改进。以下将探讨评价导向教育的优点、挑战及解决方案。

（一）评价导向教育的优点

评价导向教育有助于显著提升学生的学术成绩。通过定期测量和评估学生的学习进展，教育机构可以更深入地了解学生的需求，及时识别学术上的困难，并提供额外的支持与资源，帮助学生提升学术表现。同时，评价导向教育高度重视教育质量的提升。通过评估教育资源的使用效率、教学方法的有效性及教材的质量，教育机构能够发现问题并识别改进的机会，进而持续提升教育质量。数据驱动的决策也是评价导向教育的重要特征之一，教育机构通过数据识别问题、制定政策和决策，从而确保决策基于事实与证据，而非主观判断。此外，评价导向教育还促进了个性化教育的发展，通过了解每个学生的学术水平与需求，制订个性化的学习计划，使每个学生都能在适合的学术水平上学习，并满足其兴趣和需求。评价导向教育强调持续改进，通过定期的评估和反馈，教育机构可以识别并改进教育中的问题，采取有效措施提升教育体系的效益。此外，通过评估教师的教育方法与学生的学术成绩，评价导向教育也有助于提高教师质量，促进成功教学方法的推广，从而提升学生的整体学术表现。最后，评价导向教育提高了教育体系的透明度与问责制，通过公开的数据与信息，家长、学生及社会能够更好地了解教育体系的表现，促使教育机构保持高标准并确保资源的有效利用。

（二）评价导向教育的挑战

尽管评价导向教育具有多重优势，但其实施过程中也面临着一些挑战与争议。首先，评价导向教育可能导致教育过度依赖标准化测试和考试成绩，从而转变为应试教育，这种现象可能削弱学生的创造力和批判性思维，因为学生只专注于得分，而非深度理解和学习。此外，评价导向教育可能增加教师的工作压力，教师可能需要花费更多时间准备学生应对标准化测试，而非进行深入的教学，这可能导致教师的疲劳和不满。尽管评价导向教育强调社会公平，但它可能难以完全消除学术成就差距，不同学生群体之间的差距可能受到社会经济、文化等多重因素的影响，而不仅是教育因素。过度强调数据和评估也可能导致数据滥用，教育机构可能会为了提高表现而操纵数据，而不是真正提高教育质量。评价导向教育还可能导致教育目标的狭隘化，只关注学术成绩，忽视诸如素质教育、批判性思维和综合素养等其他重要教育目标，从而影响学生的全面发展。此外，标准化测试虽然是评价导向教育的一部分，但这些测试存在一定的局限性，可能无法全面评估学生的技能与知识，并可能受到文化和语言因素的影响。评价导向教育也可能忽视学生的多样性，包括不同的学习风格、能力和需求，标准化的评估方法可能无法满足所有学生的需求。

（三）解决评价导向教育的挑战

尽管评价导向教育面临诸多挑战，但可以采取有效措施来应对这些问题。教育体系可以采用多元化的评估方法，如结合标准化测试、课堂评估、项目与作业，以全面了解学生的学术成就。此外，教育体系应确保教育目标的多样性，培养学生的创造力、批判性思维和综合素养，不仅关注学术成绩，还要注重学生的全面发展。为了减轻教师的工作压力并支持他们有效教学，教育体系应为教师提供继续教育和职业发展的机会，并采取措施减轻他们的负担。评价导向教育还应关注社会公平，确保每个学生都能获得平等的学习机会，为有需要的学生提供额外支持与资源。为防范数据滥用，教育机构应采取措施确保数据的真实性与准确性，透明度和问责制可以帮助确保数据的正确使用。此外，评价导向教育应考虑学生的多样性，提供支持与资源以满足不同学生群体的需求，鼓励教育体系持续改进和创新，积极参与教育研究与发展，以寻找更好的方法和策略提高教育质量。

评价导向教育在提升学生学术成绩、教育质量及教育体系有效性方面发挥了重要作用。然而，其在实施过程中面临的挑战也不可忽视。通过采取多样化评估方法、多元化教育目标、支持教师以及确保社会公平，教育体系能够更好地应对这些挑战，并在不断变化的教育需求和趋势中提供更高质量的教育。

第三章 "双师型"教师的
理论框架

第一节 "双师型"教师的概念解读

一、"双师型"教师的定义

"双师型"教师是指一类教育工作者，他们具备深厚的学科专业知识和卓越的教育教学技能，能够同时兼具学科教育和教育教学两方面的专业素养。这种类型的教师在教育领域中扮演着关键的角色，能够有效地传授学科知识并促进学生的综合素养和发展。在下面中，将详细讨论"双师型"教师的定义、重要性和培养路径。

（一）"双师型"教师的定义

"双师型"教师是一种特殊的教育从业者，他们具备两方面的专业素养，分别是学科专业知识和教育教学技能。这两方面的素养在他们的教育工作中起到了协同作用，使他们能够更好地满足学生的学习需求和促进学生的综合发展。下面是"双师型"教师的主要特点：

学科专业知识："双师型"教师具备深厚的学科专业知识，他们在特定领域内拥有高度的专业素养。这使他们能够准确、深入地传授学科知识，指导学生掌握学科的核心概念和技能。

教育教学技能：除了学科专业知识，"双师型"教师还具备卓越的教育教学技能。他们了解教育心理学、教育方法和教育技术，能够有效地设计课程、制订教学计划和运用多种教育策略，以满足学生的不同学习需求。

教育领域的继续发展："双师型"教师不断追踪和学习最新的教育研究和趋势，以不断提高自己的教育教学技能。他们积极参与教育研究和发展，以找到更好的教育实践和方法。

学生关怀和个性化教育："双师型"教师关心学生的全面发展，不仅关注他们的学科成绩。他们努力理解每个学生的需求，采取个性化的教育方法，以满足学生的兴趣、能力和发展潜力。

教育改革和政策参与："双师型"教师积极参与教育改革和政策制定，以提高教育体系的质量和效益。他们能够为教育政策提供专业意见和建议，以改善教育体系。

教育团队合作："双师型"教师通常愿意与其他教育工作者合作，包括学科专家、心理学家、教育技术专家等。这种合作有助于综合利用各种资源和专业知识，以更好地支持学生的学习。

（二）"双师型"教师的重要性

"双师型"教师在教育体系中具有重要的地位和作用。他们的存在对学生的学习和发展产生积极影响，对教育质量的提高起到关键作用。以下是"双师型"教师的重要性：

促进学生的学术成就："双师型"教师能够传授学科知识并应用有效的教育教学方法，以提高学生的学术成绩。他们帮助学生掌握学科的核心概念和技能，使他们能够更好地应对考试和学术挑战。

支持学生的综合发展："双师型"教师不仅关注学生的学术成绩，还关心他们的综合发展。他们通过个性化教育方法和关怀，促进学生的社会技能、情感智力和批判性思维的发展。

促进教育创新和改进："双师型"教师积极参与教育研究和发展，为教育创新提供动力。他们能够识别问题、提出解决方案并参与教育改革，以提高教育体系的效益。

支持政策制定和改革："双师型"教师具有专业知识和实践经验，可以为政策制定者提供宝贵的意见和建议。他们能够将实际经验和教育专业知识结合起来，以推动政策改革和改进。

增强教育团队的协作："双师型"教师的存在丰富了教育团队的多样性，他们能够与其他教育工作者合作，共同促进学生的学习。他们可以与学科专家、心理学家、教育技术专家等合作，以综合利用各种资源和专业知识，提供更好的教育服务。

适应多元化学生群体："双师型"教师具备多元化的教育背景和经验，能够更好地适应不同学生群体的需求。他们可以为学生提供个性化的学习支持，无论学生的背景、文化和学习风格如何。

提高教育质量："双师型"教师的综合素养和专业知识有助于提高教育质量。他们能够设计和实施高质量的教育课程，采用有效的教育方法，确保学生获得最佳的教育体验。

（三）"双师型"教师的培养路径

为了培养"双师型"教师，需要采取一系列措施，包括教育体系的改革、师资培训和教育政策的支持。以下是培养"双师型"教师的一些建议：

教育体系的改革：教育体系需要进行结构性的改革，以促进"双师型"教师的培养和发展。这包括设计灵活的学习路径，以允许学生同时获得学科专业知识和教育教学技能。

师资培训：师资培训机构和学校应提供专门的培训计划，以培养"双师型"教师。这些培训应包括学科专业知识的深化和教育教学技能的培养。

跨学科合作：教育机构应鼓励学科专业教师和教育教学专家之间的合作和互动。这有助于促进跨学科的综合教育，培养"双师型"教师。

实践经验：学生和教师实习是培养"双师型"教师的重要环节。学生应该有机会在真实教育环境中实践，以获得实际教育教学经验。

持续教育:"双师型"教师应该参与继续教育和职业发展,以不断提高他们的教育教学技能和学科知识。

政策支持:政府和教育部门应制定政策来支持"双师型"教师的培养和发展。这包括提供奖学金、教育资源和教育研究支持。

学校文化的转变:学校应鼓励和培养"双师型"教师,为他们提供发展的机会和支持。学校文化应该重视教育教学和学科知识的融合。

"双师型"教师是一类具备学科专业知识和卓越教育教学技能的教育工作者,他们在教育领域中具有重要的地位和作用。他们能够提高学生的学术成绩、支持学生的综合发展、促进教育改革和提高教育质量。为了培养"双师型"教师,需要进行教育体系的改革、师资培训、跨学科合作、实践经验、持续教育、政策支持和学校文化的转变等一系列措施。通过这些努力,可以培养更多的"双师型"教师,以满足不断变化的教育需求,提高教育体系的效益和质量。

最终,"双师型"教师的存在和发展对于塑造更加综合和有效的教育体系至关重要。他们的专业知识和教育教学技能相互补充,有助于提高学生的学术成就和个人发展。因此,教育机构、政府和教育从业者应共同合作,致力于培养和支持"双师型"教师的发展,以推动教育领域的不断进步和创新。

二、"双师型"教师的起源和发展

"双师型"教师,又称为"两师一体"教师,是一种拥有学科专业知识和卓越教育教学技能的教育工作者。他们在教育领域中发挥着重要作用,能够更好地满足学生的学习需求,提高教育质量,促进教育创新。下面将探讨"双师型"教师的起源和发展,以了解他们在教育领域中的演变和作用。

(一)"双师型"教师的起源

"双师型"教师的概念起源于对教育质量提升的需求,旨在将学科专业知识与卓越教育教学技能相结合。这一概念的出现可以追溯到教育改革和教育研究的不断发展。以下是"双师型"教师起源的一些重要背景和历史事件：

教育质量的提升需求：随着社会的不断发展和知识经济的崛起，对教育质量的要求逐渐增加。传统上，教育体系主要注重学科内容的传授，但忽略了教育教学技能的培养。因此，教育领域开始强调培养具有学科专业知识和卓越教育教学技能的教师，以提高教育质量。

教育研究和改革：教育研究和改革的推动也促使了"双师型"教师概念的出现。研究表明，仅有学科专业知识的教师无法满足学生的综合需求，因此需要培养具备教育教学技能的教师。教育改革旨在提高学生的学术成绩和综合素养，进一步推动了"双师型"教师的发展。

跨学科合作的兴起：跨学科合作成为教育领域中的一种趋势，学科专业教师和教育教学专家之间的合作变得更加普遍。这种合作促使了"双师型"教师的兴起，他们能够将学科知识与教育教学技能相结合，更好地满足学生的学习需求。

国际经验的借鉴：一些国际上的教育体系开始探索"双师型"教师的培养和发展，取得了显著的成就。这些国际经验的借鉴促使其他国家也开始关注"双师型"教师的培养，以提高教育质量。

（二）"双师型"教师的发展历程

"双师型"教师的发展历程在不同国家和地区有所不同，但总体上可以分为以下几个阶段：

初始阶段："双师型"教师的概念最早出现在教育研究和政策讨论中。在这一阶段，教育领域开始认识到学科专业知识和教育教学技能的重要性，但尚未形成明确的培养和评估机制。

教育改革阶段：在教育改革的推动下，一些国家开始着手培养"双师型"教师。这包括制定新的教育政策和标准，鼓励教师获得教育教学技能的培训和认证。

培训和认证机制的建立：随着"双师型"教师概念的普及，许多国家建

53

立了相应的培训和认证机制。这些机制旨在确保教师既具备学科专业知识，又具备卓越的教育教学技能。培训课程通常包括教育心理学、课程设计、教学方法和评估技巧等方面的内容。

学科专业知识和教育技能的整合："双师型"教师的培训注重学科专业知识和教育技能的整合。培训课程通常包括课程设计和教材选择，以及如何有效地传授学科内容。

教育体系的改革：一些国家采取了教育体系的改革措施，以更好地支持"双师型"教师的发展。这包括改革教育政策、提供奖学金和奖励，以鼓励教师参与培训和继续教育。

研究和评估："双师型"教师的培养和发展过程通常伴随着研究和评估。这有助于监测培训效果，发现问题并不断改进培训课程。

推广和国际交流："双师型"教师的概念逐渐传播到更多国家和地区，并吸引了国际关注。国际交流和合作有助于分享最佳实践和经验，促进"双师型"教师的全球发展。

（三）"双师型"教师的现状和前景

"双师型"教师的概念在许多国家得到了广泛认可，并已经取得了显著的进展。然而，仍然存在一些挑战和问题，需要进一步解决。以下是"双师型"教师的现状和前景。

知识领域的深化："双师型"教师需要不断深化自己的学科专业知识，以保持与学科发展的同步。这需要提供继续教育和培训机会，以便他们不断提高自己的学科专业水平。

教育教学技能的提升：除了学科知识外，"双师型"教师还需要不断提高自己的教育教学技能。这包括了解最新的教育研究和教育技术，以提高教育教学质量。

教育政策的支持：政府和教育部门需要提供更多支持，以鼓励"双师型"教师的培训和发展。这包括提供奖学金、奖励计划和职业发展机会。

教育体系的改革：教育体系需要进行结构性的改革，以更好地支持"双师型"教师的培养和发展。这包括改革课程设置、提供支持和资源，以及改善教师评估体系。

国际合作与经验分享：国际合作和经验分享对于"双师型"教师的发展至关重要。各国可以共同合作，分享最佳实践和经验，以推动"双师型"教师的全球发展。这包括通过国际研讨会、研究项目和交流计划来促进跨国合作，以共同应对教育领域的挑战。

学生的综合素质："双师型"教师的培养和发展应该着重培养学生的综合素质，而不仅仅是学术成绩。这包括培养学生的创造力、批判性思维、社会技能和情感智力。

教育研究和创新："双师型"教师应积极参与教育研究和创新，以不断提高教育质量。他们可以为教育政策提供专业意见和建议，以改善教育体系。

"双师型"教师是一种具备学科专业知识和卓越教育教学技能的教育工作者，起源于对教育质量提升的需求。他们的发展历程经历了不同阶段，包括教育改革、培训和认证机制的建立，以及国际交流与合作的推动。"双师型"教师的发展前景充满希望，但仍需面对知识领域的深化、教育教学技能的提升、政策支持、教育体系的改革、国际合作与经验分享以及学生综合素质的培养等挑战。通过不断努力，"双师型"教师将继续在教育领域中发挥重要作用，为学生的学习和综合发展做出积极贡献。

三、"双师型"教师的分类

"双师型"教师，又称"两师一体"教师，是具备学科专业知识和卓越教育教学技能的教育工作者。这一类教师在教育领域中发挥着关键作用，能够同时兼具学科教育和教育教学两方面的专业素养。在实际应用中，"双师型"教师可以根据其特定的教育领域和角色进行不同的分类。下面将探讨"双师型"教师的分类，以便更好地理解他们的多样性和角色。

（一）按教育阶段分类

根据教育阶段的不同，"双师型"教师可以分为多个子类别。

幼教师：这些"双师型"教师专注于幼儿教育，具备幼教专业知识和教育教学技能。他们负责帮助幼儿发展早期的认知、情感和社交技能。

基础教育师：这一类别的"双师型"教师在基础教育阶段工作，例如小学和初中。他们既拥有学科专业知识，又具备卓越的教育教学技能，致力于帮助学生掌握学科知识和培养学习技能。

高中教师：在高中阶段，学科知识变得更加专业化。"双师型"高中教师需要深入了解学科领域，并能够以高水平的教育教学技能来指导学生。

大学教师：大学教师通常需要在特定学科领域具备高度的专业知识，同时需要教育教学技能，以有效地传授学科知识和培养学生的综合能力。

职业培训师：这些"双师型"教师负责职业教育和培训。他们必须了解特定职业领域的知识和技能，同时也需要教育教学技能，以帮助学生获得职业技术和技能。

终身学习教师：终身学习教师的任务是为成人学习提供支持。他们需要具备成人学习心理学和教育教学技能，以满足不同成人学习者的需求。

（二）按学科分类

"双师型"教师也可以按照其教授的学科领域来分类。

自然科学教师：这类"双师型"教师教授物理、化学、生物学、地理等自然科学领域的课程。他们需要深入了解这些学科，并能够以亲和力和激发兴趣的方法来教授学生。

数学教师：数学是一门特殊的学科，需要深厚的数学知识和有效的教育教学方法。"双师型"数学教师能够帮助学生理解数学概念，培养解决问题的能力。

语言教师：语言教师通常教授母语或外语。他们需要精通语言学和教育教学技巧，以帮助学生掌握语言技能。

社会科学教师：这些"双师型"教师教授历史、地理、社会学、政治学等社会科学领域的课程。他们需要了解社会科学理论和方法，同时能够引导学生思考社会问题。

艺术和文化教师：艺术和文化教师通常教授音乐、美术、舞蹈等艺术领域的课程。他们需要具备艺术和文化背景，同时需要教育教学技能，以培养学生的创造力和表达能力。

职业领域教师：这类"双师型"教师教授特定职业领域的知识和技能，例如工程、医学、法律等。他们需要深入了解相关领域的专业知识，同时具备教育教学技能，以培养学生的职业能力。

（三）按特殊教育领域分类

特殊教育领域也需要"双师型"教师，他们能够满足特殊学生群体的需求。这些"双师型"教师可以按照教育领域的不同进行分类。

特殊教育教师：特殊教育教师专注于教育有特殊需求的学生，例如智力障碍、情感障碍、自闭症等。他们需要了解特殊教育理论和方法，同时具备卓越的教育教学技能，以支持特殊学生的学习和发展。

英语为第二语言（ESL）教师：ESL 教师专门教授英语为第二语言的学习者。他们需要精通英语语言和文化，同时具备教育教学技能，以帮助非英语母语的学生提高英语语言技能。

特殊需求学生的职业教育教师：这类"双师型"教师教授特殊需求学生的职业技能和培训。他们需要深入了解特殊需求学生的教育需求，同时具备职业教育和培训技能。

教育心理学家：教育心理学家是专门研究学生学习和发展的专家，他们可以为教育教学提供心理学支持和咨询。他们需要了解教育心理学理论和方法，以帮助学生克服学习障碍和发展问题。

（四）按工作环境分类

"双师型"教师的工作环境也会对其角色和职责产生影响。以下是根据工作环境的不同分类。

公立学校教师：公立学校中的"双师型"教师通常遵循国家或地区的教育标准和课程，教授学生从幼儿园到高中的各种学科。

私立学校教师：私立学校中的"双师型"教师可能有更大的教育自主权，他们可能根据学校的特点和使命教授不同类型的课程，如国际课程或特色课程。

在线教育教师：随着在线教育的兴起，"双师型"教师也在在线平台上扮演关键角色，他们需要适应在线教学环境，以有效地传授知识和技能。

职业培训教师：职业培训教师通常在专业培训机构或企业中工作，他们培养学员的职业技能，以适应特定的职业需求。

特殊教育教师：特殊教育教师在特殊教育学校、特殊教育班级或普通学校中工作，专门支持有特殊需求的学生。

（五）按教育角色分类

"双师型"教师在教育过程中可以扮演多种不同的角色。以下是根据角色的不同分类。

课堂教师："双师型"教师的最常见角色是课堂教师，他们负责传授学科知识和培养学生的学术技能。

教育领导者：一些"双师型"教师在学校或教育机构中担任领导职务，他们负责制定教育政策、协调课程和指导其他教师。

课程设计师："双师型"教师可以参与课程设计和开发，确保教材和教学方法符合学生的需求。

教育顾问和咨询师：一些"双师型"教师在教育咨询公司或独立咨询师的职位中工作，为学生和家庭提供教育建议和支持。

研究员和教育政策制定者：一些"双师型"教师进入教育研究领域或政策制定领域，以促进教育改革和政策制定。

（六）按特殊领域分类

"双师型"教师还可以根据他们在教育领域的特殊专长和兴趣进行分类，这些领域包括以下几点。

教育技术教师：这些"双师型"教师专注于教育技术的应用，包括在线教育工具、教育软件和数字学习平台。

教育研究师：教育研究师致力于教育领域的研究，他们研究教育问题、发展教育理论和方法，以提供教育改进的建议。

教育心理学家：这些"双师型"教师专注于教育心理学，帮助学生克服学习问题、解决情感障碍，并提供心理健康支持。

职业发展教师：职业发展教师帮助学生规划职业生涯，提供职业建议和支持，以帮助他们实现职业目标。辅导员和学生咨询师：辅导员和学生咨询师在学校中提供学生心理健康支持、学业建议和职业指导。

教育管理者：这些"双师型"教师在学校或教育机构中担任管理职位，负责学校管理、教育政策制定和资源分配。

（七）综合分类

除了以上列出的分类方式，"双师型"教师还可以根据其在教育领域的综合特征进行分类。例如：

学科教师：这类"双师型"教师在特定学科领域拥有深入的学科专业知识，并能够将教育教学技能与学科知识结合，以教授相关学科课程。

特殊教育"双师型"教师：这一类别的教师专注于特殊教育领域，为有特殊需求的学生提供支持，同时也需要掌握特殊教育理论和方法。

研究型"双师型"教师：研究型"双师型"教师主要从事教育研究工作，致力于推动教育领域的知识发展和改进。

教育政策制定者：这类"双师型"教师在教育政策制定和改革方面发挥重要作用，需要了解教育政策、法律和社会影响。

跨学科"双师型"教师：跨学科"双师型"教师能够教授多个学科领域，他们的知识领域横跨多个学科。

（八）根据国家或地区的教育系统分类

不同国家或地区的教育系统存在差异，"双师型"教师的分类也可能因此而异。例如，在一些国家，"双师型"教师的角色和分类可能更为明确，而在其他国家，可能更加灵活。这取决于国家或地区的教育政策、体系和教育需求。

"双师型"教师是一类具备学科专业知识和卓越教育教学技能的教育工作者。他们可以根据教育阶段、学科、特殊教育领域、工作环境、教育角色、特殊领域和国家或地区的教育系统进行不同的分类。这种分类有助于更好地理解"双师型"教师的多样性和角色，为教育领域提供更多灵活性和多样性的人才支持。无论在哪个分类下，"双师型"教师都在提高教育质量、促进学生发展和推动教育创新方面发挥着重要作用。

第二节 "双师型"教师的基本分类

一、"双师型"学科教师与行业专家

"双师型"学科教师与行业专家是教育领域中的两类重要人才，他们在教育和行业领域发挥着不同但互补的作用。下面将探讨"双师型"学科教师和行业专家的区别、联系以及如何更好地结合他们的专业知识，以促进教育和职业发展。

（一）"双师型"学科教师的角色和特点

学科专业知识："双师型"学科教师具备深入的学科专业知识，他们在特定学科领域拥有高度的专业素养。他们通常通过教育课程、培训和学科专业背景获得这些知识。

教育教学技能："双师型"学科教师不仅具备学科知识，还具备卓越的教育教学技能。他们能够有效地传授学科知识，设计教育课程，评估学生的学术表现，并采用不同的教育方法以满足学生的学习需求。

学生导向："双师型"学科教师的工作重点通常是学生的学习和发展。他们致力于帮助学生掌握学科知识、提高学术成绩，并培养学生的综合素质，如批判性思维、解决问题能力和创造力。

教育背景："双师型"学科教师通常拥有教育学位或教育相关的资格认证。他们接受教育学和教育心理学等方面的培训，以便更好地理解学习理论和教育实践。

学校环境："双师型"学科教师通常在学校或教育机构中工作，遵循国家或地区的教育标准和课程。他们的职责包括教授学科课程、参与学生管理和与学生家长合作。

教育改进："双师型"学科教师通常积极参与教育改进和教育研究，以不断提高教育质量和学生成绩。

（二）行业专家的角色和特点

行业专业知识：行业专家是在特定领域拥有深入专业知识和经验的人员。他们通常在行业内工作多年，积累了丰富的实践经验。

实际工作经验：行业专家的知识和技能通常是通过实际工作经验获得的。他们了解特定行业的实际操作、趋势和挑战。

问题解决能力：行业专家能够分析和解决复杂的问题，他们在实际工作中面临各种挑战，并学会了应对它们。

行业网络："双师型"学科教师：行业专家通常与行业内的同行和专业人士建立广泛的联系。这有助于他们获取最新的信息和资源，以保持在行业内的竞争力。

行业认可:"双师型"学科教师:行业专家通常受到行业内的认可和尊重。他们可能获得了相关行业的专业认证或荣誉,如工程师、医生、律师等。

商业环境:"双师型"学科教师:行业专家通常在行业中的企业、组织或机构中工作。他们的主要职责是为企业或组织提供专业建议和支持,以促进业务发展和成功。

(三)"双师型"学科教师与行业专家之间的联系和合作

尽管"双师型"学科教师和行业专家的职责和背景存在差异,但他们之间的联系和合作可以产生互补的效应,有助于提高教育质量和学生的职业准备。以下是一些方式,"双师型"学科教师和行业专家可以合作。

行业导向教育:"双师型"学科教师可以与行业专家合作,以确保教育课程与实际行业需求相符。行业专家可以提供实际案例、最新趋势和实际工作经验,以帮助学生更好地理解学科内容的实际应用。

职业指导和实习:"双师型"学科教师可以邀请行业专家来提供职业指导,帮助学生规划职业生涯。行业专家还可以为学生提供实习和实际工作机会,以帮助他们在专业领域获得实践经验。

嘉宾讲座:"双师型"学科教师可以邀请行业专家来学校进行嘉宾讲座,分享他们在行业内的经验和见解。这种方式可以拓宽学生的视野,让他们了解不同领域的机会和挑战。

项目合作:"双师型"学科教师和行业专家可以共同开展教育项目,以解决特定的教育和行业挑战。这种合作可以促进跨学科的学习和综合性能力的培养。

职业培训:"双师型"学科教师可以与行业专家合作,为成年学习者提供职业培训和继续教育。行业专家可以传授实际职业技能,帮助学员提高就业竞争力。

跨学科研究:"双师型"学科教师和行业专家可以合作开展跨学科研究项目,以解决复杂的社会问题。这种研究合作可以促进知识的交叉传播和创新。

教育政策制定:"双师型"学科教师和行业专家可以参与教育政策制定和改革,以确保教育体系能够满足行业的需求。他们可以提供专业意见和建议,促进教育政策的持续改进。

"双师型"学科教师和行业专家都在教育领域和行业领域发挥着重要作用,他们具备不同但互补的专业知识和技能。合理的合作和联系可以为学生的教育和职业发展带来巨大的好处。

未来,我们可以期待更多的"双师型"学科教师与行业专家之间的合作,以满足不断发展的教育和职业需求。这种合作将有助于提高学生的职业准备、增强他们的综合素质,同时也有助于推动教育领域的不断创新和改进。通过充分发挥"双师型"学科教师和行业专家的专业知识,我们可以共同为培养具备实际应用技能的学生和满足行业需求的专业人才做出积极贡献。

二、"双师型"教师教育背景与职业经验

"双师型"教师是一类具备深厚学科知识和卓越教育教学技能的教育从业者。他们的教育背景和职业经验是他们成功担任这一重要角色的基础。下面将深入探讨"双师型"教师的教育背景和职业经验,以及其对教育领域的重要性。

(一)"双师型"教师的教育背景

教育学位:"双师型"教师通常持有教育学位,如教育硕士、教育学士或相关领域的博士学位。这些学位提供了广泛的教育知识,包括教育心理学、教育方法学、课程设计和评估等方面的内容。

学科专业:"双师型"教师还应该拥有深入的学科专业知识。他们可能拥有与他们教授的学科相关的本科或研究生学位。这种学科专业知识使他们能够深入了解学科内容,为学生提供深度的学习体验。

教育认证:"双师型"教师通常需要获得教育领域的认证或教育师资资格证书。这些证书确保他们具备教育领域的必需知识和技能,以便有效地担任

教育工作者的角色。

持续教育:"双师型"教师通常需要通过不断地持续教育和专业发展来更新自己的教育知识和技能。这包括参加教育研讨会、培训课程和学习最新的教育方法。

教育实习:"双师型"教师通常需要完成教育实习,以获得实际的教育经验。在实习期间,他们将在教育环境中实际教授课程,并与学生互动。这有助于他们将理论知识转化为实际教学技能。

教育研究:"双师型"教师可能也需要进行教育研究,特别是在高等教育领域。他们可以参与教育研究项目,推动教育领域的知识发展和改进。

教育心理学:了解教育心理学是"双师型"教师的一项重要教育背景。他们需要了解学生的学习和发展过程,以能够更好地满足不同学生的需求。

(二)"双师型"教师的职业经验

教育经验:"双师型"教师通常需要积累一定的教育经验,以提高他们的教育技能和了解学生的需求。这包括教授不同年龄和能力水平的学生,以及应对各种教育挑战。

课程设计和评估经验:"双师型"教师需要具备课程设计和评估的经验。他们负责制定教育课程,选择教材,设计教学活动,并对学生的学术表现进行评估和反馈。

学生管理经验:"双师型"教师需要处理学生管理问题,包括纪律问题、学生行为问题和学生需求。他们需要与学生家长、学校管理和其他教育工作者合作,以确保学生的学习环境安全和有利于学习。

跨学科教育经验:"双师型"教师可能需要在跨学科领域工作,教授多个学科的内容。他们需要适应不同学科的知识和教育方法,以满足学生的多样化需求。

教育领导经验:"双师型"教师可能在学校或教育机构中担任领导职务,如部门主管、学校校长或课程协调员。这需要领导和管理技能,以确保学校的教育目标得以实现。

教育创新经验:"双师型"教师也可能积极参与教育创新和改进项目。他们可以参与教育技术的应用、新教育方法的研究和实验性教育项目,以推动教育领域的发展。

职业发展经验:"双师型"教师可以为学生提供职业发展指导和支持。这包括帮助学生规划职业生涯、提供实习机会和与行业专家建立联系。

教育政策制定经验:"双师型"教师可能参与教育政策制定和改革,为教育领域提供专业建议。他们需要了解教育政策、法规和社会变革,以参与决策和改革的制定。

研究经验:"双师型"教师可能进行教育研究,以促进教育领域的知识发展和改进。他们可以参与研究项目、撰写研究论文和发表学术著作,从而推动教育领域的前沿。

继续教育和专业发展:"双师型"教师通常会不断参加继续教育和专业发展活动。这可以包括参加教育研讨会、培训课程、学习最新的教育技术和教学方法,以确保他们的知识和技能保持更新。

(三)教育背景与职业经验的重要性

"双师型"教师的教育背景和职业经验至关重要,因为它们直接影响他们在教育领域的能力和影响力。以下是这两方面的重要性。

1. 教育背景的重要性

理论基础:教育背景提供了教育理论和教育心理学的基础知识。这使"双师型"教师能够更好地理解学生的学习和发展过程,以更好地满足他们的需求。

课程设计和评估:教育背景赋予"双师型"教师能力,以设计有效的教育课程、选择合适的教材和评估学生的学术表现。这有助于确保学生获得高质量的教育。

学生管理：教育背景也教导"双师型"教师如何处理学生管理问题，包括学生行为和纪律问题。这有助于维护秩序和创造良好的学习环境。

教育创新和研究：教育背景使"双师型"教师能够积极参与教育创新和研究项目，推动教育领域的知识发展和改进。

2. 职业经验的重要性

实际教育经验："双师型"教师通过实际教育经验学会如何应对不同学生的需求，如何调整教学方法，以及如何创造积极的学习环境。

跨学科教育经验："双师型"教师的跨学科教育经验使他们能够灵活应对不同学科领域的教学挑战，为学生提供多样化的学习体验。

学生管理经验："双师型"教师的学生管理经验帮助他们有效管理课堂和学校环境，确保学生的学习秩序。

教育领导和政策制定经验："双师型"教师的教育领导和政策制定经验使他们能够参与教育决策，影响教育政策和实践。

职业发展经验："双师型"教师的职业发展经验使他们能够为学生提供职业指导和支持，帮助他们规划职业生涯。

教育研究经验："双师型"教师的教育研究经验使他们能够参与教育研究项目，推动教育领域的知识发展。

继续教育和专业发展："双师型"教师通过不断地继续教育和专业发展保持自己的知识和技能的更新。

综上所述，"双师型"教师的教育背景和职业经验是其成功的关键因素。这两者结合起来，使他们能够为学生提供高质量的教育，参与教育改进和创新，并对教育领域的发展做出重要贡献。教育背景提供了理论基础和教育知识，而职业经验则锻炼了实际教育技能和应对各种教育挑战的能力。因此，培养"双师型"教师需要在这两个方面提供充分的支持和培训，以确保他们在教育领域取得成功。

第三节 "双师型"教师的认定标准

一、"双师型"教师认定标准的依据

"双师型"教师是一类具备学科专业知识和卓越教育教学技能的教育从业者。他们的认定标准至关重要,以确保他们担任这一重要角色时具备必要的素质和能力。下面将深入探讨"双师型"教师的认定标准,其依据以及标准的重要性。

(一)"双师型"教师的认定标准

学科专业知识:"双师型"教师应该具备深入的学科专业知识。他们应该在特定学科领域拥有高度的专业素养,理解学科的核心概念、理论和实践。这一标准确保他们能够有效地教授学科内容,并为学生提供深度的学习体验。

教育教学技能:"双师型"教师应该具备卓越的教育教学技能。他们需要了解教育方法学、课程设计和评估原则,以能够设计和交付高质量的教育课程。这包括教育策略、教学活动设计、学生评估和反馈机制。

学生导向:"双师型"教师的工作重点通常是学生的学习和发展。他们应该能够满足不同学生的需求,采用多样化的教育方法,鼓励学生的积极参与和自主学习。他们还应该培养学生的综合素质,如批判性思维、解决问题能力和创造力。

教育背景:"双师型"教师通常需要持有教育学位或相关领域的资格认证。他们应该接受教育学和教育心理学等方面的培训,以便更好地理解学习理论和教育实践。这有助于他们有效地应用教育原则和方法。

教育认证:"双师型"教师通常需要获得教育领域的认证或教育师资资格证书。这些证书确保他们具备教育领域的必需知识和技能,以便有效地担任教育工作者的角色。

持续教育:"双师型"教师通常需要通过不断地持续教育和专业发展来更新自己的教育知识和技能。这包括参加教育研讨会、培训课程和学习最新的教育方法。这有助于保持其专业水平和跟随教育领域的发展。

教育实习:"双师型"教师通常需要完成教育实习,以获得实际的教育经验。在实习期间,他们将在教育环境中实际教授课程,并与学生互动。这有助于他们将理论知识转化为实际教学技能。

学术研究:"双师型"教师可能需要积极参与学术研究,特别是在高等教育领域。他们可以参与教育研究项目,推动教育领域的知识发展和改进。

(二)"双师型"教师认定标准的依据

"双师型"教师认定标准的依据是教育领域的专业要求和教育政策。这些标准根植于教育领域的专业实践和道德准则,确保"双师型"教师能够有效地履行其教育使命。以下是这些标准的依据。

教育法规和政策:"双师型"教师的认定标准通常受到国家或地区的教育法规和政策的影响。这些法规和政策规定了教育从业者的资格要求和教育认证标准。

教育专业组织:"双师型"教师的认定标准通常受到教育专业组织的影响,如师范协会和教育学会。这些组织制定了专业实践准则和教育标准,以指导教育从业者的行为和实践。

教育研究和实践:"双师型"教师的认定标准基于教育研究和实践的最新成果。这些标准反映了教育领域的最佳实践和有效教学方法。

教育领域的发展:"双师型"教师的认定标准需要根据教育领域的发展不断更新。教育领域在不断变化,新的教育方法和技术不断涌现,因此认定标准需要与时俱进,以确保"双师型"教师具备最新的知识和技能。

教育研究和实证:认定标准通常基于教育研究和实证,以确定哪些教育实践和教育方法在促进学生学习和发展方面最为有效。这些标准有助于建立有效的教育体系。

（三）认定标准的重要性

"双师型"教师的认定标准具有重要的教育和社会意义，以下是其重要性的几个方面。

质量保障：认定标准确保"双师型"教师具备足够的学科知识和卓越的教育教学技能，以提供高质量的教育。这有助于保障学生接收到有效的教育，提高其学术水平和综合素质。

学生利益：认定标准的存在确保学生的权益得到充分保护。学生应该能够受益于受过良好教育的"双师型"教师，他们能够满足学生的学习需求，并为其提供全面的支持。

教育质量提升：通过制定认定标准，教育领域能够鼓励"双师型"教师不断提高自己的教育水平。这有助于推动教育质量的提升，促进教育领域的不断改进和创新。

教育改革：认定标准有助于推动教育改革。通过明确"双师型"教师的职业要求和素质，教育体系能够更好地适应社会和经济的变化，以满足不断发展的教育需求。

教育领域的专业化：认定标准有助于提高教育领域的专业化水平。这有助于确保"双师型"教师在其领域中拥有必要的专业知识和技能，提高教育领域的专业声誉。

教育政策的指导：认定标准可以为教育政策提供指导。政府和教育机构可以根据这些标准制定政策，以促进"双师型"教师的培训和职业发展。

公众信任：认定标准有助于建立公众对教育体系的信任。通过确保"双师型"教师拥有必要的素质和能力，公众可以更加自信地信任教育体系，相信学校能够为他们的子女提供高质量的教育。

综上所述，"双师型"教师的认定标准是教育领域的基石，对保障教育质量、促进教育改革、提高教育专业化水平以及满足学生和社会的需求具有重要的作用。这些标准确保"双师型"教师具备必要的素质和能力，以更好地担任其教育使命，培养未来的领导者和公民。因此，教育机构、政府和教育专业组织需要不断更新和完善这些认定标准，以确保教育领域的发展和进步。

二、"双师型"教师认定标准的指标体系

教育体制和教育方法的不断发展和创新，为了适应时代的需要，教育部门常常需要不断调整和完善教育教师的认定标准。其中，"双师型"教师是一种新型教育教师，其要求不仅要具备扎实的学科知识，还需要具备教育教学的专业技能和能力。因此，"双师型"教师认定标准的制定至关重要，它不仅关系到教育教师的培养和选拔，也关系到教育质量的提高和学生的综合素质的提升。下面将探讨"双师型"教师认定标准的指标体系，包括其制定的背景、内容和重要性。

（一）"双师型"教师的背景和概念

"双师型"教师这一概念在中国教育领域逐渐兴起，是为了满足教育改革和发展的需要而提出的。传统的教育模式中，教师主要承担知识传授的角色，而学生则是被动接受知识。但随着社会的不断变革和科技的发展，教育的要求也在发生改变，教育不再只是灌输知识，更要培养学生的创新能力、实践能力和综合素质。

因此，"双师型"教师的概念应运而生。这种类型的教师要求不仅具备扎实的学科知识，还需要具备教育教学的专业技能和教育心理学、教育学等方面的知识，能够灵活运用多种教育方法，满足学生的不同需求，引导他们主动参与学习，培养综合素质。这种教育模式更注重学生的主体性和参与性，倡导学生和教师之间的互动和合作。

"双师型"教师的概念，顾名思义，包括两方面的特征：一方面是"学科师"，即具备扎实的学科知识和专业背景；另一方面是"教育师"，即具备教育教学的专业技能和能力。这两个方面互为补充，共同构成了"双师型"教师的特质。

"学科师"：这一方面要求教师具备深厚的学科知识，包括相关学科的理论和实践知识。他们应该对自己所教授的学科有深刻的理解，能够将学科知识有机结合到教育教学实践中，为学生提供扎实的学科基础。

"教育师"：这一方面要求教师具备教育教学的专业技能和能力，包括教育心理学、教育学、教育方法等方面的知识。他们应该能够运用多种教育方法，根据学生的特点和需求进行个性化的教学设计，引导学生主动参与学习，培养他们的综合素质和能力。

（二）"双师型"教师认定标准的制定重要性

"双师型"教师认定标准的制定对于教育体制的改革和教育质量的提升具有重要的意义。

1. 适应教育改革的需要

教育改革是推动教育发展的关键驱动力之一。随着社会的不断变革和科技的发展，教育的要求也在发生改变。传统的教育模式已经不能满足现代社会对学生的需求，需要更加注重学生的综合素质培养。因此，"双师型"教师认定标准的制定可以促使教师更多地关注学生的全面发展，适应教育改革的需要。

2. 提高教育质量

"双师型"教师认定标准的制定有助于提高教育质量。通过要求教师具备扎实的学科知识和教育教学的专业技能，可以提高教师的教育水平，提高他们的教育教学质量。这将直接影响到学生的学习效果，提升学校和教育机构的声誉。

3. 促进教育公平

"双师型"教师认定标准的制定还有助于促进教育公平。通过要求教师具备教育教学的专业技能和能力，可以更好地满足不同学生的学习需求，从而减少教育资源的不均衡分配。这有助于提高教育不平等问题，确保每个学生都能够享受到高质量的教育。

4. 增强教师的专业发展动力

"双师型"教师认定标准的制定可以增强教师的专业发展动力。教师是教育体系中的核心力量，他们的专业水平直接关系到教育质量和学生成绩。因此，制定"双师型"教师认定标准可以鼓励教师不断提升自己的学科知识和教育教学能力，推动他们的专业成长和发展。

（三）"双师型"教师认定标准的指标体系

制定"双师型"教师认定标准的指标体系需要考虑多个方面的因素，包括学科知识、教育教学技能、教育理念和教育成果等。下面将具体介绍"双师型"教师认定标准的指标体系，以便更好地理解这一标准的内容和要求。

1. 学科知识

学科知识是"双师型"教师的基础。教师需要具备扎实的学科知识，包括相关学科的理论和实践知识。因此，学科知识应作为"双师型"教师认定标准的重要指标之一。这一指标可以包括以下方面的内容。

学科知识的广度和深度，教师需要具备广泛的学科知识，能够理解学科的前沿和发展趋势，同时还需要对学科的某些方面有深刻的理解。

学科知识的实际运用能力，教师需要能够将学科知识有机结合到教育教学实践中，为学生提供扎实的学科基础。

2. 培育教学技能

教育教学技能是"双师型"教师的另一个重要方面。教师需要具备多种教育教学方法和技能，能够根据学生的特点和需求进行个性化的教学设计，引导学生主动参与学习。这一指标可以包括以下方面的内容。

教育心理学知识，教师需要了解学生的发展特点和心理需求，能够根据学生的特点进行教学设计，营造积极的学习环境。

教育方法和策略，教师需要掌握多种教育方法和策略，包括互动式教学、问题导向教学、合作学习等，能够根据不同的学习情境选择合适的教育方法。

评估和反馈技能，教师需要能够有效地评估学生的学习成绩，及时给予反馈和指导，帮助学生不断改进。

3. 教育理念

教育理念是"双师型"教师认定标准的重要组成部分。教师的教育理念影响着他们的教育教学实践。因此，教育理念应该包括在认定标准的指标体系中。这一指标可以包括以下方面的内容。

教育目标，教师应该明确自己的教育目标，包括培养学生的综合素质和能力，促进学生的全面发展。

教育观念，教师的教育观念应与现代教育理念相符，注重学生的主体性和参与性，倡导学生和教师之间的互动和合作。

教育使命，教师应该认识到自己的教育使命，为学生的未来发展负起重要责任。

4. 教育成果

教育成果是"双师型"教师认定标准的最终目标。教师的教育教学实践应该能够取得明显的教育成果，包括学生的学业成绩、综合素质和能力的提升。这一指标可以包括以下方面的内容。

学生的学习成绩，教师的教育教学实践应该能够取得明显的学业成绩提升，包括考试成绩和学科竞赛成绩等。

学生的综合素质，教师的教育教学实践应该能够培养学生的综合素质，包括创新能力、实践能力、社会责任感等。

学生的终身发展，教师的教育教学实践应该为学生的终身发展提供坚实的基础，包括为学生提供职业发展的支持和指导。

5. 综合评价

"双师型"教师认定标准的指标体系需要进行综合评价。这意味着不仅要看重单一指标的达标情况，还要综合考虑多个指标，评价教师的整体素质和能力。综合评价可以采用多种方式，包括定量评价和定性评价，例如，学生评价、同行评价、教育机构评价等。

综合评价有助于全面了解教师的教育教学水平，避免过分注重某一方面而忽视其他方面。通过综合评价，可以更好地发现教师的优势和不足，为其提供有针对性的培训和支持，帮助他们不断提升自己的教育教学能力。

"双师型"教师认定标准的指标体系是推动教育改革和提高教育质量的重要工具。通过制定明确的认定标准，可以促使教师更多地关注学生的综合素质和能力培养，满足现代社会对学生的需求。同时，这一标准也有助于提高教师的教育教学水平，促进教育公平，增强教师的专业发展动力。认定标准的指标体系应包括学科知识、教育教学技能、教育理念和教育成果等多个方面的内容，进行综合评价，以确保教师的综合素质和能力。

最终，"双师型"教师认定标准的制定和实施需要教育部门、学校和教育机构的共同努力。只有通过各方的合作，才能够真正推动"双师型"教师的培养和发展，提高教育质量，为学生的全面发展提供更好的教育服务。希望未来，"双师型"教师认定标准的制定能够更加科学、合理，为中国的教育事业做出更大的贡献。

第四节 "双师型"教师的能力结构

一、"双师型"教师的教育教学能力

随着教育的不断发展和改革，教师的角色也在不断演变和扩展。传统上，教师主要是知识的传递者，但现代教育要求教师不仅具备扎实的学科知识，还需要具备高水平的教育教学能力。这种类型的教师被称为"双师型"教师，他们需要在教育教学方面具备出色的能力，以便更好地满足学生的不同需求，培养综合素质，推动教育的质量和效益。下面将深入探讨"双师型"教师的教育教学能力，包括其定义、重要性、发展和培训。

（一）"双师型"教师的教育教学能力是什么？

"双师型"教师的教育教学能力是指他们在教育和教学方面的专业技能和能力。这包括他们的教育方法、课堂管理、学生指导、评估和反馈等方面的技能，以及他们对学生的发展和学习需求的理解。与传统的"学科师"相比，"双师型"教师要求更具备教育心理学、教育学和教育方法等方面的知识，能够根据学生的特点和需求进行差异化的教学设计，促进学生的主动学习，培养综合素质。

教育教学能力涵盖了多个核心要素，下面列举了其中一些。

教育方法和策略："双师型"教师需要掌握多种教育方法和策略，包括互动式教学、问题导向教学、合作学习等。他们应该能够根据不同的学习情境选择合适的教育方法，以激发学生的兴趣和提高学习效果。

课堂管理："双师型"教师需要具备有效的课堂管理能力，能够创造积极的学习氛围，维持秩序，确保学生的参与和专注。

学生指导：他们需要了解学生的发展特点和需求，能够为学生提供个性化的指导和支持，帮助他们解决学习和生活中的问题。

评估和反馈："双师型"教师需要能够有效地评估学生的学习成绩，及时给予反馈和指导，帮助学生不断改进。他们应该采用多种评估方法，包括考试、作业、项目等，以全面了解学生的学术水平和综合素质。

教育心理学知识：了解学生的认知、情感和社会发展，以更好地满足他们的学习需求。

教育技术应用：掌握现代教育技术的使用，能够将科技工具融入教学过程，提高教学效益。

跨学科知识：具备跨学科知识，能够将不同学科的内容有机结合，促进跨学科综合学习。

（二）为什么"双师型"教师的教育教学能力重要？

1. 适应现代教育需求

现代社会对学生的要求不再局限于纯粹的学科知识，还包括综合素质、创新能力、实践能力、社交能力等。因此，需要"双师型"教师具备更丰富的教育教学能力，以满足学生综合发展的需求。

2. 提高教育质量

"双师型"教师的教育教学能力直接影响教育质量。他们能够更好地运用多种教育方法，创造丰富多样的学习体验，提高学生的学业成绩和综合素质。这有助于提高教育质量，提升学校和教育机构的声誉。

3. 促进学生全面发展

"双师型"教师的教育教学能力有助于培养学生的全面素质。他们能够关注学生的个体差异，提供个性化的教育服务，引导学生主动参与学习，培养综合素质和创新能力。这有助于学生的全面发展，为其未来的职业和社会生活奠定坚实基础。

4. 促进教育公平

"双师型"教师的教育教学能力有助于促进教育公平。通过差异化的教育教学方法，他们能够更好地满足不同学生的学习需求，减少教育资源的不均衡分配。这有助于提高教育不平等问题，确保每个学生都能够享受到高质量的教育。

5. 培养未来社会所需的人才

现代社会对综合素质和创新能力的需求越来越迫切，而"双师型"教师的教育教学能力能够培养出更适应这一社会需求的人才。他们能够培养出具备扎实学科知识和综合素质的学生，这些学生将更容易在职业生涯中成功。

（三）"双师型"教师教育教学能力的发展和培训

1. 教育师资培养

为了培养"双师型"教师的教育教学能力，教育部门和教育机构需要提供有针对性的培训和发展机会。这包括以下几个方面。

师范教育：为未来的教师提供全面的师范教育，包括学科知识和教育教学技能的培训。这一阶段是培养"双师型"教师的基础。

终身教育：为在职教师提供终身教育机会，包括教育教学方法、教育心理学和教育技术等方面的培训。这有助于不断提升教师的教育教学能力。

教育教学研究：鼓励教师参与教育教学研究，积极探索最佳教育实践，不断改进自己的教育教学方法。

2. 学校和教育机构的支持

学校和教育机构也需要提供支持，以帮助教师发展他们的教育教学能力。这包括：

创设良好的教育教学环境：学校和教育机构应提供支持，确保教师能够创设良好的教育教学环境，包括现代化的教室设施和教育技术工具。

鼓励教师创新：学校和教育机构应鼓励教师尝试新的教育教学方法，提供支持和资源，以推动教育创新。

建立反馈机制：建立有效的反馈机制，鼓励教师和学生提供反馈，帮助教师不断改进自己的教育教学方法。

提供专业发展机会：学校和教育机构应提供专业发展机会，包括参加研讨会、研究项目、教育教学社群等，以帮助教师不断提升自己的教育教学能力。

"双师型"教师的教育教学能力是现代教育的重要组成部分。他们不仅具备扎实的学科知识，还具备高水平的教育教学能力，能够满足学生的不同需求，培养综合素质，提高教育质量，促进教育公平，培养未来社会所需的人才。为了发展和培养这一类型的教师，需要教育部门、学校和教育机构的共同努力，提供师范教育、终身教育、教育教学研究等支持和机会，以帮助教师不断提升自己的教育教学能力，推动教育的进步和发展。希望未来，"双师型"教师的教育教学能力能够不断提高，为学生的全面发展和社会进步做出更大的贡献。

二、"双师型"教师的职业素养能力

"双师型"教师是一类具有跨文化和双语教学能力的教育从业者，他们在国际教育领域扮演着关键的角色。为了胜任这一职业，他们需要具备广泛的职业素养和能力。下面将探讨"双师型"教师的职业素养和能力，以及这些素养和能力如何对他们的职业成功和学生的教育产生积极影响。

（一）跨文化素养

1. 跨文化沟通能力

作为跨文化教育的从业者，"双师型"教师需要具备出色的跨文化沟通能力。他们必须能够理解、尊重和适应不同文化的学生和家庭，以建立有效的教育关系。这包括理解文化差异、礼仪、价值观和传统，以便在教学中考虑到这些因素。

2. 跨文化教育背景

"双师型"教师通常具备跨文化教育的专业背景，包括研究和了解不同文化之间的教育差异。他们需要了解国际教育标准、跨文化教学方法和跨文化适应策略，以更好地满足学生的需求。

3. 文化敏感度

文化敏感度是"双师型"教师的关键素养之一。他们需要能够识别和理解学生可能面临的文化适应问题，以便提供支持和指导。文化敏感度还包括尊重和欣赏不同文化的重要性，以营造多元化的教育环境。

（二）教学和教育素养

1. 多语言教学能力

"双师型"教师通常教授外语，因此他们需要具备出色的多语言教学能力。这包括语言教育的专业知识、语法、发音、词汇教学以及有效的语言教学方法。他们应能够帮助学生掌握目标语言，提高听、说、读、写的能力。

2. 教育背景和教育技巧

"双师型"教师通常具备教育学位或相关教育领域的培训。他们需要了解教育理论、儿童发展心理学和有效的教学策略。此外，他们还需要精通课堂管理、课程设计和评估技能，以确保教学的高质量。

3. 教育技术应用

现代教育越来越依赖于技术工具和在线教育平台。"双师型"教师需要熟练掌握各种教育技术，包括在线教学工具、虚拟教室和教育应用程序。他们应能够有效地使用这些工具来提供互动性教育体验，满足学生的学习需求。

4. 跨学科知识

"双师型"教师通常需要跨学科教授不同学科，因此他们需要具备广泛的知识。他们应熟悉科学、数学、文学、社会科学等各种学科的内容和教学方法，以便能够在多个领域提供高质量的教育。

（三）学生导向和人际关系素养

1. 学生导向

"双师型"教师必须以学生为中心，关注每个学生的需求和发展。他们应了解学生的背景、学术水平和学习风格，以制订个性化的教育计划。学生导向还包括鼓励学生自主学习和培养学习动力。

2. 领导和沟通技能

"双师型"教师需要具备领导和沟通技能，以便与学生、家长和同事建立积极的关系。他们应能够清晰表达自己的思想和教育目标，协调教育活动，解决问题，并鼓励协作和互助。

3. 反思和不断学习

作为教育者，"双师型"教师应具备反思和不断学习的素养。他们需要定期评估自己的教学实践，了解哪些方法有效，哪些需要改进。他们还应追求继续教育和专业发展，以跟上教育领域的最新趋势和研究。

（四）职业道德和社会责任

1. 职业道德

"双师型"教师需要遵守职业道德准则，包括保护学生的权益、维护教育公平性、尊重多元文化、不歧视和不偏袒。他们应确保教学和评估过程的公平性，以促进学生的平等机会。

2. 社会责任

作为教育从业者，"双师型"教师肩负着社会责任。他们的教育工作对学生的未来和社会的发展产生深远影响。因此，他们应积极参与社区和社会活动，推动教育改革和社会变革，为社会发展贡献自己的力量。

3. 建立职业声誉

"双师型"教师应建立良好的职业声誉。他们的专业行为、教育质量和职业道德都会影响他们的声誉。一个受尊敬的声誉有助于建立信任关系，吸引更多学生和家长，为职业发展创造机会。

（五）职业发展和影响

1. 职业发展机会

具备"双师型"教育素养和能力的教育从业者在职业发展方面有广泛的机会。他们可以在国际学校、双语学校、跨文化培训机构、国际教育项目等领域找到就业机会。此外，他们还可以选择成为独立教育顾问或开设自己的"双师型"教育培训机构。

2. 教育领域的影响

"双师型"教师在教育领域中发挥着重要的影响力。他们通过提供高质量的双语教育和跨文化教育，有助于培养具备国际视野和文化适应能力的学生。他们的工作有助于推动国际化和多元化的教育趋势，促进文化交流和跨国合作。

3. 学生的教育成就

最重要的是，"双师型"教师对学生的教育成就产生积极影响。他们的教育素养和能力有助于提高学生的语言能力、跨文化意识、学术成绩和综合素养。这将有助于学生更好地适应国际社会，拥有更广泛的发展机会。

"双师型"教师在国际化和多元文化的教育环境中扮演着重要的角色。他们需要具备跨文化素养、教学和教育素养、学生导向和人际关系素养、职业道德和社会责任，以便胜任这一职业。他们的工作对学生的教育成就和社会发展具有深远影响，推动着国际化教育事业的发展。培养和支持"双师型"教师的职业素养和能力是教育领域的关键任务，以满足不断变化的教育需求，促进国际化、跨文化和多元文化的教育发展。只有具备这些素养和能力的教育从业者才能更好地满足学生和社会的需求，为未来的全球公民提供优质的教育。

第五节 "双师型"教师的专业发展

一、"双师型"教师专业发展的动力与机制

"双师型"教师是一类具备跨文化和双语教学能力的教育从业者,在国际化和多元文化的教育领域发挥着重要作用。他们的专业发展取决于多种动力和机制,包括教育政策、学校支持、个体动机和专业发展机会。下面将探讨"双师型"教师专业发展的动力与机制,以更好地理解他们的职业成长和教育贡献。

(一)"双师型"教师专业发展的动力

1. 全球化和国际化需求

全球化趋势促使学校和教育机构更多地关注国际化需求。学生需要具备跨文化和多语言能力,以应对全球化社会中的挑战。这为"双师型"教师提供了专业发展的强大动力,因为他们能够满足这一需求并推动国际化教育的发展。

2. 政策支持

许多国家和地区的政府制订了政策和法规,支持跨文化和双语教育。这些政策提供了专业发展的机会和激励措施,鼓励教育从业者成为"双师型"教师。政策支持可以包括提供培训机会、提供奖学金和资助,以及提供职业晋升路径。

3. 职业前景和市场需求

"双师型"教师在国际学校、双语学校、跨文化培训机构和国际教育项目中有着广泛的就业机会。随着国际交流的增加,市场需求不断扩大,这为教

育从业者提供了职业前景。这种市场需求促使教育从业者积极发展自己的专业能力,以满足市场需求。

4. 个人动机

个人动机是"双师型"教师专业发展的关键因素。他们通常具有对教育和跨文化交流的浓厚兴趣,愿意不断提升自己的能力。个人动机包括对学生的教育成就感到满足和骄傲,以及对跨文化教育的热情。

5. 社会责任感

"双师型"教师通常具备社会责任感,他们认识到自己的工作对学生和社会的未来产生深远影响。这种社会责任感驱使他们不断提升自己的专业素养,以更好地满足学生的需求,并为社会发展做出贡献。

(二)"双师型"教师专业发展的专业发展机制

1. 教育机构的支持

许多学校和教育机构为"双师型"教师的专业发展提供支持。这包括提供专业培训和持续教育机会,帮助教师提升他们的多语言教学和跨文化教育能力。学校还可以提供导师支持、教学资源和教育技术,以促进教师的成长。

2. 职业发展计划

"双师型"教师通常拥有职业发展计划,这些计划包括设定职业目标和发展路径,以实现个人和职业发展。这可以涵盖专业培训、学位课程、教育研究、国际认证和职业晋升机会。

3. 职业协会和网络

专业协会和教育网络对"双师型"教师的专业发展至关重要。这些组织提供了专业发展机会、研讨会、研究机会和交流平台,帮助教师与同行分享经验和最佳实践。他们还可以提供专业认证和资深教师的导师支持。

4. 教育研究和创新

"双师型"教师通常积极参与教育研究和创新项目。这有助于提升他们的教育素养，了解最新的教育趋势和研究成果。教育研究和创新也鼓励他们不断改进自己的教学方法，提供更高质量的教育。

5. 跨文化经验

"双师型"教师可以通过参与跨文化交流项目、国际交流和教育合作来积累跨文化经验。这种经验不仅能够帮助他们提升自己的跨文化素养，还能够促进专业发展，使他们更好地理解不同文化和学生的需求。

（三）专业发展

1. 持续学习

持续学习是"双师型"教师专业发展的核心。他们应该不断更新自己的知识和教育技能，以适应不断变化的教育需求和最新的教育趋势。这包括参加研讨会、研究新教育方法、学习新技术和工具，以及定期进行自我评估和反思。

2. 职业认证

获得国际认证或专业认证是"双师型"教师专业发展的一种机制。认证通常要求教师参加培训课程，通过考试，或者满足一定的教育标准。这些认证可以提高教师的职业声誉，为他们提供更广泛的职业发展机会。

3. 导师支持

导师支持是一种帮助"双师型"教师专业成长的重要机制。有经验的教师或领导者可以担任导师，为新手教师提供指导、反馈和建议。导师关系有助于新教师更快地适应职业，提高教学质量。

4. 研究和出版

"双师型"教师可以参与教育研究和出版工作。他们可以在学术期刊上发表文章、参与研究项目，或者编写教材。这有助于提高他们的专业声誉，为教育领域的知识和实践做出贡献。

5. 职业发展计划

"双师型"教师应制订职业发展计划，明确自己的职业目标和发展路径。这可以包括短期和长期目标，以及必要的步骤和资源。职业发展计划有助于教师更好地规划自己的职业生涯，追求自己的专业目标。

"双师型"教师的专业发展取决于多种动力和机制，包括全球化和国际化需求、政策支持、职业前景和市场需求、个人动机和社会责任感。专业发展机制包括教育机构的支持、职业发展计划、职业协会和网络、教育研究和创新、持续学习、职业认证、导师支持、研究和出版，以及职业发展计划。这些动力和机制共同推动"双师型"教师不断提升自己的能力，为学生提供更优质的跨文化和多语言教育。只有具备这些专业发展素养和能力的教育从业者才能更好地满足学生和社会的需求，为国际化教育事业的成功和发展做出贡献。

二、"双师型"教师专业发展的路径与途径

"双师型"教师作为具备跨文化和双语教学能力的教育从业者，在国际教育领域发挥着关键的作用。他们的专业发展路径和途径通常包括一系列步骤和策略，以提升他们的教育素养、教学技能和职业声誉。下面将探讨"双师型"教师专业发展的路径与途径，以帮助他们更好地发展自己的职业。

（一）专业发展路径

1. 学士学位和教育背景

"双师型"教师通常具备本科学位，专业背景通常包括教育、教育学、文化研究、外语教育等相关领域。获得教育学位是成为"双师型"教师的第一

步，因为这为他们提供了必要的教育背景和基础知识。

2. 语言能力和语言教育培训

"双师型"教师通常需要精通至少两种语言，其中一种通常是目标语言，另一种可能是母语或流利的第二语言。他们应该通过语言培训和考试来证明他们的语言能力，如 TOEFL、IELTS 或其他相关考试。此外，他们还可以参加专门的语言教育培训，以提高他们的语言教学能力。

3. 教育技巧和教学培训

"双师型"教师需要通过教育技巧和教学培训来提高他们的教育能力。这可以包括参加教育学习工作坊、研讨会，或者通过在线课程学习最新的教育方法和技巧。他们还可以参加课程设计培训，以更好地满足学生的需求。

4. 多语言教育和跨文化培训

"双师型"教师通常需要参加多语言教育和跨文化培训，以提高他们的多语言教学和跨文化教育能力。这些培训通常包括语言教育方法、跨文化沟通、文化差异和文化敏感度培训。这有助于他们更好地满足国际学生的需求。

5. 教育技术应用和在线教育培训

"双师型"教师需要掌握教育技术应用，以提供在线教育和虚拟教室体验。他们可以通过参加教育技术培训，了解在线教学工具、虚拟教室和教育应用程序的使用方法。这有助于他们提供高质量的远程教育。

6. 跨学科知识和继续教育

"双师型"教师通常需要具备跨学科知识，以教授多个学科。他们可以通过继续教育课程、学习不同学科的教育标准和课程要求，来提高他们的跨学科知识。这有助于他们在多个领域提供高质量的教育。

（二）专业发展途径

1. 教育机构的支持

学校和教育机构通常提供支持，帮助"双师型"教师发展他们的专业能力。这包括提供培训课程、研讨会、教学资源和教育技术。学校还可以提供导师支持，帮助新手教师适应职业。

2. 职业发展计划

"双师型"教师应制订职业发展计划，明确自己的职业目标和发展路径。这可以包括短期和长期目标，以及必要的步骤和资源。职业发展计划有助于教师规划自己的职业生涯，追求专业目标。

3. 职业协会和网络

专业协会和教育网络对"双师型"教师的专业发展至关重要。这些组织提供了专业发展机会、研讨会、研究项目和交流平台，帮助教师与同行分享经验和最佳实践。他们还可以提供专业认证和资深教师的导师支持。

4. 教育研究和创新

"双师型"教师可以积极参与教育研究和创新项目。这有助于提高他们的教育素养，了解最新的教育趋势和研究成果。教育研究和创新也鼓励他们不断改进自己的教学方法，提高教育质量。

5. 持续学习和职业认证

"双师型"教师应持续学习，了解最新的教育方法和技术。他们可以通过参加专业发展课程、研讨会和研究项目来不断提升自己的教育素养。此外，获得职业认证也是专业发展的途径之一，它可以提高教师的职业声誉和就业机会。

6. 导师支持

有经验的"双师型"教师或领导者可以担任导师，为新手教师提供指导、反馈和建议。导师关系有助于新教师更快地适应职业，提高教学质量，并分享实践经验。

7. 国际交流和跨文化经验

"双师型"教师可以通过国际交流项目、教育合作和跨文化经验来拓展自己的专业视野。这种经验不仅可以提高他们的文化适应能力，还可以增加他们的国际化教育经验，丰富教学内容。

（三）关键成功因素

1. 坚定的职业目标

成功发展成为"双师型"教师的关键因素之一是拥有坚定的职业目标。教师应清楚自己想要成为什么样的教育者，并明确职业发展路径上的目标和计划。

2. 持续地学习意愿

"双师型"教师需要拥有持续的学习意愿，愿意不断提高自己的教育素养和技能。他们应保持对教育领域的好奇心，并愿意探索新的教育方法和趋势。

3. 专业发展计划

制定明确的职业发展计划对于"双师型"教师的成功至关重要。这个计划可以帮助他们明确自己的职业目标，确定所需的步骤和资源，以实现这些目标。

4. 寻找导师

有经验的导师可以提供宝贵的指导和支持，帮助新手教师更好地发展自己的专业能力。"双师型"教师应积极寻找导师，并建立良好的导师关系。

5. 参与专业社群

参与专业协会、网络和社群可以为"双师型"教师提供更多的发展机会和资源。这些组织通常举办研讨会、研究项目和交流活动，帮助教师与同行分享经验和最佳实践。

6. 跟上教育趋势

"双师型"教师应密切关注教育领域的最新趋势和研究。他们应了解新的教育方法、技术和政策，以保持专业素养和适应不断变化的教育环境。

"双师型"教师的专业发展路径和途径是多样化的，涵盖了教育背景、语言能力、教育技巧、跨文化培训、教育技术应用、持续学习和职业认证等多个方面。成功发展成为"双师型"教师需要坚定的职业目标、持续的学习意愿、明确的职业发展计划、寻找导师、参与专业社群和跟上教育趋势。只有具备这些要素的教育从业者才能不断提升自己的教育能力，为学生提供高质量的跨文化和多语言教育，为国际化教育事业的成功和发展做出贡献。

三、"双师型"教师专业发展的影响和趋势

"双师型"教师作为具备跨文化和双语教学能力的教育从业者，在国际化和多元文化的教育领域发挥着越来越重要的作用。他们的专业发展对教育领域、学生、学校和社会产生广泛的影响，并受到多种趋势的推动和塑造。下面将探讨"双师型"教师专业发展的影响和趋势，以更好地理解他们在教育领域的作用和未来的发展方向。

（一）专业发展的影响

1. 对学生的影响

"双师型"教师的专业发展对学生产生直接和深远的影响。他们的跨文化和多语言教育能力有助于提高学生的语言技能、跨文化意识和文化适应力。学生在"双师型"教育环境中接触到不同文化和语言，有助于他们更好地适应国际社会，并具备全球视野。这种影响有助于培养具备国际竞争力的学生，为他们的未来职业发展提供更广泛的机会。

2. 对学校的影响

"双师型"教师的专业发展也对学校产生积极影响。他们的教育素养和能力提高了学校的教学质量和声誉。学校可以通过拥有"双师型"教师来吸引更多的国际学生，提高学校的国际化水平。这有助于学校在竞争激烈的国际教育市场中脱颖而出，为学校的可持续发展提供了竞争优势。

3. 对教育领域的影响

"双师型"教师的专业发展对整个教育领域产生积极影响。他们通过提供高质量的双语教育和跨文化教育，推动了国际化和多元化的教育趋势。这有助于促进文化交流和跨国合作，培养具备国际视野和文化适应能力的学生。"双师型"教师也为教育领域带来了创新，鼓励教育机构更好地满足多样化的学生需求。

4. 对社会的影响

"双师型"教师的专业发展对社会产生深远的影响。他们培养具备国际竞争力的学生，有助于提高国家的文化软实力。他们也促进了文化多元性和国际交流，有助于促进国际和跨文化理解。这种影响有助于建设更加开放和多元文化的社会，促进全球化和国际合作。

（二）专业发展趋势

1. 国际化教育需求

国际化教育需求不断增长，这是"双师型"教师专业发展的一个主要趋势。学生需要具备跨文化和多语言能力，以应对全球化社会中的挑战。因此，"双师型"教师将继续面临着国际学校、双语学校、跨文化培训机构和国际教育项目的就业需求，这将推动他们的专业发展。

2. 教育政策支持

许多国家和地区的政府制定了政策和法规，支持跨文化和双语教育。这些政策提供了专业发展的机会和激励措施，鼓励教育从业者成为"双师型"教师。政策支持可以包括提供培训机会、提供奖学金和资助，以及提供职业晋升路径。这种政策支持将继续促使更多的教育从业者追求"双师型"教师的职业发展。

3. 跨文化交流和国际合作

跨文化交流和国际合作是"双师型"教师专业发展的重要趋势。他们将继续参与国际交流项目、教育合作和跨文化教育活动，以积累跨文化经验和丰富自己的教育素养。这将有助于提高他们的国际化教育能力，满足学生的需求。

4. 教育技术和在线教育

教育技术和在线教育将继续推动"双师型"教师的专业发展。他们需要掌握教育技术应用，以提供在线教育和虚拟教室体验。这需要不断学习和适应新的教育技术和工具，以提供高质量的在线教育。教育机构和政府部门也将继续投资于教育技术和在线教育，为"双师型"教师提供更多的发展机会。

5. 跨学科知识和继续教育

"双师型"教师需要具备跨学科知识，以教授多个学科。他们将继续参加继续教育课程、学习不同学科的教育标准和课程要求，以提高他们的跨学科知识。这有助于他们在多个领域提供高质量的教育。

6. 职业认证和认可

获得国际认证或专业认证将继续是"双师型"教师专业发展的趋势之一。认证通常要求教师参加培训课程，通过考试，或者满足一定的教育标准。这些认证可以提高教师的职业声誉，为他们提供更广泛的职业发展机会。

7. 教育研究和创新

"双师型"教师将继续积极参与教育研究和创新项目。这有助于提高他们的教育素养，了解最新的教育趋势和研究成果。教育研究和创新也鼓励他们不断改进自己的教学方法，提供更高质量的教育。

（三）未来展望

"双师型"教师的专业发展将在未来继续受到关注和支持。国际化和多元化的教育需求将继续增长，这将促使更多的教育从业者追求"双师型"教师的职业发展。教育政策和政府支持将继续为"双师型"教师提供更多的机会和资源，鼓励他们提升自己的能力。

此外，跨文化交流和国际合作将继续推动"双师型"教师的专业发展。他们将继续积极参与国际项目和活动，以积累跨文化经验和丰富自己的教育素养。这将有助于提高他们的国际化教育能力，满足学生的需求。

教育技术和在线教育也将继续发展，为"双师型"教师提供更多的发展机会。他们需要不断学习和适应新的教育技术和工具，以提供高质量的在线教育。这将需要持续的专业发展和更新教育技能。

"双师型"教师的专业发展将继续受到社会的关注和认可。他们的工作对学生、学校、教育领域和社会产生广泛的影响，有助于培养具备国际竞争力的学生，提高国家的文化软实力，促进文化多元性和国际交流。未来，"双师型"教师将继续扮演教育领域中不可或缺的角色，为国际化教育事业的成功和发展做出贡献。

第四章 我国"双师型"教师队伍建设实践

第一节 我国"双师型"教师队伍建设的政策演变

一、教育政策的背景和发展

教育政策是国家政府或地方政府为了达到特定教育目标和愿景而采取的一系列规定和措施的总和。它是教育体系的指导原则,涵盖了教育的各个层面,包括学科、教学方法、学校管理、师资培训、课程设计等方面。教育政策的制定和实施对于塑造国家的未来发展、提高人力资源素质以及推动社会变革具有重要意义。下面将探讨教育政策的背景和发展,以及它在不同国家和时期的演变。

(一)教育政策的背景

1. 教育的重要性

教育被普遍认为是社会发展和个人成功的关键因素。通过教育,人们可以获得知识和技能,提高生活质量,增加就业机会,提高社会参与度,促进经济增长,减少社会不平等。因此,教育政策成为国家政府关注的焦点之一。

2. 社会需求和挑战

社会的需求和挑战也是制定教育政策的重要背景。随着社会的不断发展,新的挑战和机遇不断涌现。全球化、科技革命、社会多样性、环境问题等都对教育体系提出了新的要求。政府需要通过教育政策来应对这些挑战，以确保教育系统能够适应不断变化的环境。

3. 国际比较和经验分享

国家政府通常会参考其他国家的经验和最佳实践来制定教育政策。国际比较可以帮助政府了解其他国家的教育体系，从中汲取经验教训，以改进自己的教育政策。因此，国际合作和经验分享在教育政策的制定中扮演了重要角色。

4. 政治和社会因素

政治和社会因素也在一定程度上影响着教育政策的制定。不同政党、政治派别和社会团体可能对教育政策有不同的观点和利益，政府需要考虑这些因素来平衡各方的利益。此外，公众的期望和反馈也会对教育政策的制定产生影响。

（二）教育政策的发展

1. 早期教育政策

早期的教育政策通常是基于国家的教育需求和资源情况制定的。在 19 世纪和 20 世纪初，许多国家制定了普及教育政策，以确保每个孩子都能接受基本教育。这些政策通常侧重于建立学校基础设施、培训教师和设计课程。

2. 后二战时期的教育政策

二战结束后，许多国家经历了重建和发展的时期。教育政策在这个时期扮演了重要角色，帮助国家培养人力资源，推动经济增长。一些国家实施了大规模的教育改革，包括提高教育的普及率、提高教师素质和改进课程设计。

3. 公平与多样性的关注

随着社会的不断发展，公平和多样性成为教育政策的重要焦点。政府开始关注如何减少社会不平等，提供平等的教育机会，以确保每个孩子都有机会接受高质量的教育。此外，多样性也成为一个重要议题，政府需要考虑如何满足不同群体的教育需求。

4. 技术和创新的影响

科技和创新对教育政策产生了重大影响。数字化技术的发展使远程教育、在线学习和个性化教育成为可能，政府需要相应地调整政策来支持这些新形式的教育。此外，创新方法和教育研究的成果也对教育政策的制定产生了积极影响。

5. 国际合作和经验分享

国际合作和经验分享在教育政策的发展中起到了重要作用。许多国际组织和机构提供了教育政策的指导原则和支持，帮助各国改进自己的教育体系。国际比较研究也帮助政府了解其他国家的成功经验和失败教训，以改进自己的教育政策。

教育政策的背景和发展是一个复杂的过程，受到多种因素的影响。教育政策不断演变，以满足不断变化的社会需求和挑战。当前，政府需要关注技术整合、知识经济、可持续发展、社会多样性、高等教育和国际合作等方面的挑战和趋势，以制定更加适应时代需要的教育政策。通过不断改进和创新，教育政策可以为社会的发展和个人的成功提供有力支持。

二、政策演变的关键节点

"双师型"教师政策旨在提升中国教育质量和促进教育创新，通过引入专职教育与兼职科研相结合的教师模式来实现这一目标。下面将探讨这一政策的演变过程及其关键节点，并分析其带来的影响与挑战。

（一）政策演变的背景

"双师型"政策的背景源于中国对教育改革的持续探索，旨在提升教育质量、培养创新型人才，并满足社会与经济的变革需求。随着社会的发展与教育体系的变革，这一政策逐渐显现出重要性。

在中国，教育质量的提升一直是政府关注的焦点，传统的应试教育模式无法满足社会对高水平教育的需求，导致了教育质量的困境。因此，政府迫切需要改革现有教育体系以提升整体教育质量。同时，随着中国迈向创新型国家，培养学生的创新能力也变得尤为重要。传统教育侧重于知识传授，而忽略了学生创造性思维与解决问题能力的培养。此外，中国教育体系中的教师科研积极性不高，学科教育与实践脱节等问题亟待解决。因此，政府开始探索改革途径，以提升教师队伍的素质与能力。

（二）"双师型"政策演变的关键节点

政策演变的第一个关键节点是初期政策制定阶段。这一阶段可以追溯到改革开放初期，尽管当时还未明确提出"双师型"政策的概念，但政府已经开始思考如何提高教育质量、鼓励创新，以及培养具备实践经验的教师。政策制定者在这一阶段通过研究和咨询，确定了政策的方向和目标，并努力在传统教育与创新教育之间找到平衡点，同时鼓励教师积极参与科研工作。

第二个关键节点是政策的试点与实施。政府通常选择一些地区或学校进行政策试点，以测试其可行性与效果。在"双师型"政策实施阶段，政府需要为教师提供相关培训与资源，支持他们在教学之外从事科研工作。试点的目的是评估政策的实际效果，确定需要调整和改进的地方，并通过与学校、教师和学生的紧密合作，确保政策的顺利推进。

第三个关键节点是法规制定与政策推广。在这一阶段，政府通过制定相关法律法规，明确"双师型"政策的具体要求和规定，包括教师职责、科研时间分配及培训要求等方面。与此同时，政府还需要积极推广这一政策，以确保其在全国范围内的普及与落实。通过宣传活动、教育培训和政策宣传等措施，政府努力推动政策的全面推广。

第四个关键节点是政策评估与调整。为了确保政策的持续有效性，政府定期对"双师型"政策的实施效果进行评估。这一评估过程通常包括数据收集、研究和学校走访等方式。通过评估，政府可以发现政策实施中的不足之处，并及时采取措施进行改进，例如增加科研支持、改进培训计划、优化政策实施等。

第五个关键节点是社会反馈与政策改进。"双师型"政策的实施往往会引发教师、学生、家长和教育专家等多方的反馈。政府需要积极倾听各方意见，了解政策的实际影响和潜在问题。社会反馈可以帮助政府识别需要改进的领域，并促使政策进一步优化。政府还需与各方协同合作，通过磋商会议、意见征集和资源支持等方式，共同推动政策的完善与实施。

（三）"双师型"政策演变的影响与挑战

"双师型"政策的演变对中国教育体系和政府政策制定都产生了深远影响，同时也面临一系列挑战。这一政策有助于提升教育质量，培养创新型人才，但其有效实施仍需政府提供足够的支持与培训，以确保教师能够胜任科研工作。此外，"双师型"政策推动了教育改革，包括课程设计、教学方法与评估方式的创新。政府需要与教育机构紧密合作，以推动这些改革的顺利进行。同时，为了追踪政策效果，政府需建立有效的数据收集与评估机制，这需要资源投入和合适的数据系统支持。

在政策实施过程中，政府还需要与社会各界保持积极的沟通与合作，包括教育工作者、学生和家长等，以确保政策的合法性与可接受性。有效的沟通与磋商是政策顺利实施的关键。政策执行过程中可能暴露出一些亟需改进的领域，例如教育资源分配不均、政策执行不力等，政府需及时应对这些问题，确保政策能够实现其预期目标。

三、政策演变对"双师型"教师队伍的影响

"双师型"教师政策的实施对中国的教育体系产生了深远的影响。这一政策旨在引入专职教育与兼职科研的"双师型"教师，以提高教育质量和促进

教育创新。政策的演变过程及其关键节点对"双师型"教师队伍产生了重要影响，包括教师的培训、角色变化、职业发展、学科研究和教育质量等方面。以下将对这些方面进行深入探讨。

（一）政策演变与"双师型"教师队伍

"双师型"教师政策的初期制定阶段是政策演变的首个关键节点。在这一阶段，政府开始探讨如何引入"双师型"教师，以提高教育质量和促进创新。政策的方向和目标在此期间奠定了基础，特别是如何平衡教育与科研的双重要求，以确保教师既能胜任教育工作，又能有效参与科研活动。这一过程促使教师培训计划和角色定位发生了变化，为后续政策的实施铺平了道路。

随着政策的试点和推广，政策演变进入了第二个关键阶段。政府选择部分地区和学校作为试点，测试政策的可行性和效果。在这些试点学校，教师需要接受相应的培训，以提高科研能力，同时继续履行教学职责。这一阶段，教师的职业发展路径和工作负担都经历了显著的转变。

第三个关键节点是法规制定和政策的全面推广。政府通过制定相关法规，明确"双师型"教师的职责、科研时间分配和培训要求等内容。这些法规对教师产生了直接影响，迫使他们调整工作方式，以适应新的政策要求。政府也在此期间通过信息传播和培训，帮助教师更好地理解和实施政策。

政策的评估与调整是政策演变中的另一个重要环节。政府通过定期的政策评估，收集数据并分析政策的实际效果，以决定是否需要进行调整。政策的评估结果可能会促使政府采取措施，例如增加科研支持或优化教师培训计划，以确保政策能够达到预期的效果。

政策演变的最后一个关键节点是社会反馈和改进。政府需要听取各方意见，了解政策的实施效果和潜在问题，并根据反馈进行改进。这一过程通常涉及教育部门、学校管理者、教师协会和学生代表的广泛参与，共同推动政策的完善和发展。

（二）政策演变对"双师型"教师队伍的影响

政策演变对"双师型"教师队伍的第一个重要影响体现在教师培训和发展方面。政府需要为教师提供专门的科研培训，以确保他们能够在继续教学的同时胜任科研工作。这些培训涵盖科研技能、科研方法以及科研伦理和实践经验等方面。通过这样的培训，教师能够提升科研能力，从而在教育工作中更好地发挥作用。

随着政策的推行，教师的角色也发生了显著变化。传统意义上的教师主要负责教育工作，而"双师型"政策要求教师不仅要承担教育任务，还需积极从事科研活动。这一角色的转变要求教师在教育和科研之间找到平衡，并发展出更多的时间管理和组织能力，以应对双重职责。

此外，政策演变为教师提供了更多的职业发展机会。教师不仅能够通过参与科研项目和发表科研成果提升职业满意度，还能够在科研与教育的交汇点上找到新的职业定位，从而提高其职业地位和影响力。

政策的演变还促使学科研究与教育之间实现更好的协调。教师通过将科研成果融入教育教学中，不仅提升了教育质量，还培养了学生的创新能力。这种协调为教育体系注入了实践性和应用性，推动了教育模式的革新。

最终，政策演变带来的最大影响是教育质量的提升。通过引入"双师型"教师，政府不仅提升了教育水平，还在推动创新教育方法和实践方面取得了进展。学生能够在更具科研背景的教师指导下，发展出更强的创新思维和问题解决能力。

（三）政策演变的挑战

尽管"双师型"政策的实施对教师队伍产生了积极影响，但在执行过程中仍面临诸多挑战。

首先，教师培训和支持是亟待解决的问题。政府需要提供充足的培训资源，确保教师能够胜任科研工作并在职业发展中获得所需的支持。

其次，教师的工作负担显著增加，因为他们必须同时兼顾教育和科研工作。为防止教师因过度劳累而影响工作效率和健康，政府需采取措施合理分配工作任务。

再次，教师之间的合作与团队建设也是政策执行中的一个难点。教师需要在科研和教育活动中更加密切地合作，这要求团队内部具备较强的协作精神和解决冲突的能力。

教育资源的合理分配同样是政策实施中的一大挑战。政府需要确保科研经费、实验室设备和图书馆资源等能够公平且充分地支持"双师型"教师的工作，从而避免资源短缺或分配不公的问题。

最后，教育质量的监测与评估机制亟待建立，以确保政策的实施效果能够得到持续跟踪和优化。政府应当开发有效的评估工具和数据收集系统，来监测教育质量的改进情况。此外，政府还需推动教育改革，包括课程设计、教学方法和评估方式的创新，以确保教育体系能够不断适应新形势的要求并取得实质性进展。

第二节　我国"双师型"教师队伍建设的现状分析

一、我国"双师型"教师队伍的规模和结构

中国的"双师型"教师政策旨在通过引入专职教育与兼职科研的教师，提高教育质量并促进教育创新。这一政策的实施在我国教育体系中形成了新的教师队伍结构，具有广泛的影响。以下将探讨"双师型"教师队伍的规模和结构，以及这一政策对教育体系的深远影响。

（一）规模和增长趋势

我国"双师型"教师队伍的规模正在不断扩大。政府通过一系列政策措

施，鼓励教师在从事教育工作的同时积极参与科研活动。这一政策的实施不仅促成了"双师型"教师队伍的增长，还显著提升了教师的整体科研能力。截至2022年，我国"双师型"教师人数已达数百万，覆盖了自然科学、社会科学、工程技术等多个学科领域。随着政策的深入推进，预计未来这一队伍的规模将继续扩大。政府对这一政策的重视体现在多个方面，包括提供科研经费、设立科研项目以及鼓励教师发表科研成果等。此外，各类培训和支持措施的推出也有助于提高教师的科研能力，为"双师型"教师队伍的持续增长奠定了基础。

（二）结构和特点

"双师型"教师队伍涵盖了广泛的学科领域，包括自然科学、社会科学、工程技术、文化艺术等。教师可以根据自己的专业领域选择相关的科研方向，以此提升教育质量并推动学科发展。由于学科的差异，不同领域的"双师型"教师队伍结构可能会有所不同。一些学科领域可能更容易吸引教师从事科研工作，而其他领域则可能需要更多的激励与支持。总体而言，参与"双师型"教育的教师通常具有较高的教育水平，绝大多数拥有硕士或博士学位，这使得他们在科研和教学方面都具备较强的能力。这不仅有助于提升教育质量，还能使学生接触到最新的科研成果和知识。此外，随着政策的实施，教师的职业发展机会得到了进一步扩大。政府鼓励教师参与科研项目、发表学术论文、参加学术会议等，这为他们提供了更多的职业晋升机会，也提升了他们的学术地位和薪酬水平。然而，这一政策也带来了一些挑战。教师需要在教育与科研之间找到平衡，这对他们的时间管理和组织能力提出了更高的要求。与此同时，教师队伍的多样性可能带来管理和协作方面的难题。不同学科领域的教师可能有不同的需求和期望，这需要更好的管理与协调。此外，确保教师科研工作的质量同样是一个重要的挑战，政府需要建立有效的评估和监控机制，以保证科研成果的高质量。

（三）政策实施对教育体系的影响

"双师型"教师政策的实施对中国教育体系产生了深远的影响。首先，政策引入了更具科研能力的教师，从而提升了教育质量。这些教师能够将最新的科研成果和知识带入课堂，提高学生的学术水平和创新能力。其次，政策推动了科研创新，鼓励教师积极参与科研项目、发表学术成果，并为学科发展做出贡献。此外，教师通过参与科研工作，职业发展机会得到了提升，他们可以获得更多的职业满足感，并在学术领域中提高自己的影响力。政策还推动了教育改革，教师在科研工作中探索的新方法和实践，有助于不断改进教育体系。通过增加不同学科领域教师的科研活动，政策为教育体系引入了更多的多样性，丰富了教育内容，以满足学生的多样化需求。然而，政策的实施也面临着挑战，如教师的工作负担、科研质量的监控、教师培训等方面都需要不断优化。总之，我国"双师型"教师政策的实施不仅促进了教育质量的提升，还推动了科研发展与教育创新，成为教育体系改革的重要力量。

二、教师队伍的教育背景与职业经验

教育是任何国家社会发展的基础，而教师则是教育体系的中坚力量。教师队伍的教育背景和职业经验直接关系到教育质量的高低。在中国，政府和教育机构一直非常重视教师队伍的教育背景和职业经验，不断进行调整和提升。以下将探讨中国教师队伍的教育背景与职业经验，以及这些因素对教育质量和教育体系的深远影响。

（一）教师队伍的教育背景

中国的教师队伍具备多样化的教育背景，涵盖了从小学、中学到高等教育的各个层次。教师们来自不同的学科领域，其中小学和中学教师通常持有相关学科的学士学位，而高等教育领域的教师通常拥有硕士或博士学位。这种教育背景的多样性有助于满足各层次学生的多样化需求。此外，大多数中国教师不仅接受了高等教育，还经历了专业培训，以提高其教学能力和知识水平。通过教育部门和教育机构提供的各种培训计划，教师们得以不断提升自己的专业素质，从而为学生提供更高质量的教育。

（二）教师队伍的职业经验

教师的职业经验在提升教育质量方面起着至关重要的作用。中国教师通常在教育领域拥有多年工作经验，积累了丰富的教学实践。这些经验使他们能够更好地理解学生需求，优化教学方法，并提高课堂管理能力。教师的职业发展不仅限于经验积累，他们还需要不断参与专业培训和学术研讨，以适应教育需求的变化。此外，教师们积极参与教育创新，通过研究项目和教学实践探索新的教育方法。这种创新精神不仅丰富了学生的学习体验，也推动了整个教育体系的进步和改革。

（三）教育背景和职业经验对教育质量的影响

教师的教育背景和职业经验对教育质量的影响体现在多个方面。首先，高学历和专业知识使教师能够提供更为深入的教育内容，并在课程设计和教育方法上进行创新，这有助于提升整体教育质量。其次，教师的职业经验和专业发展使他们更能激发学生的学术兴趣，提高学生的学术表现。此外，教师们在推动教育创新、实践新教学方法方面的积极性，也进一步促进了教育质量的提高。在教育改革和政策制定方面，教师的专业知识和实践经验同样为政策制定提供了宝贵的见解，从而推动教育体系的不断进步。

第三节 我国"双师型"教师队伍建设的困境审视

一、困境的原因与成因

困境是一种复杂的状态，涉及个人、社会群体或国家在面对严重问题、挑战或困扰时所表现出的无力感或困顿。这些问题可能涉及多个层面，如生活质量、经济状况、社会与政治稳定等。困境的成因往往是多方面因素交织作用的结果，理解这些成因有助于更深入地把握困境的本质及其背后的复杂性。

（一）困境的概念

困境涵盖了个体、社会群体、组织乃至国家面临的各种挑战和问题，这些问题可能是短期的，也可能是长期的，涉及经济、健康、教育、环境、社会关系和政治等诸多领域。困境可能源于内部或外部因素，具有可控或不可控的性质，但其共同特点是会对个体或社会产生消极影响，进而需要采取应对措施加以缓解或解决。

（二）困境的原因

困境的原因是多方面的，通常可以归结为外部因素和内部因素的共同作用。外部因素指那些个体、社会或国家无法直接控制但对其产生重大影响的力量，如自然灾害、全球经济波动、国际政治局势等。这些外部力量往往突发且不可预知，如地震、洪水等自然灾害，可能迅速引发贫困、失业等问题，成为困境的直接诱因。内部因素则与个体或社会的内部状况及其决策密切相关，政策失误、腐败、社会不平等、教育不足、健康问题等都可能成为困境的催化剂。特别是社会不平等所带来的财富、权力、教育、健康和机会的分配不均，往往使一部分人陷入困境，而另一部分人则拥有更多的资源与机会，从而加剧了社会的分化与不安。全球化在促进经济增长和文化交流的同时，也带来了竞争加剧、失业增加、资源分配不均等一系列挑战，进一步加重了一些国家和地区的困境。此外，人口增长和环境问题也是困境形成的重要原因。快速的人口增长往往导致资源短缺、就业不足、粮食危机和环境恶化，而环境问题如气候变化、污染、资源枯竭等，则可能引发一系列健康问题和经济困境。

（三）困境的成因

困境的成因往往是多种因素相互作用的结果，表现出高度的复杂性。经济困境通常涉及政府政策、全球经济波动、社会不平等等多种因素的交织，这种复杂性使得问题难以解决。此外，困境往往是多个不利因素累积效应的产物，当多个因素同时发挥作用时，问题可能会逐渐恶化，形成恶性循环。例如，贫困可能引发健康问题，健康问题又可能导致失业，最终加重贫困。困境的成因往往相互关联，一个问题可能导致其他问题的出现，如社会不平等可能导致教育差距，而教育差距又会引发就业不平等，从而进一步加剧社会不平等。此外，困境的成因通常具有长期趋势，许多问题往往已经存在多年并将持续存在，如人口增长和环境问题，这些问题通常需要长期的应对策略。社会和政治因素也对困境的成因产生重大影响，政府政策失误、社会体制不完善、政治不稳定等因素都可能成为困境的催化剂。个体因素在困境的形成中也扮演着重要角色，个人的决策、行为和选择，如教育水平、健康习惯和职业选择，都会对他们的经济状况和生活质量产生深远影响。

（四）困境的解决

要解决困境，通常需要采取多层次的综合性措施，这些措施不仅需要政府的干预，还需要社会组织、个体和国际社会的共同努力。政府可以通过制定和实施经济发展政策、教育政策、健康政策、社会保障政策和环境政策等，来缓解困境的影响。此外，政府还可以通过促进社会公平、合理分配资源、改善基础设施和创造就业机会等手段，减少社会不平等。教育和培训是提升个体能力、改善就业机会的重要途径，通过提供优质的教育和职业培训，帮助个体摆脱困境。社会支持体系则可以为那些陷入困境的群体提供基本生活保障、心理辅导、社交支持和法律援助等服务。国际合作在应对全球性问题如气候变化、贸易不平等和全球健康危机等方面起着关键作用，国际组织、政府间合作和国际援助能够为这些问题的解决提供必要的支持。经济发展是解决困境的关键，通过推动经济增长，可以提供更多就业机会、提高生活水平、优化资源配置，政府和私营部门的投资、创业支持和产业发展都可以促进这一目标的实现。最后，社会创新为解决困境提供了新的思路，社会企业、非政府组织和创新项目通过创造性的方法，提出了许多有效的解决方案，帮助个体和社会摆脱困境，提高整体生活质量和社会稳定。

二、困境的影响与风险

困境是个人、社会群体或国家面临的严峻问题或挑战，通常伴随一系列负面影响和风险，涵盖经济、社会、健康、政治及环境等多个领域。以下内容将深入探讨困境的影响与风险，以及应对困境的可能措施，以更好地理解困境对个体和社会的广泛影响。

（一）困境的影响

困境往往对经济产生深远影响。个体、社会群体或国家可能会面临失业、贫困、经济不稳定和资源短缺等问题。困境可能导致个人收入下降、财产损失以及经济不平等加剧，从而影响生活质量、社会地位和未来发展机会。在社会层面，困境会对社会关系和结构产生破坏性影响，导致社会不满、紧张、冲突和不安定。社会凝聚力可能因人们对政府和社会体制的不满而减弱，甚至可能引发示威和抗议，社会关系也因此疏远。健康方面，困境通常对身体和心理健康造成负面影响，如生活不安定、饮食不足、医疗资源匮乏和精神压力增大，这些问题可能导致身体健康问题、心理障碍和生命质量下降，且弱势群体的健康状况尤为堪忧。政治上，困境可能引发政治不稳定，政府的合法性面临挑战，政治冲突升级，使政府无法有效满足公众需求，进而影响社会的稳定和政治体制的改革。环境方面，困境可能加剧资源枯竭、污染和环境破坏，影响生态系统的稳定性和可持续发展，甚至增加自然灾害的风险。

（二）困境的风险

困境可能引发一系列经济风险，如失业、贫困、财产损失和经济不稳定，这些风险可能进一步导致生活水平下降、债务累积和资源分配不公，进而加剧社会不平等。在社会层面，困境引发的社会风险包括社会不满、紧张、冲突和不安定，这些风险可能引发示威、暴力事件和社会动荡，威胁社会和谐与稳定。健康方面，困境带来的生活不安定、饮食不足和医疗资源匮乏，可能引发慢性疾病、心理问题及健康不平等，尤其对弱势群体的健康状况造成更大的威胁。政治上，困境可能导致政治不稳定、政府失去合法性和社会动荡，威胁国家的和平与安全。环境方面，资源枯竭、污染和环境破坏可能引发供水短缺、粮食不足和能源危机，进而对生活质量、生态平衡及未来的可持续发展构成威胁。此外，困境还可能引发市场风险，如市场崩溃、金融危机和资产贬值，进一步影响个体的财务稳定和未来计划。教育方面，困境可能限制个体获取高质量教育的机会，导致技能缺失、职业机会有限和社会流动性受阻，影响个体的职业发展和未来机会。资本需求风险方面，困境可能导致基本需求无法得到满足，包括食品、住房、医疗和水资源等，进而引发健康问题、生活质量下降和人道危机，弱势群体尤其受到严重影响。可持续发展方面，困境可能对资源、环境和经济的不稳定性产生长期风险，威胁未来社会的持续发展。

（三）应对困境的措施

应对困境的措施通常需要多方合作和综合性策略，涉及政府、社会组织、个体和国际社会的共同努力。政府可以通过制定经济、社会保障、教育和环境等政策来应对困境，同时通过减轻社会不平等、提供资源分配、改善基础设施和创造就业机会来缓解困境带来的压力。社会支持也是重要的一环，包括提供基本生活必需品、心理支持和法律援助，社会组织和志愿者可以在其中发挥重要作用。教育和培训则是提升个体应对困境能力的关键，通过提供高质量的教育和技能培训，政府和社会组织可以帮助个体提高就业机会，从而摆脱困境。经济发展也是应对困境的重要手段，通过经济增长创造更多就业机会，改善生活水平并提高社会资源配置效率。此外，社会创新能够带来新的解决思路，通过社会企业、非政府组织和创新项目，提供针对困境的新颖解决方案。国际合作对于应对全球性困境如气候变化、贸易不平等和全球健康危机至关重要，通过国际组织、政府间合作和国际援助，共同应对这些复杂的挑战。

三、困境应对的策略和建议

困境是生活中不可避免的一部分，无论是个体、社会群体还是国家，都可能面临各种问题和挑战。要有效应对困境，明智的策略和建议至关重要，它们不仅帮助个体克服挑战，还能在社会层面减轻困境的影响和风险。以下内容探讨了如何通过政策制定、社会支持、个人应对策略、国际合作、社会创新及教育培训等多个层面，来应对各种困境。

（一）制定有效的政策

政府在应对困境方面扮演着至关重要的角色。为减轻困境对社会各阶层的冲击，政府需要制定并实施一系列有效的政策。首先，创造就业机会是推动经济稳定的重要手段。政府应采取措施刺激经济增长，鼓励创业与企业发展，从而创造更多的就业机会。此外，政府还需提供职业培训和技能发展计划，帮助失业者掌握新的技能，提高他们重新就业的能力。

在社会保障方面，政府需要建立健全的社会保障体系，包括失业救济、医疗保险和养老金制度。这些保障措施不仅为个体在面对困境时提供必要的经济支持，也有助于减轻贫困，提升整体生活质量。同时，教育改革也是应对困境的关键一环。政府应加大对教育领域的投资，确保每个人都能平等地接受高质量的教育，从而提高就业机会，促进社会流动性。

为减少社会不平等，政府应调整税收政策，合理分配资源，给予弱势群体更多支持。减轻社会不平等不仅能缓解社会紧张局势，也有助于减少社会不满情绪的蔓延。此外，环境保护政策也不容忽视。政府应采取措施保护环境，减少资源浪费和污染，推行可持续发展政策，以降低自然灾害和生态系统崩溃的风险。最后，政府还需维护政治稳定，确保其合法性和公民的政治参与。这种稳定性不仅有助于降低困境中的政治风险，还能增强社会各界的信心与团结。

（二）建立社会支持网络

社会支持是个体在面对困境时的重要依靠。一个强大的社会支持网络能够为个体提供情感、心理及实际支持，帮助他们更好地应对生活中的困境。家庭支持是社会支持网络中的核心元素。亲人之间的互助不仅能在困境时提供物质帮助，还能为个体带来强大的情感支撑。因此，家庭成员之间应建立积极的亲密关系，互相扶持，携手共渡难关。

与此同时，社交支持同样不可或缺。建立和维护友谊、社交网络以及广泛的社会联系，能为个体提供更多的情感支持与资源共享机会。积极参与社会活动，拓展社交圈子，不仅有助于应对困境，还能提升生活的丰富性与多样性。在心理支持方面，个体应学会应对压力、焦虑和抑郁，并在必要时寻求心理健康服务和专业咨询。心理健康专业人士能够提供针对性的帮助与治疗，帮助个体在困境中保持心理平衡。

社会组织和非政府组织在提供社会支持方面也发挥着不可忽视的作用。它们通常能够提供包括食品、住房、医疗和法律援助在内的各种服务，帮助弱势群体度过难关。个体应积极利用这些资源，寻求社会组织的支持，以应对困境中的种种挑战。

（三）个人应对策略

个体在面对困境时，也可以采取一系列策略来增强自身的应对能力。首先，制定和遵守预算是应对经济困境的关键。通过合理控制开支、积极储蓄和明智投资，个体能够确保财务稳定，从而减轻经济压力。提高技能也是一项重要策略。通过不断学习和掌握新技能，个体能够增加就业机会，提升职业发展空间，为应对困境做好准备。

保持健康的生活方式同样至关重要。通过注重饮食、锻炼、睡眠和压力管理，个体能够降低健康风险，增强身体的抵抗力和应对能力。在面对困境时，寻求外部支持也是一种有效的策略。不要害怕向亲朋好友、社会支持组织以及专业人士寻求帮助。通过与他人分享问题和困难，个体能够减轻心理压力，获得更多的情感和实际支持。

目标设定是另一个帮助个体在困境中保持动力和方向的策略。制定明确的短期和长期目标，并为之制定详细的计划，能够帮助个体在困境中保持前进的动力与方向感。自我管理和时间管理同样是应对困境的关键。通过有效管理时间，个体能够提高工作效率和生产力，减少困境带来的负面影响。最后，个体还需学会接受变化。困境常常伴随着各种不可预见的变化，积极适应这些变化，勇敢面对挑战与机遇，能够帮助个体在困境中保持韧性与灵活性。

（四）国际合作

在全球化背景下，许多困境已不再局限于一国之内，而是具有全球性影响。面对这些全球性挑战，国际合作显得尤为重要。通过加强国际合作，全球社会能够共同应对诸如气候变化、贸易不平等和全球健康危机等问题。国际组织、政府间合作以及国际援助能够为解决这些全球性问题提供必要的支持与资源。

跨国援助在应对困境时同样不可忽视。发达国家应向发展中国家提供援助与支持，帮助其应对经济和社会困境，提升生活质量，实现可持续发展。此外，国际社会还应积极推动知识分享。通过分享最佳实践、研究成果和先进技术，国际社会能够加速问题的解决与创新，为全球困境的应对提供更多可能性。

（五）社会创新

社会创新为应对困境提供了一种新的思路。社会创新不仅仅是技术或产品的创新，更是一种通过新思维和新方法解决社会问题的方式。社会企业便是社会创新的一种重要形式。这类企业将社会目标与经济目标相结合，通过创造就业机会、改善社会服务等方式，推动社会变革，产生积极的社会影响。

创新项目通常专注于解决具体的社会问题，如贫困、教育不平等和环境污染等。通过引入新的解决方案和方法，这些项目为应对困境提供了新的视角与路径。非政府组织在社会创新中同样发挥着重要作用。它们不仅提供必要的社会服务，还通过筹集资金、提供援助和倡导社会变革，积极推动社会创新的发展，为解决困境提供了重要支持。

（六）教育和培训

教育和培训是提升个体应对困境能力的关键。高质量的教育不仅能提高个体的技能和就业机会，还能帮助他们在困境中找到新的出路。政府和教育机构应积极提高教育质量，确保学校能够提供高质量的教育。这将有助于学生掌握必要的知识与技能，增强他们的就业竞争力。

第四节　我国"双师型"教师队伍建设的目标要求

一、"双师型"教师队伍建设的目标要求的设定背景

"双师型"教师队伍建设是中国教育体制改革的一项重要战略举措，旨在提高教育质量，满足不断增长的教育需求，促进全面人才培养和创新能力培养。下面将探讨"双师型"教师队伍建设的目标要求的设定背景，包括政策背景、教育需求和发展趋势等因素。

（一）政策背景

"双师型"教师队伍建设的目标要求是在中国政府关于教育改革和发展的政策框架下制定的。以下是一些与政策背景相关的关键因素。

教育改革的需要：中国政府一直致力于提高教育质量，推动教育改革。随着中国经济的快速增长和社会的发展，对高素质、高水平教育人才的需求不断增加。"双师型"教师队伍建设是为了满足这一需求而提出的。

教育质量的提高：政府强调提高教育质量，培养具备创新能力和综合素质的人才。"双师型"教师队伍的建设旨在提供更好的教育资源和更高水平的教学。

教育体制改革：中国正在进行教育体制改革，试图打破传统的课堂教学模式，推动教育创新。"双师型"教师队伍的建设与这一改革密切相关，旨在为新的教育模式提供支持。

促进教育公平：政府关注教育的公平和包容性，"双师型"教师队伍的建设可以为农村和贫困地区提供更好的教育资源，缩小城乡教育差距。

教育国际化：中国希望在国际舞台上提高教育的国际竞争力，"双师型"教师队伍的建设可以提供更多的外语教育和国际化的教育资源。

（二）教育需求

"双师型"教师队伍建设的目标要求的设定背景还涉及教育需求的不断增加。以下是一些与教育需求相关的因素。

教育普及：中国致力于教育的普及，提供基本教育和终身学习的机会。因此，需要更多的教育人才来满足不断增长的学生群体。

创新能力培养：中国希望培养具备创新能力的人才，满足科技和经济发展的需求。"双师型"教师队伍可以提供更多的创新教育和实践机会。

多元化的教育需求：中国的教育需求日益多元化，包括不同年龄、不同背景和不同兴趣的学生。"双师型"教师队伍可以更好地满足这些多元化的需求。

国际化教育需求：中国希望提供更多的国际化教育，为学生提供更广泛的国际视野。"双师型"教师队伍可以提供更多的外语教育和国际化的教育资源。

（三）教育发展趋势

"双师型"教师队伍建设的目标要求的设定背景还涉及教育发展趋势。以下是一些与教育发展趋势相关的因素。

技术发展：技术的快速发展正在改变教育领域。在线教育、远程教育和数字化教学等新兴教育模式需要新的教育人才来支持。

创新教育模式：教育领域正在不断尝试创新的教育模式，如项目式学习、实践教育和跨学科教育。"双师型"教师队伍可以支持这些创新模式的发展。

国际化教育：中国的教育日益国际化，学生需要更多的国际化教育和外语教育。"双师型"教师队伍可以满足这一需求。

包容性教育：中国正在促进包容性教育，关注特殊教育和弱势群体的需求。"双师型"教师队伍可以提供更多的支持和资源，以满足这些学生的需求。

终身学习：终身学习已经成为现代社会的趋势，人们需要不断更新知识和技能以适应快速变化的社会和经济环境。"双师型"教师队伍的建设可以提供更多的终身学习机会，帮助个体不断提高自己的知识和技能水平。

高素质教师的需求：随着教育质量的不断提高，对高素质教师的需求也在增加。"双师型"教师队伍的建设可以提供更多的高水平教育资源。

教育国际化：中国希望在国际教育领域发挥更大的作用，吸引国际学生和学者。"双师型"教师队伍的建设可以提高中国教育的国际竞争力。

综上所述，"双师型"教师队伍建设的目标要求的设定背景是政府政策、教育需求和教育发展趋势等多方面因素的综合影响。这一背景下，"双师型"教师队伍建设旨在提高教育质量、满足多元化的教育需求、推动教育创新和国际化，以促进中国教育的可持续发展和社会进步。

二、"双师型"教师队伍建设的目标要求的关键指标

"双师型"教师队伍建设是中国教育体制改革的重要组成部分,其目标是培养具备高水平学科知识和教育教学技能的教师,以提高教育质量,满足不断增长的教育需求,促进全面人才培养和创新能力培养。为了实现这一目标,需要明确定义和测量一系列关键指标,以监测和评估"双师型"教师队伍建设的进展。下面将探讨"双师型"教师队伍建设的目标要求的关键指标,包括教师培训、教育资源、学生绩效和社会反响等方面的指标。

(一)教师培训和发展的关键指标

教师教育水平:教师的学历水平是"双师型"教师队伍建设的一个重要指标。这包括教师的本科和研究生学历水平,以及终身学习和职业发展的机会。

教育培训覆盖率:衡量"双师型"教师队伍建设的一项关键指标是培训的覆盖率。这包括参与培训的教师比例,以及培训内容的质量和实用性。

师资队伍结构:评估"双师型"教师队伍建设的一个关键指标是教师队伍的结构。这包括不同学科领域的教师比例,以及有多少教师具备高水平学科知识和教育教学技能。

"双师型"教师队伍建设的一项重要评价标准是是否具备专门的教师发展计划。这个计划应当清晰界定教师的职业发展路线,并且注重计划实施的实际成效。

教育技术培训:教育技术在现代教育中扮演着重要角色,因此,教育技术培训的覆盖率和质量也是关键指标。这包括教师使用教育技术的能力和创新能力。

(二)教育资源的关键指标

教育资源分配:教育资源的分配是否公平和合理是一个关键指标。这包

括教育资源在城乡地区的分配、不同学校之间的资源差距，以及资源的利用效率。

教育设施和设备：评估"双师型"教师队伍建设的一个关键指标是学校的教育设施和设备是否满足教育需求。这包括教室、实验室、图书馆、计算机室等教育资源的情况。

教材和教辅资料：教材和教辅资料的质量和覆盖范围也是一个关键指标。这包括教材的更新和适用性，以及教师使用的教辅资料的质量。

师资队伍配备：师资队伍的数量和质量是一个重要的指标。这包括教师的数量、学科结构、学历水平和继续教育机会。

教育支出：评估"双师型"教师队伍建设的一个重要指标是国家和地方政府对教育的支出水平。这包括教育支出占国内生产总值的比例，以及教育支出的分配情况。

（三）学生绩效的关键指标

学生学业成绩：学生的学业成绩是一个重要的指标，反映了"双师型"教师队伍建设的效果。这包括学生的学科成绩、考试成绩和综合素质评价。

学生综合素质：学生的综合素质发展也是一个关键指标。这包括学生的创新能力、思维能力、社会责任感和团队合作能力。

毕业生就业率：评估"双师型"教师队伍建设的一个关键指标是毕业生的就业率。这包括毕业生就业的行业和地区分布，以及就业质量。

毕业生升学率：学生是否继续升学也是一个关键指标。这包括学生升学的机会和目标，以及升学的质量和领域。

学生满意度：学生对教育的满意度也是一个关键指标。这包括学生对教育资源、教学质量和师资队伍的评价。

（四）社会反响的关键指标

教育公平：社会反响中的一个重要指标是教育的公平性。这包括不同地区、不同背景和不同群体学生的教育机会是否平等，以及教育公平的改善情况。

社会认可度："双师型"教师队伍建设的目标要求还包括社会对该政策的认可和支持。这包括舆论反响、社会舆论和政策的社会接受程度。

教育影响力：教育的社会影响力也是一个关键指标。这包括教育对社会和经济的贡献，以及教育对创新和社会发展的影响。

教育国际化：中国教育的国际化程度也是一个关键指标。这包括国际学生和学者的参与，国际教育项目的开展，以及中国教育在国际教育舞台上的影响力。

教育改革："双师型"教师队伍建设的目标要求还包括是否能够推动教育改革。这包括教育政策和实践的创新程度，以及是否能够解决现有教育体制的问题。

总结而言，"双师型"教师队伍建设的目标要求的设定背景包括教师培训和发展、教育资源、学生绩效和社会反响等多个方面的关键指标。这些指标可以帮助监测和评估"双师型"教师队伍建设的进展，同时也反映了政府、学校、教育机构和社会各方对于提高教育质量和促进全面人才培养的关注和努力。通过不断完善和调整这些指标，可以更好地实现"双师型"教师队伍建设的战略目标，为中国教育的可持续发展提供坚实的支持。

第五章　国外"双师型"教师队伍建设管窥

第一节　德国"双元制"教师队伍建设

一、德国"双元制"教师培养模式

德国的"双元制"教师培养模式作为一种融合了学术与实践的教育方法，已经在教育领域取得了显著的成就。这一模式不仅为德国提供了优质的教师队伍，也为其他国家的教师培养提供了宝贵的经验。接下来将从德国教育体系的概况、教师培养模式的历史背景、特点、组成要素以及其影响几个方面进行详细探讨。

（一）德国教育体系概况

要深入了解德国的"双元制"教师培养模式，首先需要理解德国教育体系的整体框架。德国的教育体系由联邦和各个联邦州共同管理，这使得不同联邦州可以制定各自的教育法规和课程要求，但整体上保持一致性。德国的教育分级体系包括了多个层次，涵盖了从幼儿教育到高等教育的广泛领域。

在德国，幼儿教育主要针对 3～6 岁的儿童，通常由幼儿园和日托中心负责，旨在为儿童提供早期发展和社会化的基础。基础教育阶段则从 6 岁开始，学生在小学接受为期四年的教育，打下学科基础。接下来是中等教育阶段，学生进入不同类型的中学，包括主要学校、实验中学和综合中学，接受 5～6

年的教育，这一阶段的学生年龄通常在 11～16 岁之间。

高等教育阶段是德国教育体系的顶点，涵盖了各类高中、职业学校和大学。高等教育阶段提供了丰富的学科选择和职业培训机会，为学生的未来发展奠定了坚实的基础。德国教育体系的这种分级结构为"双元制"教师培养模式的实施提供了有利的制度基础，使其能够在不同教育阶段得到广泛应用。

（二）德国"双元制"教师培养模式的历史背景

德国的"双元制"教师培养模式有着深厚的历史渊源，其起源可以追溯到 19 世纪。那个时期，随着德国社会经济的迅速发展，对受过良好教育的教师需求急剧增加。为应对这一需求，德国逐渐形成了一种兼顾学术与实践的教师培养模式，即"双元制"教师培养模式。

这一模式的核心理念来源于普鲁士教育改革家威廉·冯·洪堡的教育思想。洪堡强调教育的综合性，提出学术研究与实际教学必须紧密结合的理念。这一理念不仅为德国教育体系奠定了理论基础，也为"双元制"教师培养模式的形成提供了思想支持。

在"双元制"模式下，教师培训分为两个关键要素：学术教育和实际教育。学术教育部分主要侧重于教育学、心理学以及相关学科知识的传授，而实际教育部分则通过教学实践和教育实习来培养教师的教学技能。两个部分相辅相成，确保了教师既具备扎实的学科知识，又能够胜任实际的教育教学任务。

（三）德国"双元制"教师培养模式的特点

德国的"双元制"教师培养模式以其独特的学术与实践结合而闻名。这种模式下，教师候选人在学术教育阶段深入学习教育学、心理学及其专业领域的学科知识，同时还要通过严格的教学实践和教育实习来锻炼和提升实际的教育教学技能。

学科专业化是"双元制"模式的另一大特点。在教师培养过程中，候选人通常会专注于一到两个学科领域的深入学习。这种专业化培养不仅确保了教师具备深厚的学科知识，也提高了学科教学的质量，使学生能够在学习过程中获得更深入的理解和更高水平的知识积累。

实际教育是"双元制"模式中不可或缺的一部分。教育实习通常在学校或其他教育机构中进行，教师候选人在实际教育场景中直接教授学生，并接受指导和反馈。这种实践经验对教师的成长至关重要，它不仅帮助教师掌握教学技巧，还能让他们更好地应对教育现场中的实际问题。

师范大学在德国的"双元制"教师培养模式中起着重要作用。这些大学不仅提供了系统的教育学和学科知识课程，还与其他高等教育机构合作，为教师候选人安排教育实习，确保他们既接受到理论培训，又能够在实践中积累经验。德国的教育体系还通过国家标准和认证来确保教师培养的质量和一致性，这些措施确保了不同联邦州之间教师培训的水平相对一致，保证了整个国家的教育质量。

（四）德国"双元制"教师培养模式的组成要素

德国"双元制"教师培养模式的成功在于其结构化的组成要素。首先是学科专业化，教师候选人需要在培训过程中选择一个或多个学科领域进行深入学习。这些学科领域包括语言、数学、自然科学、社会科学、艺术和体育等不同类别，以确保教师在未来的教学中具备深厚的学科背景。

学术教育作为"双元制"模式的重要组成部分，主要包括教育学、心理学、教育法律等课程。这些课程为教师候选人提供了教育理论和教育研究的基础知识，帮助他们在理论层面理解教育的本质和教学方法的多样性。

实际教育则通过教育实习来实现，通常安排在学校或其他教育机构中。教师候选人在实习期间，将理论知识应用于实际教学中，并在教学实践中接受来自指导教师的反馈。这不仅提高了教师的教学能力，也帮助他们积累了宝贵的实践经验。

教育实践在德国的教师培养过程中占据了重要地位，实践活动包括实际教学经验的获取、教学方法的研究和教学计划的设计等。这些活动旨在培养教师的实践能力，使他们在毕业后能够立即适应实际的教学环境。

师范大学是实施"双元制"模式的主要机构，这些大学通过提供全面的课程和实习机会，确保教师候选人得到充分的学术和实践教育。此外，完成培训的教师候选人必须通过国家认证考试，这一过程确保了他们的教育质量达到了国家标准，具备了成为合格教师的资格。

（五）德国"双元制"教师培养模式的影响

德国的"双元制"教师培养模式对教育领域产生了深远的影响，其显著的成功主要体现在以下几个方面。首先，这一模式提高了教育质量，确保教师在学科知识和实际教学技能方面都达到了较高水平。具备这种综合素质的教师能够更好地满足学生的需求，提供更个性化的教育，从而有效提高了整体的教育质量。

此外，德国的"双元制"模式显著提升了师资队伍的素质。通过严格的学术和实践培训，教师在毕业时不仅具备扎实的学科知识，还能够灵活应对实际教学中的各种挑战。这种全面的教师培训方式确保了德国教育工作者在国际教育领域中具备竞争力。

教育实践部分对教师的成长起到了关键作用。通过在实际教育场景中积累经验，教师候选人能够更好地理解教育的复杂性和多样性，从而不断改进他们的教育实践。最终，这种实践导向的培训模式帮助教师更好地满足学生的个性化需求，并在教学中取得更好的效果。

学科专业化的设置不仅提高了学科教育的质量，也使得教师在特定领域内具备更深入的知识和更强的教学能力。德国的教师培训通过国家标准和认证来保证其一致性和质量，这确保了全国范围内教师培训的高水平和稳定性。

二、德国"双元制"师资队伍的特点

德国的教育体系一直以来都备受国际瞩目，其中"双元制"师资队伍的特点在教育领域引发了广泛的关注。该模式将学术教育与实际教育相结合，旨在培养具备深厚学科知识和实际教学技能的教育工作者。下面将深入探讨德国"双元制"师资队伍的特点，包括其学术教育、实际教育、学科专业化、国家认证、教育研究、多样性和包容性等关键方面。

（一）学术教育的重要性

在德国的"双元制"师资队伍中，学术教育被视为至关重要的一部分。这一特点主要体现在以下几个方面。

首先，教育学课程是学术教育的重要组成部分，涵盖了教育心理学、教育哲学、教育法律等领域。这些课程提供了教育理论和研究的基础知识，帮助未来教师理解教育的原理和实践，为他们日后的教学奠定坚实的理论基础。其次，教师候选人需要深入学习特定学科领域的知识，这确保他们具备坚实的学科知识，可以在教育现场有效地传授知识给学生。此外，学术教育还强调教育研究的重要性，教师候选人需要了解最新的教育研究成果，以便在教学中不断改进自己的教育实践。

学术教育的强调，使得德国的教育工作者不仅具备实际的教育教学技能，还具备教育学和学科知识的理论支持，从而更好地满足学生的需求。这种理论与实践相结合的方式，不仅提高了教师的专业素养，也增强了他们在教学中的自信心和适应性。

（二）实际教育和教育实习

德国的"双元制"师资队伍同样注重实际教育和教育实习。这一方面的特点主要体现在教育实习和教育实践中。

在实际教育的过程中，教育实习占据了核心地位。在教育实习期间，教师候选人在学校或其他教育机构中亲身体验教育教学工作。这一阶段，他们需要实际教授学生，参与教育活动，并获得第一手的教育教学经验。此外，实际教育还包括教育实践，这涉及教师候选人参与教育研究、教育计划设计，以及教学方法的探索和应用。这些实践活动帮助教师候选人培养出实际的教育技能，如教学策略的设计和实施等。

在实习期间，候选人通常会由一位经验丰富的导师教师指导，提供反馈和建议，帮助他们逐步提高自己的教育教学能力。通过这样的实际教育和实习，教师候选人不仅能更好地适应教育现场，还能深入理解学生的需求，从而提供更具个性化和针对性的教育。

（三）学科专业化

学科专业化是德国"双元制"师资队伍的另一个显著特点。该特点主要体现在学科选择、学科专业化课程和学科教学的深度上。

在教育师资队伍的培养过程中，教师候选人通常会选择一个或多个学科领域进行深入学习。这意味着他们将专注于特定学科，如语言、数学、自然科学、社会科学、艺术或体育等领域。这种选择使得教师能够在特定学科领域内达到专业水平，从而为学生提供更具深度的学科教育。学科专业化课程涵盖了特定学科领域的知识和教育方法，这使得教师能够更好地传授学科知识，并掌握相应的教学策略。

学科专业化的这一特点，不仅提高了学科教育的质量，还确保学生在特定学科领域获得深刻的理解和知识，为他们未来的发展奠定了坚实的基础。

（四）国家认证和一致性

德国的"双元制"师资队伍的特点还包括国家认证和一致性。其特点主要体现在国家标准的制定和国家认证的过程上。

德国制定了一套国家标准，以确保教师培养的质量和一致性。这些标准涵盖了学术教育、实际教育和教育实践等方面的要求，确保教育师资队伍具备一定水平的教育质量。完成教师培训的教师候选人还需要通过国家认证考试，以成为合格的教师。这样的认证不仅确保了教师在不同联邦州和地区之间具有相似的教育水平，还提高了整个教育体系的稳定性和可靠性。

国家认证和一致性的特点，有助于确保教育师资队伍在全国范围内保持相似的教育标准和质量，从而整体提升了德国教育体系的质量和一致性。

（五）教育研究和不断改进

德国的"双元制"师资队伍也非常注重教育研究和不断改进。其特点体现在教师候选人对教育研究成果的理解与应用，以及教育体系的持续改进和创新上。

教育研究在师资队伍的培养过程中占据重要地位。教师候选人需要了解和掌握最新的教育研究成果，以便在日常教学中应用这些成果，改进他们的教学实践。德国的教育体系一直在不断改进和创新，包括教育政策的调整、教学方法的改进和教育资源的优化。教师师资队伍需要与这一进程保持同步，不断提高自己的教育教学技能，以适应变化的教育需求。

教育研究和不断改进的特点，确保了德国的教育体系保持活力，也让教育师资队伍能够不断提升自身的教育水平，以应对不断变化的教育挑战。

（六）多样性和包容性

德国的"双元制"师资队伍的特点还包括多样性和包容性。其特点体现在教师候选人来自不同社会和文化背景，以及对包容性教育的重视上。

多样性是德国师资队伍的一个显著特点，教师候选人来自不同的社会背景和文化背景，这种多样性有助于教育师资队伍更好地理解和满足不同学生群体的需求。同时，德国的教育体系非常重视包容性教育，强调确保每个学生都能平等地接受教育。教师师资队伍需要具备包容性教育的技能，特别是在应对有特殊需求的学生时，这些技能尤为重要。

多样性和包容性的特点，有助于建立更加包容和多元化的教育师资队伍，从而更好地满足不同学生群体的需求。

第二节　美国职业教育教师队伍建设

一、美国职业教育教师的背景与特点

美国的职业教育教师在国家教育体系中扮演着不可或缺的角色，他们不仅承担着为学生传授实际技能和知识的任务，还在塑造未来劳动力的过程中发挥着关键作用。职业教育教师必须具备特定的背景和特点，以确保他们能够有效地传递职业技能，培养学生适应现代职业世界的能力。下面将深入探讨美国职业教育教师的背景与特点，包括其教育要求与认证、职业经验和专业背景、教育领域的多样性以及职业教育师资队伍的专业发展。

（一）教育要求与认证

美国的职业教育教师通常需要满足一系列严格的教育要求和认证标准，以确保他们具备必要的教育背景和资格。这些要求旨在为教师提供坚实的基础，使他们能够胜任教育工作。

职业教育教师通常需要取得相关领域的学士学位。这意味着他们必须在某一特定职业领域进行深入学习，如工程、护理、机械工程、餐饮管理等。学士学位课程一般需要四年的全日制学习，旨在为教师提供扎实的学科知识基础。

此外，职业教育教师还需要学习一系列教育学课程。这些课程包括教育学、教育心理学、教育法律和课程设计等，为教师提供了必要的教育理论和教学技能，以确保他们能够有效地将知识传递给学生。教育学课程的设置不仅关注教学内容的传授，还强调如何理解和应对不同学生的学习需求。

根据美国不同州的规定，职业教育教师可能还需要通过国家或州级的教育认证考试，以证明他们具备教育背景和教学技能。不同州的认证程序有所不同，但总体而言，这一认证过程确保了教师具备一定的专业素养和教学能力，从而能够胜任教育工作。

除了基础的教育要求和认证外，许多职业教育教师还需具备一定的职业经验。这一要求使教师能够将实际工作中的经验融入教学内容，帮助学生更好地理解和掌握职业技能。职业教育教师还需不断进行继续教育，以保持他们的教育认证资格。这可以通过参加研讨会、课程更新和专业发展活动来实现，从而确保他们的教学能力和专业知识始终保持在最新水平。

（二）职业经验和专业背景

职业教育教师通常具备丰富的职业经验和专业背景，这使他们能够更好地理解和传授特定职业领域的知识和技能。职业教育的核心在于将实际的职业技能传授给学生，因此教师的职业经验显得尤为重要。

许多职业教育教师在进入教育领域之前，曾在相关职业领域积累了丰富的实际经验。这些经验使他们能够深入了解行业需求和发展趋势，从而将这些知识有效地传递给学生。教师在教学过程中，能够结合自身的实际经验，帮助学生理解职业技能的应用场景，这种教学方式不仅增强了学生的学习兴趣，还提高了他们的职业能力。

职业教育教师需要掌握特定职业领域的专业知识，以便能够有效地传授相关技能和知识。这意味着他们必须不断更新自己的专业知识，以跟上行业的变化。职业教育教师通常通过参加行业培训、专业发展课程以及继续教育等方式，保持其专业知识的前沿性。

此外，职业教育教师与行业保持紧密联系，以了解行业需求和趋势。他们可能会与行业专业人士合作，提供实际项目和实习机会，使学生在学习过程中能够获得真实的工作经验。这种紧密的行业联系不仅提高了职业教育的实际效果，还为学生的职业生涯发展提供了重要支持。

职业教育教师通常还拥有广泛的职业网络，这包括其他教育者、行业专业人士和学生。这一网络为他们提供了丰富的教学资源和职业机会，有助于他们在教学过程中为学生提供更加全面和有针对性的指导。

（三）教育领域的多样性

美国的职业教育教师涵盖了广泛的职业领域，包括但不限于医疗、建筑、技术、餐饮、美容、信息技术、汽车维修等。这种多样性反映了美国职业教育体系的丰富性和灵活性，也使得职业教育教师的背景和专业领域极为多样化。

职业教育教师通常在特定的职业领域具备深厚的专业知识，并且能够教授多个领域的职业技能和知识。这种多领域的专业知识使他们能够适应不同学生群体的需求，为学生提供更加广泛的职业教育机会。职业教育教师的多样性也体现在他们的教育背景和职业经历上，他们可能在不同的职业领域积累了丰富的经验，从而能够教授跨学科的课程。

为了确保学生能够获得综合的职业教育，职业教育教师通常需要进行跨学科的教学。这意味着他们不仅要教授与特定职业领域相关的专业技能，还要教授相关的科学、数学、技术等课程，以帮助学生建立全面的知识体系。这种跨学科的教育方式有助于学生在未来的职业生涯中更加灵活和多样化地应对各种挑战。

此外，一些职业教育教师可能还需要获得特定行业的认证，以确保他们具备必要的专业知识和技能。这些认证通常由相关行业组织或机构颁发，是对教师职业能力的权威认可，也为学生提供了一个可靠的学习保障。

（四）职业教育师资队伍的专业发展

职业教育师资队伍通常积极参与专业发展活动，以不断提高他们的教育技能和专业知识。职业教育的不断变化和发展要求教师始终保持学习和发展的状态，以便能够应对新的教育挑战和行业需求。

职业教育教师通常需要参加继续教育课程和培训，以更新他们的教育技能和知识。这些继续教育课程不仅涉及最新的教学方法和技术，还包括行业发展的最新趋势和技术应用。通过继续教育，教师能够不断提高自己的教育教学水平，确保他们的教学内容和方法始终处于前沿。

许多职业教育教师还参加与其职业领域相关的专业协会。这些协会为教师提供了专业发展的机会，包括资源共享、行业联系和专业培训等。通过参加这些专业协会，教师能够与同行交流经验，分享教学资源，从而不断提高自己的教学质量。

一些职业教育教师积极从事教育研究和创新项目，以改进教育方法和资源。他们可能与同行合作，开展研究项目，以改进职业教育的质量和效果。这种研究和创新不仅有助于提升职业教育的整体水平，也为学生提供了更加丰富和有效的学习体验。

职业教育师资队伍的专业发展确保了他们与不断变化的职业领域和教育趋势保持同步，为学生提供最新的职业技能和知识。这种持续的专业发展不仅提高了职业教育的质量，也为学生的职业生涯发展提供了更加有力的支持。

二、美国教师队伍建设的政策支持

美国的教育体系质量和效力高度依赖于教师队伍的质量和数量。为了应对日益复杂的教育需求，美国政府在教育政策领域采取了一系列措施，支持教师队伍的建设和发展。以下将深入探讨这些政策支持，包括教师培训和专业发展、教师招聘和留任政策、职业发展政策、多样性和包容性政策以及教育创新政策等方面。

（一）教师培训和专业发展

教师培训是确保教师队伍质量的关键因素。美国政府通过一系列政策，积极推动教师培训与专业发展，以确保教师具备必要的教育技能和学科知识。首先，政府鼓励师范院校与大学合作，强调教师培训与学科知识的结合。这种合作不仅使教师具备了深入的学科理解，还培养了他们在课堂教学中应用这些知识的能力。此外，为了保证教师培训质量，政府设立了国家和州级的教育认证标准。教师候选人必须通过严格的认证考试，以获得教育资格，确保他们具备进入教室所需的基本教学能力。

此外，美国政府也十分重视教师的继续教育。为了帮助教师不断提升专业水平，政府支持各种形式的继续教育，如研讨会、研究项目和专业发展课程等。这些措施旨在确保教师始终保持与时俱进的教学理念和技能。与此同时，政府还大力支持教育创新，鼓励教师采用新的教育技术和教学方法，以提高教学质量和学生的学习效果。例如，虚拟现实技术和在线教育平台的引入，使得教学手段更加多样化，提升了学生的学习体验。

（二）教师招聘和留任政策

教师招聘和留任政策在维持和提升教育质量方面起着至关重要的作用。为了吸引并留住优秀的教师，美国政府实施了一系列激励措施。首先，为了吸引高质量的教师，政府提供各种形式的招聘奖励，这些奖励包括金钱奖励、住房津贴以及丰富的职业发展机会等。这些政策不仅提升了教师的经济待遇，还增强了教师的职业吸引力。

此外，政府还鼓励学校为教师提供广阔的职业发展机会，以确保他们的职业生涯充满前景。这些机会包括晋升通道、教育硕士项目和领导机会等，使得教师能够在职业发展中不断提升自我。同时，政府也实施了薪酬激励政策，鼓励教师通过卓越的教学表现获得绩效奖金和薪资增长。这些激励措施有效提高了教师的工作积极性，并帮助学校留住那些教学经验丰富且表现出色的教师。

为了帮助新教师更好地适应教育工作，政府还支持实施了导师计划。通过资深教师的指导，新教师能够迅速适应教育环境，并提高自己的教学水平。这种双赢的措施不仅有助于新教师的成长，也提高了整个教师队伍的教学质量。

（三）职业发展政策

美国政府十分重视教师的职业发展，并通过一系列政策支持教师的职业进步。首先，政府鼓励教师持续参加各种形式的培训，以不断提高他们的专业知识和教育技能。这种持续培训不仅帮助教师掌握最新的教育理论，还让他们能够在教学实践中灵活应用这些新知识。

政府还支持建立明确的职业发展路径，为教师提供晋升到更高级别职位的机会。这种职业发展路径通常包括升职机会、领导培训以及教育硕士项目等。这些措施使得教师能够在职业生涯中看到明确的发展方向，从而增强他们的职业稳定性和满意度。

与此同时，政府鼓励教师参与教育研究和创新项目，通过研究提升教育质量和学生的学习效果。这种研究导向的职业发展路径，不仅有助于教师在学术领域取得突破，还能让他们在教学实践中应用最新的研究成果，进一步提高课堂教学的效果。

（四）多样性和包容性政策

推动教师队伍的多样性和包容性，是美国政府致力于建设一个公平、公正教育体系的重要目标之一。为了确保教师队伍能够反映社会的多样性，满足不同学生群体的需求，政府采取了一系列支持措施。首先，政府支持多元文化培训，帮助教师更好地理解和尊重不同文化背景的学生。这种培训不仅提高了教师的跨文化交际能力，也增强了他们对不同学生群体的包容性。

此外，政府还鼓励教育机构在教师招聘过程中注重多样性，确保教师队伍涵盖不同背景和经验的人才。通过多元化招聘，学校能够组建一支更具包容性的教师队伍，从而更好地服务于多元化的学生群体。

为了确保每个学生都能平等地获得优质教育，政府支持实施了包容性教育政策。这些政策包括为特殊需求学生提供专门的教育资源和服务，确保他们能够在适应性强的教育环境中成长。这些举措不仅确保了教育公平，也提升了教育体系的整体包容性。

（五）教育创新政策

美国政府一直积极推动教育创新，以提高教育体系的效率和效果。首先，政府大力支持教育技术的应用，鼓励学校采用新的教学工具和资源，例如，计算机设备、在线教育资源和虚拟教室等。通过这些技术手段，教师能够更有效地组织课堂教学，提升学生的学习体验。

政府还鼓励教师采用探索性学习方法，激发学生的好奇心和创造力。探索性学习不仅能够增强学生的自主学习能力，还培养了他们解决问题的能力和创新思维。此外，政府支持实践教育项目，为学生提供实际项目和实习机会，以培养他们的实际技能和职业能力。通过这些实践机会，学生能够将课堂所学应用于实际工作环境中，从而更加深入地理解所学知识。

与此同时，政府鼓励教师参与教育研究，通过研究改进教育方法和资源。这种研究导向的教育创新，不仅提升了教学质量，还为学生提供了更加多样化的学习体验。

第三节　英国"三段融合"教师培养模式

一、英国"三段融合"教师培养路径

英国的"三段融合"教师培养体系是一种独特而全面的培训模式，旨在通过多阶段的教育和实践，培养出具备丰富知识与技能的未来教育者。这一模式分为三个主要阶段，涵盖从学士学位到教育培训的全过程，强调教育理论、实践经验和专业发展。通过这一体系，英国希望能够培养出具备高水平专业素养的教师，为教育体系的质量提升奠定坚实基础。

（一）学士学位阶段

"三段融合"教师培养路径的第一阶段是学士学位阶段，它为未来的教育者奠定了坚实的知识和理论基础。在这一阶段，学生通过系统的学科知识学习，为日后的教学工作做好准备。学士学位阶段不仅强调学科知识的深度掌握，还注重教育理论的学习，涵盖教育心理学、课程设计、教育方法等关键领域。这些理论课程帮助学生建立一个坚实的教育框架，使他们能够理解教育过程中的复杂问题。

同时，学士学位阶段还包括教育实践，学生在这个阶段有机会到学校或其他教育机构进行实地实践，通过实际操作将理论知识应用到教学中。这种实践机会极为宝贵，它帮助学生更好地理解教育的实际运作，并为他们未来独立教学奠定基础。此外，评估与反思也是学士学位阶段的重要组成部分，学生通过自我评估和反思，不断改进自己的教学方法和技巧，为更高层次的学习打下坚实基础。

（二）硕士学位阶段

硕士学位阶段是"三段融合"教师培养路径的第二阶段，它为学生提供了更为深入的教育知识和丰富的实践经验。在这一阶段，学生将进入更为专业化的学习，深入探讨教育政策、教育管理、教育领导等领域的内容。硕士阶段要求学生通过阅读大量的教育文献、参与研究项目，并在学术讨论中展现出对教育领域的深刻理解。通过这种深入的学术训练，学生能够掌握教育领域的最新动态，并在理论层面上提升自己的教育理念。

在实践方面，硕士学位阶段的学生需要参与更多的实习和教育实践。这种实践经验帮助他们将理论与实际教学相结合，进一步增强他们在课堂管理、课程设计和学生支持等方面的能力。硕士学位阶段还特别强调独立思考与研究的能力，学生需要完成独立研究项目，通过这些项目展示他们在教育研究方面的能力与潜力。此外，这一阶段的课程设计还着重培养学生的教育实践技能，包括如何设计有效的课程、如何进行学生评估，以及如何在教学中运用领导技能。这些都是未来教育者必须具备的关键能力。

（三）教育培训阶段

教育培训阶段是"三段融合"教师培养路径的最后一个阶段，也是学生从理论走向实践的关键一步。在这一阶段，学生将在导师的指导下，逐渐承担实际的教学任务，并通过不断地实践与反馈，提升自己的教学能力。导师在这个阶段扮演着重要角色，他们不仅为学生提供教学指导，还通过反馈帮助学生改进教学方法。学生在这个阶段还需要在实际的教育场景中进行教学实践，直接面对学生，进行课堂管理，并参与到学校日常教育活动中。

评估与反思在教育培训阶段同样至关重要，学生需要通过不断地反思和评估，改进自己的教学方法，以提升教育效果。这一阶段还注重学生支持系统的建设，学生在此阶段学习如何为学生提供多方面的支持，包括学术支持、社会支持和心理支持等。这不仅有助于学生更好地适应教育工作，也能确保他们在未来的教学生涯中为学生提供全方位的关怀和支持。教育培训阶段的最终目标是使学生能够胜任实际的教育工作，成为具备专业素养的教育者。

（四）教师培养路径的优势

英国的"三段融合"教师培养路径因其系统性和渐进性而备受赞誉，这一培养模式的优势在于它的全面性和实践性。首先，路径的渐进性设计允许学生从基础到深入逐步积累教育知识和实践经验，这种由浅入深的学习模式有助于学生在每个阶段打下坚实的基础，并逐步发展为具备高水平教学能力的教育者。其次，这一路径覆盖了广泛的教育领域，包括教育理论、学科知识、教育政策、教育实践等，使得学生能够全面理解并应对现代教育中的各种挑战。

实践经验是这一培养路径的重要组成部分，学生在整个学习过程中获得了丰富的实际教育经验，这些经验帮助他们将理论知识应用到实际教学中，并为日后的教学工作做好充分准备。导师的支持也是这一培养路径的关键优势之一，学生在教育培训阶段能够得到来自经验丰富导师的指导和反馈，这种个性化的支持帮助他们逐步承担教学任务，并在实际操作中不断提升自己的教学水平。

此外，英国的"三段融合"教师培养路径还强调教育质量和标准，确保未来的教育者在进入职业岗位之前，已经具备了高水平的教育背景和实践经验。通过这一系统化的培养路径，英国不仅致力于建设一支具备丰富经验和专业知识的教师队伍，还为提升整个教育体系的质量奠定了基础。总体而言，"三段融合"教师培养路径被视为国际上备受推崇的教育最佳实践之一，它为培养高质量的教育者提供了强有力的支持，并为学生的未来成功提供了坚实保障。

二、英国教师培养模式的特点

英国以其卓越的教育体系和教师力量闻名于世，其教师培养模式尤为独特，展现了渐进性、综合性、实践导向、专业发展、多元化与反思性等多方面的特点。这些特点不仅确保了教师队伍的质量和能力，也为教育者提供了全面的发展路径。以下将详细探讨这些特点。

（一）渐进性

英国的教师培养模式具有明显的渐进性，教师在其职业生涯的不同阶段逐步积累知识与经验。首先，教师培养通常从学士学位阶段开始，学生在这一阶段学习教育理论、学科知识以及基础的教育实践。这一阶段的核心目标是为学生奠定坚实的教育基础，并为未来的教学工作做好准备。完成学士学位后，教育者一般会继续深造，攻读教育硕士学位。这一阶段的学习内容更为广泛，涵盖教育政策、教育领导、教育研究等方面，帮助教育者在理论和实践上更上一层楼。最后，教育者进入教育培训阶段，在实际的教学环境中接受指导，并积累实际教学经验。这个过程通常持续一年，在导师的引导下，教育者逐步承担教学任务，最终成为具备专业知识和实践能力的合格教育者。通过这种渐进性培养模式，英国确保了教师在进入职业生涯前已经积累了足够的理论知识与实践经验，具备应对教育工作挑战的能力。

（二）综合性

英国的教师培养模式还体现出高度的综合性，涵盖了广泛的教育领域和学科知识。首先，教育者必须深入掌握将来教授的学科领域，如文学、数学、科学、历史、地理等。这种学科知识的深入学习使得教育者能够为学生提供高质量的学科教育。此外，教育者还需要掌握教育理论，包括教育心理学、课程设计与教学方法等，这些理论课程为教育者提供了必要的教育框架和方法论指导。除了理论学习，教育者还需要通过教育实践将所学知识应用于实际教学场景中。通常情况下，学生需要前往学校或其他教育机构进行实地教学，以获得第一手的教学经验。英国的教师培养模式还强调研究与分析能力的培养，使得教育者能够理解教育领域的最新问题与趋势，并提出有效的解决方案。通过这种综合性培养模式，英国确保教育者在进入教学岗位前已经全面理解并具备应对教育领域各种挑战与机遇的能力。

（三）实践导向

英国的教师培养模式高度重视实践导向，强调教育者的实际教学经验和实践能力。首先，教师培养包括大量的教育实践，教育者在真实的教学环境中直接参与教学活动，将理论知识应用于实际教学，并获得宝贵的教学经验。在教育培训阶段，学生通常会参与实习，与经验丰富的教育者一同工作，通过观察、参与和实践逐步承担教学任务，这一过程有助于教育者积累丰富的实践经验。此外，英国的教师培养模式提倡反思性教学，教育者需要定期评估自身的教学实践，反思教学效果，并不断改进教学方法。这种实践导向的培养模式确保了英国的教育者不仅具备扎实的理论知识，更在进入教学岗位时拥有丰富的教学经验和技能，从而能够胜任复杂的教学工作。

（四）专业发展

英国的教师培养模式极为重视教育者的专业发展，鼓励他们在职业生涯中不断提升教育水平和专业知识。首先，教育者被鼓励参加各种形式的继续教育，如研讨会、研究项目、专业发展课程等，以保持教育领域的最新动态并持续提升个人能力。英国政府还鼓励教育者攻读教育硕士学位，通过深入研究教育领域以获取更高级的知识。此外，英国的教师培养模式通常与专业认证机构紧密合作，确保教育者的教育质量达到一定的标准，并通过认证提高教育者的专业水平。值得一提的是，教师培养模式还强调教育领导力的培养，鼓励教育者在教育领域中发挥领导作用，参与教育政策的制定和改进。通过这种专业发展的模式，英国的教育者不仅能够持续提升自己的教学能力，还能够适应不断变化的教育环境，为教育领域的发展贡献力量。

（五）多元化

英国的教师培养模式积极倡导多元化，吸引并培养具有不同背景和经验的教育者。首先，这种培养模式鼓励不同文化背景、性别、年龄和经验的教育者加入教育队伍，从而丰富了教育领域的多样性。此外，教师培养模式还强调包容性，特别是对特殊需求学生、移民和其他特殊群体的教育者给予支持和关注，以确保教育的公平性。英国政府在这一方面致力于提供平等的教育机会，无论个人背景如何，都可以在教育领域中获得高质量的教育资源。这种多元化的培养模式不仅有助于建设一支具备多样性和包容性的教育者队伍，还能够为不同背景的学生提供更多的支持与机会，从而促进教育的全面发展。

（六）反思性

反思性是英国教师培养模式的另一重要特点，教育者被鼓励在职业生涯

135

中不断反思和改进自己的教学方法与实践。首先，教育者需要定期反思自己的教学实践，评估教学效果，寻找改进的机会。通过这种反思，教育者可以发现教学中的不足，并采取措施予以改善。其次，师资培养模式鼓励教育者制定个人专业发展计划，通过设定职业目标不断提升自己的教育水平。同时，英国的教育领域通常建立学习社区，教育者可以与同行合作，分享经验和知识，从而共同提升教学质量。这种反思性的培养模式确保了教育者在职业生涯中始终保持自我评估与改进的意识，不断提高教学质量与教育效果。

第四节　日本"职业训练指导员"队伍建设

一、日本职业训练指导员的培养模式

日本以其高度工业化和复杂制造业而闻名，职业训练指导员在其中扮演了关键角色。他们不仅负责教授职业技能，还为学员提供职业规划和发展的指导。日本的职业训练指导员培养模式以其专业性和实用性而著称，确保培养出的指导员能够满足行业的高标准要求。

（一）背景和概述

在日本，高度工业化的发展离不开高技能劳动力的支持。为满足这一需求，日本建立了一套完善的职业培训系统，而职业训练指导员则是这一系统的核心组成部分。他们不仅需要掌握特定职业领域的专业技能，还需具备职业规划和发展的知识，能够帮助学员制定职业目标并规划职业生涯的发展路径。

（二）培养模式的核心组成部分

日本的职业训练指导员培养模式由多个核心部分构成。首先，职业训练指导员通常需要拥有与其职业领域相关的大学学位或经过专业技能培训。这一背景确保他们具备深厚的专业知识。其次，指导员需要接受由政府机构或专业协会提供的专门培训课程，这些课程涵盖职业技能的传授方法以及职业规划的指导策略。培训还包含实际工作经验的积累，要求指导员在相关职业领域内获得一线操作的实践经验，以便更好地理解行业需求。此外，指导员还需学习如何帮助学员进行职业规划，帮助他们制定清晰的职业目标，并获得相关的认证或执照，确保其具备合法从事培训工作的资格。

（三）培养模式的要求和特点

日本的职业训练指导员培养模式以高标准著称。首先，这一模式要求指导员具备高度专业化的知识和技能，不仅要通过学术学习取得相关领域的学位或认证，还要通过实践经验提升实际操作能力。其次，该模式强调职业指导员对职业规划的重视，不仅要教授技能，还要引导学员合理规划职业生涯。这一模式的成功也离不开政府的监管和监督，以确保培训的质量和专业水准。此外，职业训练指导员需不断提升自我，参加持续的专业发展培训，以保持与行业发展的同步。

（四）培训内容

职业训练指导员的培训内容广泛而深入。首先，他们需要掌握特定职业领域的技能和知识，包括技术操作、工具使用和工艺流程等具体内容。此外，指导员还需具备职业规划和发展的知识，能够帮助学员设定职业目标并制定切实可行的发展计划。有效的教育方法和教学策略是指导员必不可少的技能，他们需要学习如何因材施教，确保学员能够掌握必要的职业技能。同时，指导员还需具备良好的沟通技巧，能够与学员、雇主以及其他利益相关方进行有效的沟通。职业伦理也是培训的重要内容之一，指导员需熟悉职业道德标准，确保在培训过程中能够保持职业操守。最后，指导员还需了解行业的最新发展趋势和要求，以便为学员提供最前沿的职业指导。

日本的职业训练指导员培养模式不仅注重理论知识的传授，更强调实际操作能力的提升和职业规划的指导。通过这一模式，职业训练指导员能够帮助学员掌握必要的职业技能，并为其未来的职业发展提供有力支持。政府的监管和专业协会的支持进一步确保了这一模式的质量和标准，从而助推了日本职业培训体系的持续发展和繁荣。

二、日本教育体系的支持与发展

日本的教育体系以其高质量和深远的历史背景著称，并在长期的发展过程中得到了政府、学校和社会的全力支持。下面将探讨日本教育体系的支持与发展，涵盖历史演进、政府政策、教育质量、教育技术和国际合作等方面。

（一）历史演进

日本的教育体系有着悠久的历史，可以追溯至古代时期。随着时间的推移，特别是在 19 世纪末和 20 世纪初，日本进行了深刻的教育改革，将西方教育的理念和方法引入国内。这些改革为现代日本教育体系奠定了坚实的基础。第二次世界大战后，日本进行了全面的教育重建，形成了现行的教育体系。该体系涵盖基础教育、中等教育和高等教育三个阶段，确保学生获得全面的教育。同时，日本还引入了学年制和统一的课程标准，以保障教育的质量和一致性。

（二）政府政策

日本政府一直在教育领域采取积极的政策，以推动教育体系的发展。首先，政府对教育领域进行大量投资，确保学校具备现代化的设施和技术资源。其次，政府定期实施教育改革，调整课程内容、教学方法和评估标准，以适应社会和经济的变化。此外，政府致力于为所有学生提供公平的教育机会，不论他们的社会背景如何。为此，政府还提供经济援助和特殊需求学生的支持。同时，政府大力推进国际化教育，鼓励学校开展外语教学和国际交流项目，以培养具备全球视野的人才。最后，政府支持教育领域的研究与创新，以推动教育体系的持续改进。

（三）教育质量

日本的教育体系以其高质量标准而闻名。首先，日本拥有一支经过严格培训的教师队伍，他们具备深厚的专业知识和教育技能。其次，日本实行严格的课程标准，确保学生获得均衡的教育。此外，学年制度的引入有助于提高学生的学习效率，确保他们在规定时间内掌握教材内容。定期的考试和评估也是日本教育体系的重要组成部分，用以检验学生的学业进展和知识掌握情况。政府和相关教育机构通过定期的质量监控和评估，确保各级学校的教育质量。同时，日本教育体系注重多元化教育，鼓励学生参与体育、艺术、科技和社会服务等活动，以培养他们的综合素养。

（四）教育技术

随着科技的进步，教育技术在日本教育体系中的作用日益重要。日本学校越来越多地使用数字技术支持教学，例如，在线学习平台、电子教材和虚拟实验室等。此外，学校为师生配备了电子设备，如笔记本电脑和平板电脑，以充分利用数字资源。尤其是在疫情期间，远程教育工具得到了广泛应用，确保学生在家中继续学习。同时，教育部门和学校利用数据分析技术，个性化教学策略，满足学生的不同需求。科技课程的设立也帮助学生提升数字素养，培养他们的创新能力。

（五）国际合作

日本积极参与国际合作，以提升教育水平并促进文化交流。首先，日本吸引了大量国际留学生，为他们提供优质的教育和丰富的文化体验。其次，国际学校为在日外籍学生提供了多语种的教育服务。此外，日本政府支持多种教育交流项目，如学生交换和教育合作，旨在促进国际理解与友谊。最后，日本的教育研究机构积极参与国际合作研究，推动教育领域的持续发展。

（六）面临的挑战

尽管日本的教育体系取得了显著成就，但也面临着一些挑战。首先，人口老龄化和减少可能影响教育体系的规模和资源分配。其次，激烈的教育竞争带来的学业压力可能对学生的心理健康产生负面影响。此外，尽管教育技术取得了进展，但数字鸿沟依然存在，一些学生可能无法获得足够的数字设备和网络连接。日本的教育体系还需要在多样性和包容性方面做出改进，特别是在满足特殊需求学生和外籍学生的教育需求方面。虽然政府进行了多次教育改革，但教育体系仍需不断适应社会和经济环境的变化。教师的招聘和培训也是需要关注的重要议题，确保教师队伍的素质和数量与教育需求相匹配。

第五节　澳大利亚专兼结合教师队伍建设

一、澳大利亚教师队伍的专业发展模式

澳大利亚的教育体系以其高质量的教育和专业化的教师队伍而闻名于世。这一体系背后的成功不仅依赖于教师的个人努力，还包括系统化的教师培训、持续教育和职业发展策略的实施，以及政府和社会的全力支持。下面将深入探讨澳大利亚教师队伍的专业发展模式，涵盖从培训、认证到持续教育及行业合作的各个方面，揭示这一体系如何不断适应和推动教育的进步。

（一）教师培训和教育

教师培训是澳大利亚教育体系的基石，其核心是确保教师具备足够的知识、技能和实践经验来应对复杂的教育环境。首先，教师的基础培训通常要求获得教育学学位，这一阶段不仅涉及教育心理学、课程设计等理论学习，还包括教育技术和管理等实用性课程的培训。通过这些学术内容，未来的教师得以全面理解教育的各个方面，奠定其职业生涯的理论基础。其次，实习是培训过程中的关键环节。在实习期间，学生教师得以置身真实的教学环境，直接与有经验的教师合作，逐步承担教学责任，这种"以练为主"的培训模式有效地缩短了理论与实践之间的距离。此外，各州和领地设定了严格的课程标准，以确保所有教师在培训期间都能获得一致且高质量的教育。最终，完成培训的候选人必须通过专业认证考试，这不仅是对其知识和技能的考核，更是进入教师职业的必要条件。通过这些系统化的培训和认证程序，澳大利亚确保了教师队伍的高水准。

（二）持续教育和专业发展

在澳大利亚，教师的职业发展不仅止步于基础培训阶段，更强调终身学习的理念。随着教育环境和技术的不断变化，教师需要不断更新其知识和技能，以适应新的挑战。师范培训是教师持续教育的重要组成部分，这些培训通常由教育部门、学校和专业协会提供，旨在提高教师的教学能力和学科知识。此外，教育研讨会和研究项目为教师提供了与同行交流和学习的机会，通过这些平台，教师能够了解最新的教育理论和实践，从而将其应用于实际教学中。为了确保持续地专业发展，每位教师都被要求制定个人的专业发展计划，其中包括明确的学习目标和发展路径，这不仅激励教师不断进步，也有助于教育机构对教师发展进行有效管理。合作和反馈机制也是澳大利亚教师职业发展的重要部分，教师通过相互合作和提供反馈，可以共同提升教学水平，进而推动整个教育体系的进步。

（三）政府政策和支持

政府在支持和促进教师专业发展方面发挥着重要作用。澳大利亚政府通过一系列政策措施来确保教育体系的高效运作和不断改进。首先，政府制定并发布教育政策，以指导教师的职业发展，并通过这些政策推动教育质量的提升。其次，政府在教育领域投入了大量资金，这些资金不仅用于教师培训和持续教育，还用于改善教育资源和教学条件，确保教师能够在良好的环境中进行教学。此外，政府鼓励教育机构提供多样的职业发展机会，包括晋升路径和领导职位，这种职业发展机制激励了教师的工作积极性和职业忠诚度。为了确保教育质量，政府设定了严格的质量标准，并通过定期评估来监督教育体系的实施效果，这种双重监管机制为澳大利亚教育体系的高效运行提供了保障。

（四）行业合作和专业协会

在澳大利亚，教师的专业发展不仅依赖于政府的政策支持，还得益于行业合作和专业协会的积极参与。各个学科和教育领域的专业协会为教师提供了丰富的资源和发展机会，通过与同行的交流和学习，教师能够不断提升其专业水平。此外，教育机构与行业合作伙伴的合作也为教师提供了宝贵的实践机会。这些合作项目帮助教师更好地理解行业的需求和发展趋势，从而能够在教学中融入实际应用和创新思维。这种行业与教育的紧密结合，不仅提升了教师的职业素养，也为学生提供了更具实用性的教育体验。

（五）教育领域的变革

随着科技的迅猛发展和社会的变迁，澳大利亚的教育领域正经历着一系列深刻的变革，这对教师队伍的专业发展提出了新的挑战和机遇。首先，教育技术的整合是当前教育变革的重要方向之一，教师需要不断学习和适应新的教育技术工具，以提升教学效果和学生的学习体验。其次，学生需求的多样化也要求教师具备更多的跨文化和教育多元化的知识，以更好地满足来自不同背景的学生的学习需求。此外，终身学习的理念在教育领域的普及，使得教师需要持续学习和更新自己的知识，以跟上最新的教育发展趋势。教育政策的不断改革也要求教师能够迅速理解和适应这些变化，确保其教学与当前的教育目标和标准保持一致。

（六）发展前景和建议

为了进一步提高澳大利亚教师队伍的专业发展，未来的政策和实践需要在几个关键领域做出改进和创新。首先，政府、学校和专业协会应提供更多的专业发展机会，这些机会不仅包括传统的研讨会和研究项目，还应扩展到在线课程和多样化的培训资源，确保教师能够方便地获取最新的教育知识和技能。其次，鼓励教师之间的合作与知识共享，通过建立有效的合作机制，教师可以相互学习和支持，从而提升整体教学水平。此外，教育技术培训应成为教师职业发展的重点，随着数字工具在教学中的应用越来越广泛，教师需要具备熟练的数字技能，以有效利用这些工具支持教学和学习过程。在多元化和包容性方面，教师需要更多的培训和支持，以应对来自不同文化和背景学生的教育需求，确保教育的公平性和包容性。终身学习的理念也应进一步推广，教师应被鼓励在职业生涯的各个阶段持续学习和提升自己的教育水平，保持与教育发展的同步性。最后，政策支持是教师专业发展的重要保障，政府应制定并实施支持教师职业发展的政策，提供足够的资源和支持，确保教育体系的高效和可持续发展。

二、澳大利亚教育政策对比分析

澳大利亚的教育体系是一种分权管理模式，各个州和领地在制定和实施教育政策方面拥有自主权，但联邦政府在某些关键领域仍然发挥着重要作用。这种分权制度导致了不同地区之间的教育政策存在差异，但同时也形成了一些统一的国家政策框架。以下将对澳大利亚各州和领地的教育政策进行对比分析，重点讨论教育目标、课程标准、融合教育、教育技术和国际教育等方面的异同。

（一）教育目标

在澳大利亚，各州和领地都设定了自己的教育目标，这些目标虽然有地方特色，但总体上与联邦政府的教育政策框架保持一致。无论在哪个地区，教育目标都强调提供均等的教育机会，确保每个学生都能公平地接受教育，而不受其社会经济背景、文化背景或特殊需求的限制。各州和领地的教育政策还致力于培养终身学习者，鼓励学生养成持续学习的习惯，以适应不断变化的社会和经济环境。此外，教育目标还包括提高教育质量，确保整个教育体系能够提供符合国际标准的高质量教育，从而增强国家的国际竞争力。与此同时，澳大利亚的教育目标也强调促进学生的创新和创造力，旨在培养未来的领导者和决策者。尽管各州和领地的教育政策有所不同，但这些共同的目标反映了澳大利亚整体教育体系的核心价值观。

（二）课程标准

澳大利亚的课程标准由各州和领地的教育部门独立制定和管理，这些标准在某些方面可能有所不同，但总体上包括几个共同的核心要素。首先，各地区的课程标准都涵盖了核心学科，如英语、数学、科学和社会科学等，以确保学生获得基本的学科知识和技能。除了这些核心学科外，艺术和体育教育也被广泛推广，目的是培养学生的综合素养，使他们在学术之外的领域也能得到充分的发展。此外，外语教育在许多州和领地中也被视为重要的一部分，旨在提高学生的国际视野，帮助他们更好地适应全球化的社会。对于特殊需求学生，澳大利亚的课程标准通常包括个性化的课程和资源支持，以确保这些学生能够得到他们所需的教育资源和帮助。职业教育和培训也是课程标准的重要组成部分，许多州和领地都提供职业教育的机会，以满足不断变化的劳动力市场需求。尽管课程标准在各州和领地之间可能存在差异，但总体目标是一致的，即为学生提供全面、均衡的教育。

（三）融合教育

澳大利亚的融合教育政策旨在确保所有学生，无论其背景如何，都能平等地接受教育。这包括为特殊需求学生、英语学习者以及其他特殊群体提供支持服务。尽管所有州和领地在原则上都支持融合教育，但在资源分配、支持服务和教育计划的实施上仍存在差异。例如，一些地区可能会提供更多的资源来支持特殊需求学生，而其他地区则可能更加关注英语学习者的需求。这种差异反映了各地区对教育资源的不同优先级和对学生需求的不同理解。然而，所有地区的融合教育政策都基于一个共同的信念，即每个学生都应有机会在一个包容和支持的环境中学习。

（四）教育技术

随着科技的不断进步，教育技术在澳大利亚的各州和领地中扮演着越来越重要的角色。各地的教育技术政策虽然有所不同，但都旨在提高教育质量和学生的数字素养。数字化课堂的推广已成为许多州和领地教育技术政策的核心，教师和学生在课堂上广泛使用电子白板、在线学习平台和虚拟实验室等工具。这些技术不仅丰富了教学手段，还为学生提供了更加多样化的学习体验。此外，许多学校还为教师和学生配备了一对一的设备，如笔记本电脑或平板电脑，以支持在线学习和个性化教学。为了确保这些技术能够被有效利用，教师们还接受了相关的教育技术培训，以帮助他们掌握并运用这些新工具。各州和领地还推广在线教材和教育资源，以扩展学生的学习机会，提供更广泛的资源访问。虽然教育技术政策在各地有所不同，但总体趋势是一致的：通过技术手段来提高教育质量并适应数字时代的需求。

（五）国际教育

澳大利亚一直是国际学生的热门留学目的地，各州和领地也积极致力于吸引国际学生，以增加教育收入并促进文化交流。各地的国际教育政策包括多种措施，如提供学生签证、设定英语语言要求、提供学费减免和奖学金选项以及提供留学生支持服务。学生签证政策允许国际学生在澳大利亚学习，明确了他们的学习期限和工作权利。为了确保国际学生能够适应澳大利亚的学习环境，各州和领地通常设定了英语语言要求，以确保学生具有足够的英语能力应对课程。此外，各地还通过提供奖学金和学费减免来吸引更多的国际学生，提升澳大利亚作为留学目的地的吸引力。为了帮助国际学生更好地适应在澳大利亚的学习和生活，各地还提供了广泛的支持服务，包括文化适应培训和心理健康支持。这些政策不仅提高了澳大利亚的国际教育竞争力，也为当地学生带来了多元文化的学习环境。

（六）教育政策的实施和评估

尽管澳大利亚的各州和领地在制定教育政策方面拥有很大的自主权，但联邦政府仍然在一些关键领域发挥着监管和评估的作用。例如，在特殊需求学生的支持、国际教育政策以及一些基础设施项目上，联邦政府通过政策指导和资金分配来确保全国范围内教育政策的统一性和有效性。此外，各州和领地的教育政策也会接受独立机构和学校委员会的评估，以确保政策实施的效果和质量。这种评估机制不仅帮助各地改善和优化教育政策，还确保了全国教育体系的整体质量和一致性。

（七）对比分析

尽管澳大利亚各州和领地的教育政策在某些方面存在差异，但也有许多共同点。首先，在教育目标方面，各州和领地都致力于提供均等的教育机会、培养终身学习者并提高教育质量，这些目标是所有地区教育政策的核心。在课程标准方面，各州和领地通常涵盖了核心学科、艺术和体育、外语教育、特殊需求学生支持以及职业教育，确保学生在整个国家范围内获得全面的教育。在融合教育方面，各州和领地都致力于为每个学生提供平等的教育机会，特别是针对特殊需求学生和其他特殊群体。在教育技术的应用上，各州和领地都在积极推动，旨在提高学生的数字素养和教育质量。最后，各州和领地在国际教育领域也采取了积极的政策，吸引国际学生、提供支持服务，并提升澳大利亚的国际教育竞争力。

尽管存在这些共同之处，各州和领地的教育政策仍然根据本地需求和特点进行调整。例如，一些州可能更加注重特殊需求学生的支持，而其他州可能更关注国际教育的推广。总体而言，澳大利亚的教育政策体系是一个分权管理的系统，各州和领地在制定和实施教育政策时享有很大的自由度，但也在某些关键领域与联邦政府保持一致，以确保整个国家教育体系的统一性和质量。

第六节　国外"双师型"教师队伍建设经验启示

一、国外教师队伍建设的共同特点

不同国家的教育体系和教师队伍建设存在差异，但在全球范围内，有一些共同的特点和趋势。这些特点反映了国际教育领域的共同挑战和目标，包括提高教育质量、促进多元化、应对技术变革和支持教师专业发展。下面将探讨国外教师队伍建设的一些共同特点，重点关注教育政策、培训和发展、多元化和包容性、教育技术以及国际化等方面。

（一）教育政策的重要性

教育政策在国外教师队伍建设中发挥着关键作用。教育政策不仅是指导教育体系和教师队伍发展的框架，还涵盖了教育目标、课程标准、评估方法、融合教育、教育技术使用和专业发展等诸多方面。不同国家和地区会根据本地需求和特点制定适合的教育政策,这些政策的制定通常会综合考虑文化、经济和社会因素,以确保其适应性和有效性。多数国家的教育政策旨在提升教育质量,以确保学生能够接受高水平的教育,并在此基础上推动多元化和包容性。许多国家的政策包含措施以促进多文化教育,支持特殊需求学生,保障每个学生平等地接受教育的权利。此外,教育技术的整合也是政策关注的重要领域,政策鼓励学校和教师使用数字工具来辅助教学和学习,提升教学效果。国际化也是许多国家教育政策的关键部分,旨在吸引国际学生来本国学习,推动国际交流与合作。教育政策的重要性在于它们为教育体系提供了明确的指导,并为教师队伍的发展提供了必要的框架,这些政策的制定需要考虑到多种因素,以确保教育体系能够有效应对不断变化的需求和挑战。

(二)教师培训和专业发展

教师培训和专业发展是国外教师队伍建设的核心组成部分。大多数国家要求教师获得教育学学位,这通常包括教育心理学、课程设计、教育技术和教育管理等领域的课程。教师培训不仅限于理论学习,还包括实际的教学实习。在这一过程中,学生教师会在真实的教室环境中获得实践经验,与有经验的教师合作,并逐步承担更多的教学职责。完成教师培训后,候选教师通常需要通过专业认证考试,以获得正式的教育资格。教师的职业生涯中,持续教育也非常重要,它包括师范培训、研讨会、研究以及在线课程等形式,以帮助教师适应不断变化的教育环境。教师培训和专业发展的共同特点在于它们强调教育学知识和教学技能的培养,确保教师具备必要的能力来有效支持学生的学习和发展。

(三)多元化和包容性

多元化和包容性教育是国外教育体系的一个显著特点。教育政策通常鼓励学校和教师满足不同学生的需求，包括特殊需求学生、英语学习者以及来自不同文化背景的学生。多数国家实施融合教育政策，鼓励将特殊需求学生融入普通教育系统，并提供个别化支持和资源。这种政策还要求学校提供多元文化教育，尊重不同文化背景的学生，并促进跨文化理解和尊重。教师被鼓励采用差异化教学方法，以满足不同学生的需求，包括在课程和评估中的个别化调整。支持服务也是多元化和包容性教育的重要组成部分，学校通常提供特殊教育师、心理健康支持以及学习支持等服务，以帮助特殊需求学生。多元化和包容性教育的共同特点在于它们强调每个学生的独特性，鼓励学校和教师提供必要的支持，以确保每个学生都能平等地接受教育。

（四）教育技术的应用

教育技术在国外教育体系中发挥着越来越重要的作用。许多国家鼓励学校实施数字化课堂，使用电子白板、在线学习平台和虚拟实验室等工具，以提升教学效果。一些国家提供一对一的设备，如笔记本电脑或平板电脑，以支持学生和教师的在线学习和教学。教师通常需要接受教育技术培训，以确保他们能够充分利用数字工具来支持教学。在线资源的推广也是教育技术应用的重要方面，许多国家推动在线教材和资源的使用，以扩展学生的学习机会和资源访问。教育技术的应用不仅有助于提高教育质量，还能提供个别化的学习机会，培养学生的数字素养，这一趋势在国外教育体系中得到广泛认可和应用。

（五）国际化

国际化是国外教育体系的一个重要特点。许多国家积极吸引国际学生，通过提供学生签证、英语语言要求、学费和奖学金支持以及留学生服务等措施来实现这一目标。国际化教育政策鼓励学校和教师参与国际交流与合作项目，促进跨文化理解和知识共享。一些国家还提供国际课程，如国际文凭课程和高级水平课程，以满足国际学生的需求。国际化教育有助于扩展学生的国际视野，促进文化交流，并加强国际合作，从而为学生提供更为广阔的教育和发展平台。

（六）结论

国外教师队伍建设的共同特点反映了国际教育领域面临的共同挑战和目标。这些特点包括教育政策的重要性、教师培训和专业发展、多元化和包容性教育、教育技术的应用以及国际化。这些共同特点在国际教育领域发挥了重要的指导作用，帮助各国应对不断变化的教育需求和挑战，提高教育质量，并培养具备综合素养的学生。

二、国外经验对我国"双师型"教师建设的启示

我国"双师型"教师建设是提升中小学教师队伍质量和能力的重要举措，旨在更好地满足学生的学习需求。借鉴国外教育体系和教师队伍建设的经验，对我国"双师型"教师建设具有积极的启示。以下将探讨国外经验对我国"双师型"教师建设的启示，重点包括教育政策、教师培训、多元化和包容性教育、教育技术的应用以及国际化等方面。

（一）教育政策的重要性

国外经验表明，教育政策在"双师型"教师建设中扮演着至关重要的角色。国外教育体系通常拥有明确的教育政策框架，为教育目标、课程标准、融合教育、教育技术使用以及专业发展等方面提供了清晰的指导。我国可以从中吸取以下经验。

明确的教育目标是教育政策的核心。许多国家的教育政策明确规定了教育目标，如提高教育质量、促进多元化和包容性教育、支持特殊需求学生等。我国在制定"双师型"教师建设相关政策时，也应设定明确的目标，以指导教师的发展方向，并促进教育质量的提升。

教育技术整合方面，许多国外教育政策鼓励将教育技术融入教学，以提高教学效果和学习成果。我国可以借鉴这一经验，加强教育技术的应用，培养"双师型"教师的数字素养，提升他们在教学中的技术应用能力。

多元化和包容性教育的推进也是国外教育政策的重点。许多国家强调教育政策应支持满足不同学生的需求，包括特殊需求学生和多文化背景学生。我国可以借鉴这种做法，确保"双师型"教师能够有效地支持各类学生的学习需求。

国际化方面，国外的一些教育政策鼓励国际交流与合作，以提高教育质量和教师队伍的国际视野。我国也应加强国际合作，吸收国际经验，从而提升"双师型"教师的综合素养，推动教育质量的进一步提升。

教育政策的制定需要根据我国的具体情况进行调整，但从国外经验中获取启示，可以帮助我们构建更加有效的政策框架。

（二）教师培训和专业发展

国外的经验表明，教师培训和专业发展是提升教师队伍质量和能力的关键因素。以下是国外经验对我国"双师型"教师建设的启示。

教育学学位的设置在国外教师培训中非常重要，培训通常涵盖教育心理学、课程设计、教育技术和教育管理等领域的课程。我国可以借鉴这一做法，强调"双师型"教师在教育学知识和教育技能方面的培训，确保他们具备系统的教育理论基础和实践能力。

实习环节也是国外教师培训的重要组成部分。在实习过程中，学生教师能够在实际教室中获得教学经验，与资深教师合作，并逐渐承担更多教学责任。我国应推动"双师型"教师的实习实施，以提高他们的教学能力，并为其提供真实的教学环境来积累经验。

专业认证是教师培训后的必要步骤，国外通常要求教师通过相关的专业认证考试，以获得正式的教育资格。我国可以设立相应的专业认证体系，以确保"双师型"教师具备必要的资格和专业能力。

持续教育在国外教育体系中占据重要地位。教师需要不断学习和发展，以适应教育环境的变化。我国可以建立持续教育体系，为"双师型"教师提供培训和发展机会，帮助他们保持专业能力的更新和提升。

教师培训和专业发展对于提升"双师型"教师队伍质量至关重要。我国可以从国外经验中汲取教训，建立更加完善的培训和发展体系，以提高教师的整体素质。

（三）多元化和包容性教育

国外的教育体系强调多元化和包容性教育的重要性，这一政策有助于确保每个学生都能够获得平等的教育机会，包括特殊需求学生、英语学习者和文化背景不同的学生。

多元文化教育在国外教育政策中得到了广泛推动。学校被鼓励提供多元文化教育，尊重不同文化背景的学生，并促进跨文化理解与尊重。我国可以借鉴这一经验，加强"双师型"教师的跨文化培训，帮助他们更好地理解和支持来自不同文化背景的学生。

差异化教学方法在国外教育体系中被广泛采用，以满足不同学生的需求。这包括课程和评估的个别化调整。我国可以采纳这种经验，鼓励"双师型"教师为每个学生提供个性化的学习支持，以更好地满足他们的学习需求。

支持服务的提供也是国外教育体系中的一个重要方面。学校通常为特殊需求学生提供特殊教育师、心理健康支持和学习支持等服务。我国可以从国外经验中吸取教训，建立更完善的支持服务体系，以确保"双师型"教师能够支持所有学生的学习和发展。

多元化和包容性教育政策有助于提高教育的公平性和质量。我国可以从国外经验中学习并不断完善相关政策和实施措施，以提升教育的整体水平。

（四）教育技术的应用

国外经验表明，教育技术在提升教育质量和支持学生学习方面发挥着重要作用。以下是国外经验对我国"双师型"教师建设的启示。

数字化课堂的实施是国外教育体系的一个显著特点。许多国家鼓励学校使用电子白板、在线学习平台和虚拟实验室等工具来支持教学。我国可以加强"双师型"教师的数字技能培训，帮助他们更好地利用教育技术来提升教学效果和学习体验。

一对一设备的使用也是国外教育体系中的一个趋势。一些国家为学生和教师提供笔记本电脑或平板电脑，以支持在线学习和教学。我国可以考虑为"双师型"教师提供必要的教育技术设备，以促进他们的教学和专业发展。

教育技术培训在国外教育体系中被视为必要。教师通常需要接受教育技术培训，以充分利用数字工具支持教学。我国可以为"双师型"教师提供相关培训，帮助他们掌握最新的教育技术工具和方法。

在线资源的开发和使用也是国外教育经验中的一个重要方面。在线教材和资源可以丰富学生的学习机会，并提高资源的可访问性。我国可以加强在线教材和资源的开发与应用，以支持"双师型"教师的教学和学生的学习。

教育技术的应用有助于提高教育质量和学生的学习体验。我国可以从国外经验中获取相关经验，促进"双师型"教师的数字素养和教育技术应用，提升整体教育水平。

（五）国际化

国外的国际化教育经验对我国"双师型"教师建设提供了重要启示。以下是国外经验对我国的启示。

吸引国际学生是许多国外国家积极推行的策略。这些国家提供学生签证、英语语言要求、学费和奖学金支持以及留学生服务等措施。我国可以加强国际学生的招生工作，提高教育的国际影响力，吸引更多国际学生来华学习。

国际交流和合作在国外教育政策中被广泛鼓励。许多国家的学校和教师参与国际交流与合作项目，促进跨文化理解和知识共享。我国可以积极参与国际交流与合作，借鉴国外的优秀教育资源和经验，提升"双师型"教师的国际视野和综合素养。

国际课程的提供也是国外教育体系中的一个重要方面。一些国家设有国际文凭课程和高级水平课程，以满足国际学生的需求。我国可以开设国际化教育项目，为国际学生提供更多的学习机会，同时也能提升国内学生的国际化水平。

第六章　基于高质量教育体系的"双师型"教师能力标准

第一节　"双师型"教师能力结构的理论依据

一、"双师型"教师能力标准的重要性和作用

教育是社会发展的关键驱动力，而教师作为教育系统中最为核心的组成部分，其专业素养和教育能力直接影响学生的学习成就和综合素养。因此，确保教育质量、提升学生综合素养，各国纷纷制定和实施教师能力标准，以明确教师应具备的知识、技能和素养。在我国，近年来提出了"双师型"教师的概念，并对其能力标准提出了具体要求。以下将探讨"双师型"教师能力标准的重要性和作用，以及如何有效制定和实施这些标准。

（一）教师能力标准的概念

教师能力标准是对教师所需的知识、技能和素养的明确描述，帮助教师和教育机构了解所应达到的专业水准，并为教师培训和发展提供指导。这些标准可以覆盖各个层次的教育，包括幼儿教育、中小学教育和高等教育，也可以根据不同学科和领域制定。教师能力标准通常包括以下几个方面的内容。

首先，学科知识是教师能力标准中的核心部分。教师需要具备扎实的学科知识，包括相关学科的理论和实践知识。这不仅能确保教师在教学中具备准确的知识背景，还能提高教学的有效性。

其次，教育方法也是教师能力标准的重要组成部分。教师应了解并能够运用各种有效的教育方法，以满足不同学生的需求。这包括教学策略、课堂管理技巧以及互动方式等，能够帮助教师更好地适应教学中的各种挑战。

学生关怀是教师能力标准中的另一个关键方面。教师应关注学生的全面发展，包括身心健康和价值观的培养。通过建立积极的师生关系，教师能够更好地支持学生的个人成长和学业进步。

课程设计和评估也是教师能力标准的重要内容。教师应具备设计合适课程的能力，并能够制定有效的评估和反馈机制。这有助于促进学生的学习和成长，确保教学活动的目标明确并取得预期效果。

教育技术应用方面，教师需要具备一定的数字素养，能够有效地运用教育技术工具来支持教学。这包括使用教育软件、在线资源以及数字化教学工具，以提升教学效果和学生的学习体验。

最后，教师的专业发展同样不可忽视。教师应不断学习和发展，提升自己的教育能力和专业素养。这不仅有助于教师个人的职业成长，也能推动教育体系的进步和创新。

教师能力标准的制定和实施有助于提升教育质量、保障学生权益和提高教师的专业水平，从而促进教育的可持续发展。

（二）"双师型"教师的概念和特点

"双师型"教师是我国教育领域近年来提出的一项新概念，强调教师队伍的专业化和高素质化。这一概念要求教师不仅要具备扎实的学科知识，还需掌握教育知识和教育技能。具体来说，一个"双师型"教师应具备以下几个特点。

首先，学科专业性。"双师型"教师应拥有深厚的学科知识，能够教授相关学科的课程。他们不仅需了解学科的基础理论，还应具备一定的实践经验，以便将理论与实践相结合，提升教学效果。

其次，教育专业性。这些教师应接受过教育学或教育心理学等相关领域的培训，了解有效的教育方法和教育原理。这包括学习教学法、心理学原理以及教育政策等，帮助教师在实际教学中更好地应用教育理论。

教育技术应用能力也是"双师型"教师的一个重要特点。他们应掌握各种教育技术，能够灵活使用数字工具来支持教学。这不仅能提升教学的互动性和趣味性，还能帮助教师在数字化时代有效地进行教学。

此外，学生关怀是"双师型"教师的核心特质之一。他们应关心学生的全面发展，包括身心健康、学业进步和价值观培养。这要求教师在课堂内外都能关注学生的需求，建立积极的师生关系。

课程设计和评估能力也是"双师型"教师的重要要求。他们应具备设计合理课程的能力，并能够制定有效的评估和反馈机制，以促进学生的学习和成长。这不仅有助于提高教学质量，也能更好地支持学生的个性化发展。

最后，专业发展能力也是"双师型"教师的一个重要特征。他们应不断进行学习和培训，提升自己的教育能力和专业素养。这不仅有助于教师的个人职业成长，也能推动教育体系的持续进步。

"双师型"教师的提出旨在提高我国教育体系的质量和效益，使教师队伍更适应现代化教育的需求，更好地满足学生的各种需求。

（三）"双师型"教师能力标准的重要性

"双师型"教师能力标准的制定和实施具有重要的意义，这主要体现在以下几个方面。

首先，提高教育质量是"双师型"教师能力标准的核心目标。教师是教育体系的关键，他们的教育水平和专业素养直接关系到教育质量。通过明确"双师型"教师的能力标准，可以确保教师队伍具备必要的学科知识和教育能力，从而提升教育的整体质量。

其次，保障学生权益也是"双师型"教师能力标准的重要作用。学生的权益是教育的根本目标，而"双师型"教师的能力标准对于维护这些权益至关重要。教师的教育水平和专业素养直接影响学生的学业成绩和综合素质。制定明确的"双师型"教师能力标准，可以确保学生接受优质教育，提升他们的综合素养，改善他们的学习体验。

此外，提升教师专业水平是"双师型"教师能力标准的重要目的之一。制定这些标准可以帮助教师明确职业要求，了解自己需要提升的领域，从而激发教师的学习动力，促使他们不断提高教育水平和专业能力。

支持教师培训和发展也是"双师型"教师能力标准的关键作用之一。标准为教师培训和发展提供了指导，帮助培训机构和教育部门制定相应的培训计划和课程，确保培训内容和方式与实际需求相符。这有助于提高教师的专业水平，推动教育体系的现代化。

最后，促进教育改革是"双师型"教师能力标准的另一项重要作用。教育改革是教育体系发展的动力，而"双师型"教师能力标准有助于推动改革。通过明确教师的角色和责任，可以更好地适应现代化教育的需求，推动教育体系的改革和发展。

总的来说，"双师型"教师能力标准的制定和实施有助于提高教育质量、保障学生权益、提升教师的专业水平，并促进教育改革和发展。

（四）"双师型"教师能力标准的制定和实施

制定和实施"双师型"教师能力标准是一项复杂的任务，需要考虑国家的教育政策、学科领域的要求、教师培训和发展体系等多个因素。以下是一些关键步骤和要点，用于制定和实施这些标准。

首先，确定标准的内容是制定"双师型"教师能力标准的基础。需要明确教师应具备的知识、技能和素养。这要求深入研究国家和地区的教育政策、学科领域的要求以及教育现实，以确定标准的具体内容。

其次，制定标准的参与者需要包括各个利益相关方，包括教师、学生、教育机构、政府部门和专业协会。广泛的参与能够确保标准的全面性和合理性，同时反映不同方面的需求和观点。

制定标准的过程应有组织、有计划地进行。可以通过召开专家会议、组织研讨会和进行调查研究等方式收集意见和建议。标准的制定应基于可靠的数据和证据，确保其科学性和可操作性。

在标准制定完成后，需要进行评估和修订。标准应根据实际情况和需求进行定期审查和更新，以确保其与教育发展的同步。

标准的实施需要相关政府部门和教育机构的协作。需要制定相应的政策和法规，以支持标准的实施。同时，应建立监测体系，对教师的能力进行评估和跟踪，以确保标准得以有效落实。

提供培训和支持也是实现标准的重要环节。为了帮助教师达到标准，需要提供相应的培训和支持。培训机构和专业协会可以制定培训计划，帮助教师提升他们的教育水平和专业能力。

二、"双师型"教师能力结构的构建原则

"双师型"教师是近年来我国教育体系中的一个新概念，它强调教师不仅需要具备扎实的学科知识，还需要掌握教育方法和教育知识，以提高教育质量和满足学生的多元化需求。为了构建"双师型"教师的能力结构，需要遵循一系列原则，以确保其科学性和有效性。下面将探讨构建"双师型"教师能力结构的原则，并讨论这些原则的重要性。

（一）全面性原则

全面性原则是构建"双师型"教师能力结构的基本原则之一。这意味着"双师型"教师应该具备多方面的能力，包括学科知识、教育方法、学生关怀、课程设计和评估、教育技术应用等。他们需要在多个领域具备较高水平的能力，以应对复杂的教育环境和学生的多元化需求。全面性原则确保"双师型"教师能够胜任各种教育任务，提高教育质量。

（二）可持续性原则

可持续性原则是构建"双师型"教师能力结构的另一个重要原则。这意味着能力结构应该具有持续性，能够适应不断变化的教育需求和教育改革。教育是一个不断发展和进步的领域，新的知识和方法不断涌现，因此"双师型"教师的能力结构应该具有灵活性，能够不断更新和调整，以适应教育的发展。可持续性原则有助于确保"双师型"教师的能力结构与时俱进，不会过时。

（三）学生导向原则

学生导向原则是构建"双师型"教师能力结构的重要原则之一。这意味着能力结构应该以学生的需求和利益为中心，确保教师的能力能够满足学生的学习需求和综合素养培养。学生导向原则强调教师应该关心学生的全面发展，促进他们的身心健康和价值观培养，帮助他们充分发挥潜力。这有助于提高教育质量，培养具备综合素养的学生。

（四）专业化原则

专业化原则是构建"双师型"教师能力结构的关键原则之一。这意味着"双师型"教师应该具备高度的专业水平，既要具备学科知识，又要掌握教育方法和教育知识。专业化原则确保教师在自己的领域具有深厚的知识和技能，同时能够有效地支持学生的学习和发展。这有助于提高教育质量，提升教师的专业水平。

（五）多元化原则

多元化原则是构建"双师型"教师能力结构的重要原则之一。这意味着能力结构应该允许多种形式的教育和学习，包括不同领域的知识、不同学习风格的学生和不同教学方法。多元化原则鼓励"双师型"教师具备灵活性，能够根据学生的需求和教学环境进行调整。这有助于满足学生的多元化需求，提高教育的包容性。

（六）协同合作原则

协同合作原则是构建"双师型"教师能力结构的关键原则之一。这意味着"双师型"教师应该具备协同合作的能力，能够与其他教师、教育机构和家长合作，共同推动学生的学习和发展。协同合作原则强调教师不仅需要具备个体能力，还需要与他人协同工作，形成有机的教育体系。这有助于提高教育质量，促进教育改革和发展。

（七）不断改进原则

不断改进原则是构建"双师型"教师能力结构的必要原则之一。这意味着教育部门和教育机构应该不断进行评估和修订，以确保能力结构的科学性和有效性。教育是一个不断发展和进步的领域，新的知识和方法不断涌现，因此能力结构应该具有灵活性，能够不断更新和调整，以适应教育的发展。不断改进原则有助于确保"双师型"教师的能力结构与时俱进，不会过时。

总之，构建"双师型"教师的能力结构需要遵循一系列原则，包括全面性、可持续性、学生导向、专业化、多元化、协同合作和不断改进原则。这些原则有助于确保能力结构的科学性和有效性，提高教育质量，满足学生的多元化需求，促进教育改革和发展。通过遵循这些原则，我国可以构建更加符合现代教育需求的"双师型"教师队伍，提高教育质量，培养具备综合素养的学生。

第二节　"双师型"教师能力要求

一、"双师型"教师教育教学能力的要求

"双师型"教师是我国教育领域的一项重要政策，要求教师不仅具备学科

知识，还要掌握教育方法和教育知识，以提高教育质量和满足学生的多元化需求。因此，"双师型"教师的教育教学能力具有特殊的要求。下面将探讨"双师型"教师的教育教学能力要求，以帮助教师和教育机构更好地理解并满足这些要求。

（一）学科知识的要求

扎实的学科知识：首先，作为"双师型"教师，他们必须具备扎实的学科知识，包括深入的学科理论和实践知识。这意味着他们需要不仅熟悉学科的基本概念，还需要了解最新的研究进展和应用领域。只有具备深厚的学科知识，才能在教学中准确传授知识，帮助学生建立坚实的学科基础。

跨学科知识：此外，他们还需要具备跨学科的知识，能够将不同学科之间的联系和交叉点进行有效整合。这有助于促进学科之间的综合学习，培养学生的综合素养。

教育学和心理学知识：作为教育者，他们还需要了解教育学和心理学知识，以理解学生的学习需求和心理特点，以及如何设计和实施有效的教学方法。

（二）教育方法的要求

教学设计能力：他们需要具备出色的课程和教学设计能力，能够根据学生的需求和学科特点，制定具体的教学计划和教材。他们应该能够有效地组织课程，确保内容的连贯性和逻辑性，以及有趣性和启发性。

多样化的教学方法：他们应该熟练掌握多种教学方法，包括讲授、讨论、实验、案例研究、项目学习等，以满足不同学生的学习风格和需求。多样化的教学方法可以更好地激发学生的学习兴趣和潜力。

教学评估能力：他们需要具备有效的教学评估能力，能够评估学生的学习成绩和课程效果，以及及时调整教学策略和方法。教学评估有助于提高教育质量和学生成绩。

教育技术应用：随着教育技术的发展，他们还需要掌握教育技术的应用，能够运用多媒体、在线学习平台、虚拟实验室等教育技术，提高教学的互动性和效果。

（三）教育知识的要求

学生发展知识：他们需要了解学生的成长和发展过程，包括生理、心理、社会和情感发展。这有助于更好地理解学生的需求和特点，制定个性化的教学策略。

教育心理学知识：他们需要掌握教育心理学知识，了解学习和教育过程中的心理特点和问题，以提供专业的学业指导和心理支持。

教育法律法规知识：作为教育工作者，他们还需要了解教育法律法规，确保教育活动合法合规进行，保障学生的权益。

（四）协同合作和沟通能力

"双师型"教师还需要具备协同合作和沟通能力。他们通常需要与其他教师、学校领导、家长以及学生本身合作，以提供综合的教育服务。因此，协同合作和沟通能力对于他们来说非常重要。他们应该能够与不同背景和需求的人合作，有效地传递信息，解决问题，制定共同的教育目标。

（五）自我反思和职业发展

最后，作为"双师型"教师，他们应该具备自我反思和职业发展的能力。他们需要不断地评估自己的教育教学能力，找出自己的不足之处，然后采取措施进行改进。此外，他们还需要不断学习和更新知识，以跟上教育领域的最新发展。

总之，"双师型"教师的教育教学能力要求具有广泛性和深度，包括学科知识、教育方法、教育知识、协同合作和沟通能力、自我反思和职业发展等多个方面。这些要求有助于构建综合素质教育体系，提高教育质量，满足学生的多元化需求。

二、"双师型"教师行业背景能力的要求

"双师型"教师是一种新兴的教育职业，其背景和能力要求与传统的教师角色有所不同。他们需要具备跨学科知识、教育背景和多元化教育技能，以满足现代教育的复杂需求。下面将深入探讨"双师型"教师的行业背景和能力要求，以帮助教育从业者更好地理解并准备这一新兴职业。

（一）行业背景

教育背景："双师型"教师通常需要具备教育学或相关领域的本科或研究生学位，以获得教育原理和实践知识。这种教育背景有助于他们理解学生的需求和教育原则，以更好地开展教育工作。

学科背景：此外，"双师型"教师也需要扎实的学科知识，通常需要有相关领域的本科或研究生学位。这种学科背景使他们能够在特定学科领域内提供高质量的教育，并理解学科的深层次知识。

教育技术背景：随着教育技术的迅速发展，"双师型"教师还需要了解教育技术和在线教育工具。他们可以通过相关课程或培训获得教育技术背景，以更好地应对数字时代的教育需求。

跨学科知识："双师型"教师需要具备跨学科的知识，能够在不同学科领域之间建立联系和整合知识。这有助于促进综合素养教育，培养学生的跨学科思维和问题解决能力。

（二）教育教学能力

课程设计："双师型"教师需要具备出色的课程设计能力，能够根据学生的需求和学科特点，制订具体的教学计划和教材。他们应该能够有效地组织课程，确保内容的连贯性和逻辑性，以及有趣性和启发性。

多样化的教学方法：他们应该熟练掌握多种教学方法，包括讲授、讨论、

实验、案例研究、项目学习等，以满足不同学生的学习风格和需求。多样化的教学方法可以更好地激发学生的学习兴趣和潜力。

教学评估能力："双师型"教师需要具备有效的教学评估能力，能够评估学生的学习成绩和课程效果，以及及时调整教学策略和方法。教学评估有助于提高教育质量和学生成绩。

教育技术应用：他们需要掌握教育技术的应用，能够运用多媒体、在线学习平台、虚拟实验室等教育技术，提高教学的互动性和效果。教育技术应用对于数字时代的教育至关重要。

教育心理学知识："双师型"教师需要了解教育心理学知识，以理解学习和教育过程中的心理特点和问题，以提供专业的学业指导和心理支持。

学生导向：他们应该将学生的需求和兴趣放在教育的核心，制定个性化的教学策略，满足学生的多元化需求。

（三）协同合作和沟通能力

"双师型"教师还需要具备协同合作和沟通能力。他们通常需要与其他教师、学校领导、家长以及学生本身合作，以提供综合的教育服务。因此，协同合作和沟通能力对于他们来说非常重要。他们应该能够与不同背景和需求的人合作，有效地传递信息，解决问题，制定共同的教育目标。

（四）自我反思和职业发展

"双师型"教师应该具备自我反思和职业发展的能力。他们需要不断地评估自己的教育教学能力，找出自己的不足之处，然后采取措施进行改进。此外，他们还需要不断学习和更新知识，以跟上教育领域的最新发展。

三、"双师型"教师职业素养能力的要求

"双师型"教师是一种综合素质教育的新型教育职业，他们不仅需要具备学科知识和教育教学技能，还需要具备一系列职业素养能力，以满足学生的

综合成长需求。这些职业素养能力涵盖了道德伦理、领导与管理、创新与发展、跨文化沟通等多个领域。下面将深入探讨"双师型"教师职业素养能力的要求，以帮助教育从业者更好地理解并发展这一新兴职业。

（一）道德伦理素养

专业操守："双师型"教师需要保持高度的专业操守，遵守教育伦理准则，不偏袒、不歧视，尊重学生的多元化需求，确保教育过程的公正和公平。

道德榜样：他们应该成为学生的道德榜样，教育学生秉持诚实、守纪、友善等良好的道德品质，培养学生的道德素养。

道德决策：在教育实践中，他们需要能够做出符合伦理和道德原则的决策，为学生的最佳利益而努力。

道德反思："双师型"教师应该具备自我道德反思的能力，不断审视自己的行为和决策，以不断提升道德素养。

（二）领导与管理素养

教育领导："双师型"教师需要展现领导力，能够引领学生和教育团队，推动教育改革和创新。

时间管理：他们应该具备良好的时间管理技能，能够高效地安排教育教学活动，确保任务的顺利完成。

教育管理："双师型"教师可能需要参与学校或教育机构的管理工作，因此需要具备教育管理技能，能够有效地组织资源和人力，推动教育项目的实施。

团队合作：他们应该能够与其他教育从业者合作，建立团队精神，协同推动教育目标的实现。

（三）创新与发展素养

创新精神："双师型"教师需要具备创新精神，能够不断尝试新的教育方法和技术，以满足不断变化的教育需求。

问题解决：他们应该具备问题解决能力，能够分析和解决教育教学中的难题和挑战。

学习动力："双师型"教师需要有持续学习的动力，不断更新知识和技能，跟踪最新的教育研究和发展。

创新教育：他们应该积极推动创新教育方法的应用，以提高教育质量和满足学生的多元化需求。

（四）跨文化沟通素养

跨文化意识："双师型"教师需要具备跨文化意识，能够尊重不同文化背景的学生，了解和理解他们的文化差异。

跨文化沟通：他们应该具备跨文化沟通的技能，能够与不同文化背景的学生、家长和教育从业者有效沟通，建立互信关系。

多语言能力：如果需要，"双师型"教师还可以学习多种语言，以更好地与跨文化学生进行沟通。

（五）反思与自我成长

自我反思：他们应该具备自我反思的能力，不断审视自己的教育教学实践，找出不足之处，并采取措施进行改进。职业发展："双师型"教师需要积极规划自己的职业发展，包括晋升、专业发展、学位提升等方面。他们可以参加专业发展培训和课程，不断提升自己的职业素养。

反思工具：他们可以使用反思工具，如教育日志等，帮助自己记录教育实践和学生反馈，从中获取反馈和改进的启示。

学习社区：参与学习社区，与其他教育从业者分享经验和教育资源，共同促进职业发展和提高素养。

（六）危机应对和适应能力

危机管理："双师型"教师需要具备危机管理能力，能够在应对紧急情况和困难时保持冷静，有效应对危机。

适应性："双师型"教师需要具备适应能力，因为教育领域常常面临变化和挑战。他们应该能够迅速适应新的教育政策、技术和需求。

（七）多元化思维和教育公平

多元化思维："双师型"教师需要具备多元化思维，能够理解和尊重不同学生的多元化需求，为每个学生提供个性化的教育支持。

教育公平：他们应该致力于教育公平，努力减少教育中的不平等现象，确保每个学生都有平等的学习机会。

总结来说，"双师型"教师的职业素养能力要求包括道德伦理、领导与管理、创新与发展、跨文化沟通、反思与自我成长、危机应对和适应能力、多元化思维和教育公平、社会责任感等多个方面。这些能力要求有助于"双师型"教师提供综合素质教育，满足学生的综合成长需求，促进教育领域的现代化和进步。通过培训、持续学习、反思实践、参与社会活动等方式，"双师型"教师可以不断提升自己的职业素养，成为具备综合素养的教育专业人才。

第三节 "双师型"教师能力标准建设现状

一、"双师型"教师能力标准的现行使用情况

"双师型"教师是一种新兴的教育职业，他们具备学科专业知识和教育教学能力，旨在提供更全面的教育服务。为了规范和评估"双师型"教师的教育教学能力，教育机构和政府通常会制定特定的能力标准。这些能力标准可

以帮助教师了解自己需要具备的技能和知识，同时也有助于保障教育质量。下面将讨论"双师型"教师能力标准的现行使用情况，包括其制定、实施和评估。

（一）"双师型"教师能力标准的制定

"双师型"教师的能力标准通常由教育机构、政府教育部门和专业协会等教育相关机构制定。这些标准的制定是一个复杂的过程，通常涉及多个利益相关方的合作和专业知识的整合。以下是制定"双师型"教师能力标准的一般步骤。

需求分析：首先，教育机构和政府通常会进行需求分析，了解"双师型"教师在教育领域中所需的具体能力和技能。这可能包括学科知识、教育教学方法、教育技术应用等方面的要求。

制定委员会：接下来，制定能力标准的机构通常会组建一个专门的委员会，由教育专家、学校领导、教师代表和其他利益相关方组成。这个委员会负责制定具体的能力标准。

标准制定：委员会会根据需求分析和专业知识制定一份详细的"双师型"教师能力标准文档。这些标准通常包括具体的知识、技能、能力和素质要求，以及相关的教育原则和伦理准则。

公开征求意见：一旦制定好标准草案，机构通常会公开征求教育从业者、学校、家长和其他利益相关方的意见。这有助于确保标准的全面性和可接受性。

最终发布：在收集反馈并经过充分讨论后，制定委员会将对标准进行相应的修改和完善，最终正式发布"双师型"教师能力标准。

（二）"双师型"教师能力标准的实施

一旦"双师型"教师能力标准制定并发布，教育机构和学校通常会将其纳入其教育教学管理体系中，以确保教师能够按照这些标准提供高质量的教育服务。以下是"双师型"教师能力标准的实施情况。

教师培训和招聘：学校和教育机构通常会根据"双师型"教师能力标准来招聘和培训教师。这有助于确保教师具备必要的教育教学能力。

课程设计和教材选择："双师型"教师能力标准通常会影响学校的课程设计和教材选择。学校会确保课程和教材符合标准要求，以提供高质量的教育。

教学评估：标准的实施还涉及教学评估。学校通常会使用"双师型"教师能力标准作为评估教师教育教学绩效的依据。这可以通过课堂观察、学生表现、教师自我评价等多种方式进行。

教师发展和反思：标准的实施鼓励教师进行职业发展和反思。教育机构通常会提供专门的培训和反思工具，帮助教师不断提升自己的能力。

学生和家长参与：学生和家长也可以参与"双师型"教师的能力标准的实施。他们可以通过反馈和建议，帮助教师不断改进自己的教育教学实践。

绩效管理：学校通常会将"双师型"教师的绩效与能力标准进行关联。这可以帮助学校管理层更好地了解教师的绩效表现，以便采取必要的改进措施。

（三）"双师型"教师能力标准的评估

"双师型"教师能力标准的评估是确保这些标准得以遵循和执行的关键一环。评估通常涉及以下几个方面。

内部评估：学校和教育机构通常会建立内部评估体系，以监测教师的教育教学能力是否符合标准。这可以通过定期的教育教学绩效评估来实现。

外部评估：一些独立的评估机构也可能参与"双师型"教师能力标准的评估。这些机构可以对学校和教育机构的实践进行独立评估，确保标准得到有效执行。

自我评估：教师通常也会参与自我评估，以了解自己的教育教学能力是否符合标准。这有助于他们制订个人发展计划，不断提升自己的素质。

学生和家长反馈：学生和家长的反馈也可以作为评估的一部分。他们可以提供关于教师教育教学表现的反馈，帮助学校更好地了解教师的绩效。

　　总的来说，"双师型"教师能力标准的制定、实施和评估是确保教育质量和教师素质的关键因素。通过严格的标准，教师可以了解自己需要提升的领域，学校和教育机构可以监测和评估教育教学质量，从而提供更好的教育服务，满足学生的需求。然而，要确保标准的有效实施，需要教育机构、政府和教师本身的共同努力。只有这样，"双师型"教师能够充分发挥其潜力，为教育领域的现代化和发展做出贡献。

二、"双师型"教师现有标准的问题与局限

　　"双师型"教师是一个新兴的教育职业，旨在整合学科知识和教育教学技能，以提供更全面的教育服务。然而，尽管这一职业的发展前景广阔，但现有的标准也存在一些问题和局限，这些问题可能影响"双师型"教师的培训、发展和绩效评估。下面将讨论现有"双师型"教师标准的问题和局限，并提出改进建议。

（一）标准制定过程中的问题

　　缺乏一致性：现有的"双师型"教师标准在不同地区和国家之间存在差异，缺乏一致性。这种差异可能导致跨地区和国际"双师型"教师的能力和素质标准不一致，难以进行比较和评估。

　　不充分的教师参与：标准的制定过程中，教师的参与程度可能不足，导致标准不够贴近实际教学实践。教师通常是最了解自己需求和挑战的人，因此他们的参与和反馈是至关重要的。

　　缺乏国际视野：由于"双师型"教师是一个新兴职业，现有标准可能受限于国内教育观念和实践，缺乏国际视野。这可能导致标准不够适应国际化的教育需求。

　　难以跟踪最新发展：教育领域不断发展和演变，新的教育方法、技术和挑战不断涌现。现有标准可能难以及时跟踪这些最新发展，导致"双师型"教师的培训和发展与实际需求不符。

（二）标准内容的问题

过于注重知识传授：一些现有的"双师型"教师标准可能过于注重学科知识和传统的教学方法，而忽视了教育教学创新和跨学科知识的重要性。现代教育要求教师具备更广泛的技能，包括多元化的教学方法和教育技术的应用。

缺乏教育伦理和社会责任：一些标准可能缺乏对教育伦理和社会责任的强调。这可能导致"双师型"教师在实践中忽视道德伦理问题和社会责任，不注重学生的全面发展。

不足以支持跨文化教学：随着全球化的发展，教育领域需要教师具备跨文化教学的能力。然而，一些标准可能没有充分考虑到跨文化教育的要求，导致"双师型"教师在处理多元文化学生时面临挑战。

缺乏灵活性：一些标准可能过于刻板，不充分考虑到"双师型"教师的不同需求和背景。这可能导致教师在实际教学中感到受限，难以发挥创造性和灵活性。

（三）标准实施的问题

资源不足：标准的实施需要充足的教育资源，包括培训、教材、教育技术和评估工具。然而，一些地区和学校可能缺乏足够的资源来支持标准的实施。

教师培训不足：培训"双师型"教师需要时间和资金投入。一些地区可能没有充分的培训计划，导致教师无法充分掌握标准所要求的知识和技能。

评估不一致：标准的实施涉及教师绩效评估，但一些地区和学校可能存在评估不一致的问题。评估工具和标准可能不统一，导致不同地方对"双师型"教师的评估结果不一致。

缺乏监督和支持：实施标准需要监督和支持体系，以确保教师的绩效和发展得到及时的指导和反馈。然而，一些地区可能缺乏这方面的支持，导致标准的实施效果不如预期。

不足以应对特殊需求：一些学生可能具有特殊需求，需要个性化的支持。然而，现有标准可能不足以应对这些需求，导致一些学生无法获得适当的教育服务。

（四）改进和建议

为解决现有"双师型"教师标准的问题和局限，可以考虑以下改进和建议。

制定国际性标准：为了确保"双师型"教师的能力标准具有国际竞争力，可以考虑制定国际性的标准。这需要国际合作和协商，以建立一套全球通用的标准，有助于促进国际教育的发展。

教师参与标准制定：教师是最了解自己需求和挑战的人，因此他们的参与是至关重要的。可以建立教师委员会或专门的教师反馈机制，确保教师的声音得到听取。

强调教育伦理和社会责任：标准应该明确强调教育伦理和社会责任的重要性。教师需要了解自己的道德和社会责任，以保证学生的全面发展。

提供跨文化培训：标准可以要求教师接受跨文化教育培训，以更好地应对多元文化学生。这种培训可以帮助教师更好地理解不同文化背景学生的需求。

引入灵活性：标准应该具有一定的灵活性，以适应不同地区和学校的需求。这可以通过制定基本的核心标准，然后根据具体情况进行个性化调整来实现。

提供足够的资源：教育机构和政府需要投入足够的资源，包括资金、培训和教育设施，以支持标准的实施。

统一评估体系：为确保评估一致性，可以建立统一的评估体系，以确保不同地区和学校对"双师型"教师的评估结果一致。

加强监督和支持：建立专门的监督和支持体系，以确保教师得到及时的指导和反馈，帮助他们提升能力。

个性化支持：为应对特殊需求的学生，可以提供个性化的支持计划，以确保每个学生都能获得适当的教育服务。

总之，现有的"双师型"教师标准存在一些问题和局限，需要进行改进。这需要教育机构、政府、教师和专业协会等多方的共同努力，以制定更具国际竞争力和适应性的标准，从而促进"双师型"教师的培训和发展，为教育领域的现代化和进步做出贡献。

第四节　高质量教育体系的"双师型"教师能力标准构建

一、"双师型"教师能力标准的构建方法

构建"双师型"教师能力标准是一个复杂的过程，需要综合考虑学科知识、教育教学技能、伦理道德、教育创新和多元化需求等多个因素。以下是构建"双师型"教师能力标准的方法和步骤。

（一）需求分析

教育体系分析：首先，需要对国家或地区的教育体系进行分析，了解其特点和需求。这包括教育政策、学科结构、学生人口特征和教育目标等。

教师需求分析：通过调查和研究，了解"双师型"教师在教育领域中所需的具体能力和技能。这可以包括学科知识、教育教学方法、教育技术应用等方面的要求。

利益相关方参与：需要广泛征求各方的意见，包括教育专家、学校领导、教师代表、家长和学生等。他们的反馈可以提供宝贵的信息，有助于确定需求。

（二）标准制定

制定委员会：成立一个专门的委员会，由教育专家、学校领导、教师代表和其他利益相关方组成。这个委员会负责制定具体的"双师型"教师能力标准。

标准制定：委员会根据需求分析和专业知识制定一份详细的标准文档。这些标准应该包括具体的知识、技能、能力和素质要求，以及相关的教育原则和伦理准则。

公开征求意见：发布标准草案，公开征求教育从业者、学校、家长和其他利益相关方的意见。这有助于确保标准的全面性和可接受性。

最终发布：根据反馈和讨论的结果，制定委员会对标准进行适当的修改和完善，然后最终发布正式的"双师型"教师能力标准。

（三）标准实施

教师培训和招聘：学校和教育机构应该根据标准来招聘和培训"双师型"教师。这可以通过制定招聘标准和提供相关培训课程来实现。

课程设计和教材选择：学校需要根据标准来设计课程和选择教材。这可以确保课程和教材符合标准要求，以提供高质量的教育。

教学评估：标准的实施需要将教学评估与标准相结合。这可以通过课堂观察、学生表现、教师自我评价等多种方式进行。

教师发展和反思：教育机构应该提供专门的培训和反思工具，帮助教师不断提升自己的能力。教师可以使用这些工具来反思自己的教育实践和学生反馈，从中获取反馈和改进的启示。

学生和家长参与：学生和家长也可以参与标准的实施。他们可以通过反馈和建议，帮助教育机构更好地了解教师的绩效和学生满意度。

绩效管理：学校可以将"双师型"教师的绩效与能力标准进行关联，

以便更好地了解教师的绩效表现。这可以帮助学校管理层采取必要的改进措施。

持续改进：标准的实施不是一次性的事情，而是一个持续改进的过程。教育机构和教师需要不断监测和评估标准的实施效果，根据实际情况进行调整和改进。

（四）标准评估

内部评估：学校和教育机构应该建立内部评估体系，以监测教师的教育教学能力是否符合标准。这可以通过定期的教育教学绩效评估来实现。

外部评估：一些独立的评估机构也可能参与"双师型"教师能力标准的评估。这些机构可以对学校和教育机构的实践进行独立评估，确保标准得到有效执行。

自我评估：教师通常也会参与自我评估，以了解自己的教育教学能力是否符合标准。这有助于他们制订个人发展计划，不断提升自己的素质。

学生和家长反馈：学生和家长的反馈也可以作为评估的一部分。他们可以提供关于教师教育教学表现的反馈，帮助学校更好地了解教师的绩效。

总的来说，构建"双师型"教师能力标准需要深入的需求分析，广泛的利益相关方参与，专门的标准制定委员会和实施措施。标准应该包括学科知识、教育教学技能、伦理道德、教育创新和多元化需求等多个方面，以确保"双师型"教师具备全面的素质。标准的实施需要培训、评估、教师发展和学生家长参与等多个环节，以确保教育教学质量。标准的评估需要内部评估、外部评估、自我评估和学生家长反馈等多种方式，以不断提高教师的绩效和发展。通过这些方法和步骤，可以构建出更加全面和有效的"双师型"教师能力标准，有助于提高教育质量和教师素质。

二、"双师型"教师能力标准的细化和分层

"双师型"教师能力标准的细化和分层是为了更全面、具体地界定教师在不同层次、领域和背景下的能力要求。这种分层和细化有助于教育机构、教师培训机构和教育政策制定者更好地了解"双师型"教师的需求，从而更有针对性地进行培训和评估。以下是关于如何细化和分层"双师型"教师能力标准的方法和内容。

（一）分层能力标准

初级层次（入门级）：这个层次适用于刚刚进入"双师型"教师职业的人员，通常是教育学校或培训机构的毕业生。初级"双师型"教师需要具备：基本的学科知识和教育教学技能；能够使用常见的教育技术工具；能够设计和实施简单的教育教学计划；能够与学生建立基本的教育关系。

中级层次（中级）：这个层次适用于已经在"双师型"教师领域有一定经验的教育者。中级"双师型"教师需要具备：更深入的学科知识和教育教学技能；能够灵活运用多种教育方法和教育技术；能够设计和实施复杂的教育教学计划，满足不同学生的需求；能够积极参与学生的综合发展和课外活动。

高级层次（专家级）：这个层次适用于已经具备丰富教育教学经验和专业背景的"双师型"教师。高级"双师型"教师需要具备：卓越的学科知识和教育教学技能；能够创新教育教学方法，推动教育改革和发展；能够设计和实施复杂的教育项目和研究；能够在学校和社区中担任领导职务，对教育政策和实践提供重要建议。

（二）学科领域能力标准

"双师型"教师能力标准还可以根据不同学科领域的需求来进行细化。不

同学科领域可能需要不同的知识和技能，因此标准应该根据学科领域的特点进行定制。以下是一些学科领域的能力标准示例。

数学"双师型"教师能力标准：深刻理解数学学科知识和教育方法；能够解释和演示复杂的数学概念；能够帮助学生解决数学问题，提高数学素养；能够设计数学教育教学计划，满足不同学生的需求。

科学"双师型"教师能力标准：具备深刻的科学学科知识，包括物理、化学、生物等；能够进行科学实验和观察，培养学生的科学实验技能；能够引导学生进行科学研究和项目设计；能够将科学知识与日常生活和实际问题联系起来，培养学生的科学思维和解决问题的能力。

语言"双师型"教师能力标准：精通目标语言和文化，具备流利的口语和书面表达能力；能够设计富有创意的语言教育教学材料和活动；能够帮助学生掌握目标语言的听、说、读、写等多种技能；能够促进跨文化交流和理解，培养学生的跨文化素养。

艺术"双师型"教师能力标准：具备丰富的艺术领域知识，包括音乐、舞蹈、戏剧、绘画等；能够激发学生的创造力和表现力，引导他们表达自己的艺术观点；能够设计和组织艺术活动和演出，促进学生的艺术发展；能够帮助学生欣赏和理解不同文化的艺术表达。

（三）背景和特殊需求能力标准

"双师型"教师能力标准还应考虑不同背景和特殊需求学生的教育要求。这包括特殊教育学生、英语学习者、多元文化学生等。标准可以根据不同背景和需求进行细化，以确保所有学生都能获得公平和有效的教育。

特殊教育"双师型"教师能力标准：具备深刻的特殊教育知识，包括各种残疾和学习障碍；能够设计个性化的教育计划，满足特殊教育学生的需求；能够使用辅助技术和教育工具，帮助特殊教育学生参与教育活动；能够与特殊教育学生建立支持性的教育关系。

英语学习者"双师型"教师能力标准：具备跨文化和多语言教育知识，了解英语学习者的特点和需求；能够设计英语学习者友好的教育教学材料和活动；能够提供个性化的英语学习支持，帮助学生提高英语水平；能够促进英语学习者的文化融合和多语言能力发展。

多元文化学生"双师型"教师能力标准：具备跨文化和多元文化教育知识，能够促进多元文化学生的多样性和包容性；能够设计多元文化课程和教育活动，反映不同文化背景的视角；能够建立支持性的教育环境，促进多元文化学生的学习和社会参与；能够倡导反对歧视和偏见，促进平等和公平的教育。

第七章 基于高质量教育体系的"双师型"教师培养体系

第一节 "双师型"教师培养的制度体系研究

一、"双师型"教师培养体系的构建原则

"双师型"教师培养体系的构建原则是为了确保培养出具备全面素质的教育教学专业人才。这些原则是基于教育教学领域的最佳实践和国际经验，旨在指导教育机构和政府部门制定和实施"双师型"教师培养体系的政策和方案。以下是构建"双师型"教师培养体系的一些关键原则。

（一）全面素质培养

全面素质培养是"双师型"教师培养体系的核心原则。这意味着培养体系应该致力于培养学生的学科知识、教育教学技能、伦理和社会责任、跨文化能力、创新和实践经验等多个方面的能力。培养的目标是使学生成为既懂学科，又懂教育的专业人才，能够胜任不同教育环境和学生需求的工作。

（二）灵活的培养路径

"双师型"教师培养体系应该提供多样化的培养路径，以满足不同学生的需求和背景。这些路径可以包括传统的大学本科教育、教育硕士课程、继续教育和职业培训等。培养路径应该允许学生根据自己的兴趣和职业目标进行选择，并提供灵活性，以便学生能够平衡学习和工作。

（三）高质量的师资队伍

为了确保高质量的"双师型"教师培养，教育机构应该拥有一支高水平的师资队伍。这包括教育学家、学科专家、教育实践者和教育技术专家等多个领域的教育专业人才。师资队伍应该具备丰富的教育教学经验，能够提供高水平的教育和指导，帮助学生获得实际技能和知识。

（四）紧密的校企合作

"双师型"教师培养体系应该与学校和教育机构建立紧密的合作关系，以确保培养过程与实际教育实践相结合。学生应该有机会在教育实验室、实习学校或其他实践环境中获得实际教育经验。校企合作可以促进教育创新和提供实际教育资源。

（五）评估和质量保障

"双师型"教师培养体系应该建立有效的评估和质量保障机制，以确保培养质量和学生学习成果。这包括定期的评估、学生反馈、教育质量标准和专业认证等。教育机构和政府部门应该积极采用评估结果，不断改进培养体系。

（六）国际化和跨文化教育

"双师型"教师培养体系应该注重国际化和跨文化教育，培养学生的国际视野和跨文化能力。这可以包括国际交流项目、多语言教育、国际课程和国际合作研究等。培养体系应该为学生提供与不同文化背景的学生和教师互动的机会，促进跨文化交流和理解。

（七）持续的职业发展支持

"双师型"教师培养体系应该为毕业生提供持续的职业发展支持。这包括继续教育、教育创新项目、教育研究和教育领导机会等。培养体系应该与校友建立联系，为他们提供职业指导和支持。

（八）反馈和改进机制

最后，构建"双师型"教师培养体系应该建立反馈和改进机制，以不断提高培养体系的质量和效果。这可以包括学生反馈、毕业生追踪、教育研究和国际比较等。通过不断改进，培养体系可以更好地满足教育领域的需求和挑战。

总的来说，构建"双师型"教师培养体系的原则涵盖了培养质量、灵活性、实践导向、国际化、评估和质量保障、支持和改进等多个方面。这些原则有助于确保培养体系能够培养出全面素质的"双师型"教师，为提高教育质量和满足学生多样化需求做出贡献。通过遵循这些原则，教育机构和政府部门可以建立有效的"双师型"教师培养体系，推动教育领域的发展和创新。

（九）透明和可持续的融资模式

构建"双师型"教师培养体系需要可持续的融资支持。政府、教育机构和行业应该建立透明的融资模式，确保培养体系的经济可行性。这包括政府的财政支持、教育机构的资金筹集、行业合作和学费政策等。透明和可持续的融资模式可以确保培养体系不仅具备质量，还能够长期运营。

（十）社会参与和反馈

"双师型"教师培养体系应该积极与社会和行业合作，获得反馈和支持。

这可以包括与学校、教育机构、教师和家长的合作，以了解实际需求和问题。社会参与有助于培养体系更好地满足社会和学生的需求，并确保培养出具有实际应用价值的"双师型"教师。

（十一）实践导向和研究支持

"双师型"教师培养体系应该注重实践导向和研究支持。这意味着培养体系应该与实际教育实践和教育研究紧密结合，为学生提供实际教育经验和研究机会。实践导向和研究支持有助于培养体系不断更新课程和教育方法，以适应不断变化的教育需求和挑战。

总结来说，构建"双师型"教师培养体系的原则涵盖了多个方面，包括培养质量、灵活性、实践导向、国际化、评估和质量保障、支持和改进、融资模式、社会参与和反馈以及实践导向和研究支持。遵循这些原则有助于建立一个有效的"双师型"教师培养体系，为教育领域的发展和学生的成功提供坚实的基础。这一体系将培养出具备全面素质和实际应用能力的"双师型"教师，为未来的教育挑战提供有效的解决方案。

二、"双师型"教师制度体系的要素和层次

"双师型"教师制度体系是指在教育领域中，引入了两类教师，一类是学科专业教师，另一类是教育教学专业教师，以更好地促进教育质量的提升和学生综合素质的发展。这一体系的要素和层次非常复杂，需要从不同角度来分析。以下是关于"双师型"教师制度体系的要素和层次的一些详细论述，希望能为您提供一些参考。

（一）"双师型"教师制度体系的要素

学科专业教师：这是"双师型"教师制度的第一类教师。他们拥有深厚的学科知识和专业技能，可以教授学科内容，传授学科的核心概念和技能。这些教师通常是具有相关学士、硕士或博士学位的专业人士，他们的任务是

确保学生获得充分的学科知识。

教育教学专业教师：这是"双师型"教师制度的第二类教师。他们是教育领域的专家，具有教育心理学、教育管理学、课程设计等方面的专业知识和技能。他们的职责包括教育教学方法的研究和改进，学生的教育和发展需求的诊断，以及教育计划的制定和实施。

教育政策和管理机构："双师型"教师制度需要有相关的政策和管理机构来支持和监督。这些机构需要制定政策、规划资源分配、监督教育质量，以确保"双师型"教师制度的有效实施。此外，这些机构还需要促进学科专业教师和教育教学专业教师之间的合作和协调。

教师培训和发展：培训和发展是"双师型"教师制度的核心要素。学科专业教师和教育教学专业教师都需要接受相关的培训，以提高他们的教育水平和教育教学技能。培训可以包括课程、研讨会、实践教育等，以确保他们不断更新知识和提高教学能力。

教育资源和设施：为了支持"双师型"教师制度，需要提供足够的教育资源和设施，包括教室、实验室、图书馆、教材、技术设备等。这些资源和设施需要满足学科教育和综合教育的需求，以提供一个有利于学生学习和成长的环境。

评估和质量保障：评估和质量保障是"双师型"教师制度的重要组成部分。教育机构需要建立有效的评估体系，用于评价学生的学术表现和综合素质，以及教师的教育教学水平。这有助于提高教育质量，确保"双师型"教师制度的有效实施。

家庭和社会支持：教育不仅发生在学校内，还受到家庭和社会的支持和影响。因此，"双师型"教师制度需要与家长和社会合作，建立有效的教育合作伙伴关系，以促进学生的全面发展。

学生个性化教育："双师型"教师制度应该关注学生的个性化需求，为每个学生提供有针对性的教育。这包括了解学生的学习风格、兴趣和能力，以便更好地满足他们的教育需求。

教师激励和职业发展：为了吸引和保留优秀的学科专业教师和教育教学专业教师，需要建立合理的激励机制和职业发展通道。这可以包括薪酬福利、晋升机会、专业发展计划等。

教育研究和创新："双师型"教师制度需要不断进行教育研究和创新，以适应不断变化的教育需求和社会背景。研究可以包括教育政策研究、教育技术创新、教育课程改革等方面的工作。

以上是"双师型"教师制度的主要要素，这些要素共同构成了一个有机的体系，旨在提高教育质量和学生的综合素质。

（二）"双师型"教师制度的层次

"双师型"教师制度可以在不同的层次上进行实施和发展，以满足教育系统的不同需求。以下是关于"双师型"教师制度的层次的一些详细论述。

国家层面：在国家层面，政府需要制定相关政策和法规，以支持"双师型"教师制度的实施。这包括教育法规、教育政策、教师培训标准等。国家层面的政策和规划还可以为"双师型"教师制度提供资金和资源支持。

教育机构层面：学校和其他教育机构是"双师型"教师制度的实施主体。在这个层面，学校需要建立符合"双师型"教师制度要求的教育团队，包括学科专业教师和教育教学专业教师。学校还需要提供适当的教育资源和设施，支持教师培训和学生教育。

教育管理层面：教育管理部门负责监督和管理"双师型"教师制度的实施。他们需要确保教育机构遵守政策和标准，推动教师培训和发展，评估教育质量，以及与其他教育机构和社会合作，促进教育创新。

教师层面：在"双师型"教师制度中，学科专业教师和教育教学专业教师都扮演着关键的角色。他们需要不断提高自己的教育水平和教育教学技能，积极参与学生的教育和发展。此外，他们还需要与其他教师和家长建立有效的合作关系，确保学生获得全面的教育。

学生层面：学生是"双师型"教师制度的最终受益者。在这个层面，学生需要积极参与教育过程，理解和适应"双师型"教育模式。他们需要根据个人兴趣和需求选择合适的学科和课程，同时也需要参与综合素质的培养和发展。

家庭和社会层面：家庭和社会也扮演着重要的支持角色。家长需要积极参与孩子的教育，与学校和教师建立紧密联系。社会可以为"双师型"教师制度提供支持和资源，促进教育的公平和可持续发展。

研究和创新层面："双师型"教师制度需要不断进行研究和创新，以适应不断变化的教育需求。在这个层面，教育研究机构和专家需要开展相关研究，为"双师型"教师制度的改进提供理论和实践支持。

综上所述，"双师型"教师制度是一个多层次、多要素的体系，需要国家、教育机构、教育管理部门、教师、学生、家庭和社会的共同合作和支持。只有在各个层次和要素之间建立良好的合作关系，才能实现"双师型"教师制度的目标，提高教育质量，促进学生的全面发展。

三、"双师型"教师制度体系的完善与调整

"双师型"教师制度是一种旨在提高教育质量和促进学生综合素质发展的教育模式。然而，随着社会和教育环境的不断变化，这一制度也需要不断完善和调整，以适应新的需求和挑战。下面将探讨"双师型"教师制度体系的完善和调整，以确保其在不断发展的教育领域中发挥最大效益。

（一）"双师型"教师制度的完善

1. 教师培训和发展

持续培训：为了保持学科专业教师和教育教学专业教师的教育水平和教学技能，需要建立持续的培训机制。这包括定期的研讨会、研究课程、实践教育等，以帮助教师不断更新知识和提高教育教学质量。

职业发展：为了吸引和留住杰出的教育教学专业教师，可以建立更明晰的职业发展通道，包括晋升机会、特殊待遇等。

2. 教育资源和设施

数字化教育：随着技术的发展，可以推动"双师型"教育制度数字化。这将包括在线教育资源、虚拟教室、远程教学等，以扩大教育的覆盖范围，提高教育资源的利用效率。

环境可持续性：教育机构可以采取环保措施，建立可持续的校园，以培养学生的环保意识和可持续发展观念。

3. 教育政策和管理机构

教育政策的灵活性：政府和教育管理部门需要制定更加灵活的政策，以适应不同学校和地区的特殊需求。这将有助于更好地推动"双师型"教师制度的实施。

教育质量保障：建立有效的质量保障体系，包括教育评估和监督机制，以确保"双师型"教育的质量和效果。

4. 学生个性化教育

差异化教育：学校可以采用差异化教育的方法，根据学生的兴趣和能力，提供个性化的教育计划。这有助于激发学生的学习兴趣，提高学习成绩。

综合素质发展："双师型"教育制度应更加注重学生的综合素质发展，包括创造力、批判性思维、沟通能力等。学校可以引入更多的综合素质评估方法，以鼓励学生全面发展。

5. 家庭和社会支持

家长参与：学校可以积极鼓励家长参与学校的教育决策，建立紧密的家校合作关系。

社会资源整合：社会各界可以提供更多的资源和支持，包括赞助、导师制度、实习机会等，以帮助学生更好地融入社会。

6. 教育研究和创新

教育研究投入：政府和教育机构可以增加对教育研究的投入，以推动"双师型"教育的不断改进和创新。

教育技术应用：利用先进的教育技术，如虚拟现实、人工智能等，以提供更有趣和高效的教学方法。

（二）"双师型"教师制度的调整

1. 应对社会变革

社会需求："双师型"教师制度应根据社会的不断变化和需求，调整教育内容和教学方法。例如，在数字化时代，可以更加强调信息技术和创新教育。

跨学科教育：为了应对复杂的社会问题，可以推动跨学科教育，鼓励不同学科的教师共同授课，帮助学生更好地理解和解决实际问题。

2. 教育改革和试验

教育实验学校：政府可以设立一些教育实验学校，用于尝试新的教育模式和方法，为"双师型"教育制度的改进提供经验和数据支持。

教育创新基金：设立教育创新基金，鼓励教育机构和教育者提出创新教育项目，以推动教育领域的改革。

3. 国际合作和经验交流

国际经验：借鉴国际上成功的"双师型"教育制度经验，可以帮助改善国内的教育模式。

教师交流：鼓励教师之间的国际交流，以分享教育方法和经验，提高全球教育水平。

4. 社会认可与支持

教育宣传：政府和教育机构可以积极开展宣传，提高"双师型"教育的社会认可度，让更多人了解和支持这一模式。

社会参与：鼓励社会各界参与教育决策和改革，以确保教育制度能够更好地满足社会需求。

5. 持续评估与调整

教育评估：建立有效的教育评估体系，定期评估"双师型"教育的质量和效果，发现问题并及时进行调整。

沉陷教训：从教育实践中汲取教训，修正教育政策和教学方法，使教育体系不断进步。

6. 教师待遇与激励

薪酬福利：提高教师的薪酬福利，提高其社会地位，吸引更多优秀人才从事教育工作。

激励政策：建立激励政策，鼓励教师创新教育方法，提高教学质量。

7. 学科交叉与整合

跨学科教育：鼓励学科专业教师和教育教学专业教师之间的合作，促进学科知识和教育方法的交叉与整合。

跨领域课程：开发跨领域课程，帮助学生更好地理解不同学科之间的联系，培养综合素质。

8. 教育资源整合

教育资源共享：学校和教育机构可以共享资源，避免资源浪费，提高资源的利用效率。

合作项目：推动学校之间和教育机构之间的合作项目，共同解决教育问题，实现资源整合。

9. 学生参与与自主

学生自治：鼓励学生积极参与学校的教育决策，培养他们的领导能力和自主学习能力。

个性化教育：提供更多的学生选择权，根据兴趣和需求定制教育计划，鼓励学生发挥潜力。

"双师型"教师制度的完善与调整是一个复杂而长期的过程，需要政府、教育机构、教师、家长、学生和社会各界的共同努力。随着社会和技术的不断发展，教育领域面临新的挑战和机遇，"双师型"教育制度应不断调整和改进，以适应新的需求和挑战，提高教育质量，培养具备综合素质的未来公民。只有在不断完善和调整的过程中，"双师型"教育制度才能更好地发挥其潜力，为教育事业的可持续发展做出贡献。

第二节 "双师型"教师培养体系案例研究

一、"双师型"教师传统培养模式的案例分析

"双师型"教师传统培养模式是一种旨在培养同时具备学科专业知识和教育教学技能的教师的教育模式。这一模式已在一些国家和地区得到广泛实施，并在提高教育质量和学生综合素质发展方面取得了积极成效。下面将通过案例分析探讨"双师型"教师传统培养模式在不同国家和地区的应用情况，以了解其实施过程和效果。

案例一：中国的"双师型"教师培养模式

中国的"双师型"教师培养模式在中国特色教育改革中起到了重要作用。这一模式旨在培养具备深厚学科知识和教育教学技能的教师，以提高教育质量。以下是一些关于中国"双师型"教师培养模式的特点和成效的案例分析。

特点：学科知识培养：中国的"双师型"教师培养模式侧重于为学生提供丰富的学科知识培养，确保他们在特定领域具备深刻的理解和能力。

教育教学技能：模式还注重培养教育教学技能，包括课堂管理、教学设计和学生评估等方面的能力。

实习经验：学生通常需要完成教育实习，亲身体验教育教学过程，将理论知识应用于实际教育场景。

成效：教育质量提高：中国的"双师型"教师培养模式有助于提高教育质量，提供了更优质的教学资源和更有经验的教育者。

师资队伍壮大：该模式培养了大量具备学科专业知识和教育教学技能的教师，丰富了中国的师资队伍。

教育公平：通过推广"双师型"教师培养，中国可以更好地满足农村和贫困地区的教育需求，促进了教育公平。

案例二：芬兰的教育体系

芬兰的教育体系被广泛认为是世界上最成功的教育体系之一，其"双师型"教师培养模式具有独特性。以下是一些关于芬兰教育体系的特点和成效的案例分析。

特点：教师教育一体化：芬兰的"双师型"教师培养模式将学科专业知识和教育教学技能整合在一起，学生在大学同时学习两者。

专业化的教育学位：芬兰的教师培养课程非常专业化，培养学生成为教育领域的专家。

导师制度：学生在培训期间有机会与经验丰富的教育教学专业教师合作，并受到其指导。

成效：教育质量卓越：芬兰的教育体系以其卓越的教育质量而闻名，学生表现出高水平的学术成就。

教师专业化：该模式培养了一支高度专业化的教师队伍，这有助于提高教学质量和教育创新。

教育公平：芬兰的教育体系注重教育公平，确保每个学生都有平等的机会接受高质量的教育。

案例三：德国的"双师型"教育模式

德国也拥有一种"双师型"教育模式，该模式旨在培养同时具备学科专业知识和教育教学技能的教师。以下是一些关于德国教育模式的特点和成效的案例分析。

高等教育和师范学院：德国的"双师型"教育模式通常包括大学本科和师范学院的组合，学生获得学科专业知识和教育教学技能的培训。

理论与实践相结合：模式强调教育理论和实际教育经验的结合，鼓励学生积极参与教育实习和实践。

高素质的教育者：德国的"双师型"教育模式培养了高素质的教育者，他们具备丰富的学科知识和教育教学技能。教育质量：德国教育模式注重提供高质量的教育，学生受益于经验丰富的教育者的指导，获得深入的学术知识。

职业认可：该模式的毕业生通常受到广泛认可，有更多的就业机会，特别是在教育领域。

这些案例分析显示，不同国家和地区的"双师型"教师传统培养模式具有各自的特点和成效。这些模式都旨在提高教育质量，培养高素质的教育者，提供更好的教育资源和机会，从而为学生的综合素质发展做出贡献。

二、"双师型"教师创新培养模式的案例研究

中国教育体制一直以来都在不断地进行改革与创新，以适应社会的发展和需求。在 21 世纪，随着中国的快速经济增长和全球化进程的不断推进，教育领域也迎来了新的挑战和机遇。其中，培养高质量的教师一直是中国教育改革的核心问题之一。为了应对这一挑战，中国教育系统推出了"双师型"教师创新培养模式，旨在培养具备丰富教育经验和行业经验的教师，以更好地满足学生的需求和社会的发展。下面将通过一个案例研究，探讨"双师型"教师创新培养模式的实施和成效。

（一）"双师型"教师创新培养模式概述

"双师型"教师创新培养模式是中国教育改革的一项重要举措，旨在培养既具备丰富教育经验，又具备行业经验的教师。这一模式的出发点在于解决

传统教育模式中存在的问题，如教育理论和实际应用之间的脱节，学校与社会之间的隔阂等。通过"双师型"教师创新培养模式，中国希望培养出更具创新力和实践能力的教师，以提高教育质量和促进社会进步。

"双师型"教师创新培养模式的核心特点包括以下几方面。

教育和行业双重背景：这一模式要求教师在接受教育专业培训的同时，也必须具备相关行业的实际经验。这意味着他们不仅要了解教育理论和教学方法，还需要了解与他们所教授的学科或领域相关的实际应用。

教育实践和实习：学生在接受教育培训的同时，也需要参与实际的教育实践和实习活动。这有助于他们将教育理论应用到实际中，并锻炼他们的教学技能。

教育资源整合：这一模式鼓励学校、行业和社会资源的整合，以为学生提供更多实践机会和支持。

教育改革导向：培养"双师型"教师的目标是促进教育改革，推动教育质量提升，提高学生的综合素质。

（二）案例研究：某省"双师型"教师培养项目

在某省，政府实施了一项"双师型"教师培养项目，以推动教育改革和提高教育质量。该项目的目标是培养具备丰富教育经验和行业经验的教师，以满足不断增长的教育需求。以下是该项目的主要特点和成效的案例研究。

教育背景和实际经验的融合：该项目要求参与的教师既要具备教育学相关背景，又要在特定领域拥有丰富的实际经验。例如，一名参与该项目的数学教师既要具备数学教育背景，还要在工程领域有多年的从业经验。这种融合帮助教师更好地理解学科知识的实际应用，并将其传授给学生。

教育实践和实习：在该项目中，教师不仅接受课堂培训，还需要参与学校和行业的实际实践活动。例如，一名历史教师在学习历史教育理论的同时，也要在博物馆或文化遗产机构参与历史文化传承项目。这有助于将教育理论与实践相结合，提高教师的综合素质。

教育资源整合：该项目鼓励学校、行业和社会资源的整合。学校与当地企业和机构建立了合作关系，为教师提供实践机会和研究支持。这种整合促进了教育资源的共享和互补，为学生提供更多的学习机会。

教育改革导向：该项目的目标之一是推动教育改革。参与该项目的教师被鼓励提出创新教育方法和教学方案，以满足学生的多样化需求。这有助于提高教育质量和促进学生的全面发展。案例研究中的成效如下。

提高教师的综合素质：通过"双师型"教师培养项目，教师不仅在教育领域取得了专业背景，还获得了相关行业的实际经验。这使他们能够更好地理解学科知识的应用，为学生提供更丰富的教育资源和实践经验。教师的综合素质得到了显著提高，他们的教学能力和创新能力得到了增强。

促进教育改革：该项目鼓励教师提出创新的教育方法和教学方案，以满足学生的不同需求。这有助于推动教育改革，促进了教育质量的提升。教师在实践中不断尝试和改进教育方法，使教育更加符合时代要求。

提高学生的学习体验：通过"双师型"教师培养项目，学生受益于教师的丰富教育经验和实际经验。他们可以从教师那里获得更多实际应用知识，并参与与行业相关的实践活动。这提高了学生的学习体验，使他们更容易将知识与实际应用相结合。

教育资源共享：该项目鼓励学校、行业和社会资源的整合。学校与企业和机构建立了合作关系，为学生提供更多实践机会和支持。这种资源共享使学生能够接触到更多实际应用知识和技能，为未来的职业发展打下了坚实的基础。

"双师型"教师创新培养模式是中国教育改革的一项重要举措，旨在培养具备丰富教育经验和行业经验的教师，以满足学生的需求和社会的发展。通过案例研究，我们可以看到这一模式的主要特点和成效，包括提高教师的综合素质，促进教育改革，提高学生的学习体验，以及推动教育资源的共享。

然而，需要注意的是，实施"双师型"教师创新培养模式也面临一些挑战，例如如何有效整合教育资源与行业资源，如何在教师的学术背景和实际工作经验之间找到平衡，以及如何持续提升教师的教学质量等问题。未来，中国的教育系统需要不断优化这一模式，以更好地适应社会需求并促进学生的全面发展。

总之，通过"双师型"教师创新培养模式，中国教育系统可以更好地培养高质量的教师，促进教育改革和提高教育质量。这一模式的成功实施将对中国的教育发展和社会进步产生积极影响。

第三节　高质量教育体系的"双师型"教师培养体系构建

一、"双师型"教师培养路径的规划与设计

"双师型"教师培养模式是中国教育改革的一个重要举措，旨在培养具备丰富教育经验和行业经验的教师，以更好地满足学生的需求和社会的发展。为了成功实施这一模式，需要精心规划和设计培养路径，以确保教师能够兼具教育背景和实际经验。下面将探讨"双师型"教师培养路径的规划与设计，包括课程设置、实践机会、师资队伍和评估机制等方面。

（一）课程设置

"双师型"教师培养路径的课程设置是培养成功的关键。以下是一些建议的课程设置要点。

教育学基础课程：培养教师的第一步是确保他们具备扎实的教育学基础。这包括教育心理学、教育方法学、课程设计等方面的课程。这些课程将帮助教师理解教育的原理和教学方法。

学科专业课程：教师需要在特定的学科或领域拥有专业知识。因此，课程设置应包括学科专业课程，以确保教师掌握相关领域的知识。

实践课程和实习：为了将理论知识应用到实践中，课程设置应包括实践课程和实习机会。这些课程将帮助教师锻炼教学技能，并将教育理论应用到实际教育场景中。

行业背景课程：除了教育学和学科专业课程，教师还需要学习与其行业经验相关的课程。这些课程将帮助他们了解行业的实际应用，以便将知识传授给学生。

创新教育方法课程：为了促进教育改革和培养创新教师，课程设置还应包括创新教育方法的课程。这些课程将鼓励教师提出新的教学方法和教学方案。

（二）实践机会

除了课程设置，提供实践机会也是"双师型"教师培养路径的重要组成部分。以下是一些关于提供实践机会的建议。

校内实践：学校应为教师提供在校内进行教育实践的机会。这可以包括参与教学活动、学生指导和教育研究等方面的实践。

校外实践：除了校内实践，学校还应与行业合作，为教师提供校外实践机会。这可以包括在企业、社会组织和研究机构进行实际工作或研究项目。

导师指导：为了帮助教师更好地融入实践，学校可以安排导师来指导他们。导师可以是有丰富教育经验和行业经验的专业人士。

实践项目：学校可以鼓励教师参与实际的教育项目，如教育改革项目、教育研究项目等。这些项目将帮助教师将理论知识应用到实际中，同时也有助于教育改革的推动。

（三）师资队伍

成功的"双师型"教师培养路径需要一个强大的师资队伍，包括教育学教授和行业专家。以下是一些建议的师资队伍要点。

教育学教授：培养"双师型"教师的教育学教授应具备丰富的教育经验

和教育背景。他们应该能够教授教育学基础课程和创新教育方法课程。

行业专家：为了培养具备行业经验的教师，学校需要聘请相关行业的专家来教授相关课程。这些专家可以分享实际应用知识和经验，帮助教师更好地理解行业。

导师团队：为了帮助教师更好地融入实践，学校可以建立导师团队。这些导师可以提供实践指导和支持，帮助教师在实践中不断提高。

继续培训：师资队伍需要不断更新自己的知识和技能，以跟上教育领域和行业的发展。因此，学校应为师资队伍提供持续的培训和发展机会。

（四）评估机制

评估机制是确保"双师型"教师培养路径的有效性和质量的关键部分。以下是一些关于评估机制的建议。

学生评估：学生是最终受益者，他们的反馈和评估是评估机制的重要组成部分。学校可以定期收集学生的反馈，以了解教师的教学效果和学习体验。

教师自我评估：教师应该被鼓励对自己的教学进行自我评估。他们可以通过反思自己的教学方法和实践，不断提高自己的教育水平。

导师评估：对于参与培训的教师，导师的评估是至关重要的。导师可以评估教师的实践活动，提供反馈和建议，帮助他们不断改进。

教育部门评估：教育部门可以进行定期的评估，以确保培养路径的有效性和质量。他们可以评估课程设置、实践机会、师资队伍和学生绩效等方面。

毕业评估：对于完成"双师型"教师培养路径的教师，毕业评估是必要的。这可以包括教育背景和行业经验的综合评估，以确保他们满足培养路径的要求。

持续改进：评估结果应该用于持续改进培养路径。学校和教育部门可以根据评估结果调整课程设置、实践机会和师资队伍，以提高培养路径的质量和效果。

"双师型"教师培养路径的规划与设计是确保培养成功的关键。通过精心设计的课程设置、提供实践机会、强大的师资队伍和有效的评估机制，可以确保教师既具备丰富的教育经验，又具备行业经验。这将有助于提高教育质量，促进教育改革，满足学生的需求和社会的发展。通过不断改进和调整，中国的"双师型"教师培养路径将在未来取得更大的成功。

二、"双师型"教师培养过程的监督与评估

"双师型"教师培养模式是中国教育改革的一项重要举措，旨在培养具备丰富教育经验和行业经验的教师，以更好地满足学生的需求和社会的发展。为了确保培养过程的有效性和质量，需要进行全面的监督与评估。下面将探讨"双师型"教师培养过程的监督与评估，包括监督机制的建立、评估工具的选择、评估周期的安排以及评估结果的利用等方面。

（一）监督机制的建立

为了确保"双师型"教师培养过程的有效性，需要建立有效的监督机制。以下是建立监督机制的一些关键步骤。

制定监督政策和指南：教育部门和学校应该共同制定监督政策和指南，明确监督的目标、范围和程序。这些政策和指南应该明确规定监督的责任和流程。

指定监督机构和人员：需要明确指定负责监督"双师型"教师培养过程的机构和人员。这些监督机构和人员应该具备相关的教育和行业经验，以便能够有效地进行监督工作。

建立监督团队：监督工作需要一个专门的团队来执行。这个团队可以包括监督员、教育专家和行业专家，他们可以共同协作，确保监督工作的全面性和专业性。

制定监督计划和流程：监督计划应明确监督的内容、方法和时间表。监督流程应规范监督员的行动和报告，以确保监督的一致性和连续性。

建立监督反馈机制：监督工作应建立反馈机制，使监督结果能够及时传达给相关教育部门和学校。这有助于及时纠正问题和改进培养过程。

（二）评估工具的选择

为了进行有效的监督与评估，"双师型"教师培养过程需要选择合适的评估工具。以下是一些评估工具的建议。

学生反馈：学生的反馈是评估"双师型"教师培养过程的重要工具。学生可以提供有关教学质量、教师能力和学习体验的反馈意见。

教师自我评估：教师自我评估可以帮助教师审视自己的教育水平和实践。他们可以根据自己的反思和观察来评估自己的教学方法和教育效果。

导师评估：导师可以提供有关教师实践和教学的专业反馈。他们可以评估教师的教学方法、教育背景和行业经验，以及对教育改革的贡献。

教育部门评估：教育部门可以进行定期的评估，以确保培养过程的有效性和质量。他们可以评估课程设置、实践机会、师资队伍和学生绩效等方面。

毕业评估：对于完成"双师型"教师培养过程的教师，毕业评估是必要的。这可以包括教育背景和行业经验的综合评估，以确保他们满足培养过程的要求。

（三）评估周期的安排

评估周期的安排对于监督与评估的有效性至关重要。以下是关于评估周期的建议。

定期评估：评估过程应定期进行，以确保教师培养过程的质量和效果。评估周期可以根据实际情况而定，通常为一学年或半学年一次。

临时评估：除了定期评估，可以进行临时评估以及时纠正问题和改进培养过程。临时评估可以在特定事件或问题出现时进行。

持续评估：评估过程应该是持续的，而不仅是定期的一次性活动。这有助于教育部门和学校及时调整培养路径，以满足学生和社会的需求。

（四）评估结果的利用

监督与评估的最终目的是改进教师培养过程，提高教育质量。以下是关于如何利用评估结果的建议。

及时反馈：评估结果应及时传达给相关教育部门和学校，以便他们能够及时采取行动。这有助于解决问题和改进培养过程。

制订改进计划：基于评估结果，教育部门和学校应制订改进计划，明确改进的目标和措施。这可以包括调整误程设置、提供更多实践机会、改进师资队伍等方面的改进。

分享经验：教育部门和学校可以分享成功的经验和最佳实践，以便其他地区或学校能够借鉴和推广。这有助于提高整体的培养质量。

继续培训：评估结果还可被用于制订继续培训计划，以提高教师的综合素质。继续培训可以包括专业发展、创新教育方法和行业知识的更新等方面。

政策制定：政府可以根据评估结果制定政策，以推动教育改革和培养"双师型"教师的发展。政策可以包括资金支持、激励措施和相关政策法规等方面。

"双师型"教师培养过程的监督与评估是确保培养成功的关键。通过建立有效的监督机制、选择适当的评估工具、安排合适的评估周期以及利用评估结果，可以不断提高培养过程的质量和效果。这将有助于提高教育质量、促进教育改革和满足学生和社会的需求。通过不断改进和调整，中国的"双师型"教师培养过程将在未来取得更大的成功。

三、"双师型"教师培养体系的可持续发展机制

中国的"双师型"教师培养模式旨在培养具备丰富教育经验和行业经验的教师，以满足不断增长的教育需求。然而，要确保这一体系的可持续发展，

需要建立有效的机制，以保障培养模式的质量、适应性和持续性。下面将探讨"双师型"教师培养体系的可持续发展机制，包括政策支持、资源整合、师资队伍建设、质量保障和社会参与等方面。

（一）政策支持

政策支持是"双师型"教师培养体系可持续发展的重要保障。以下是政策支持方面的建议。

制定明确政策：政府应制定明确的政策，明确支持"双师型"教师培养体系的发展和推广。政策应包括财政支持、奖励政策、招聘政策和职业发展政策等方面的支持措施。

资金支持：政府应提供稳定的财政支持，用于培养"双师型"教师的成本，包括教育背景课程、行业背景课程、实践机会和导师指导等方面。

激励措施：政府可以设立激励措施，以吸引更多的教育者和行业专家参与"双师型"教师培养。这可以包括奖学金、职业发展机会和荣誉称号等方面的激励。

监管政策：政府应制定监管政策，确保"双师型"教师培养体系的质量和效果。这包括监督机制的建立和评估工具的选择等方面的政策。

（二）资源整合

资源整合是"双师型"教师培养体系可持续发展的关键。以下是资源整合方面的建议。

教育资源整合：学校和教育部门应整合教育资源，包括课程资源、实践机会、教育设施等，以为"双师型"教师培养提供更多的支持。

行业资源整合：与行业合作是培养"双师型"教师的关键。学校和行业应合作建立联合培训项目，为教师提供实际经验和行业知识。

社会资源整合：社会组织和机构也可以提供支持，包括导师指导、实践机会和资源共享等方面的支持。

国际资源整合：国际合作可以为"双师型"教师培养体系提供更多的资源支持，包括国际交流、学术合作和国际合作项目等方面的支持。

（三）师资队伍建设

师资队伍的建设是"双师型"教师培养体系可持续发展的核心。以下是师资队伍建设方面的建议。

教育师资队伍：教育学教授和专家应具备丰富的教育经验和教育背景，以确保"双师型"教师培养的教育质量。

行业师资队伍：行业专家应具备相关行业的实际经验和知识，以为教师提供实际应用的指导和支持。他们应该能够传授实际经验和行业背景知识，以丰富教育过程。

导师队伍：导师团队应包括有丰富教育经验和行业经验的专业人士。他们应该具备指导、培训和评估的能力，以帮助教师融入实践和不断提高。

持续培训：师资队伍需要不断更新自己的知识和技能，以跟上教育领域和行业的发展。学校和教育部门应为师资队伍提供持续的培训和发展机会。

（四）质量保障

质量保障是"双师型"教师培养体系可持续发展的关键。以下是质量保障方面的建议。

定期评估：定期评估教育质量和培养效果，以确保教育标准得到满足。评估可以包括学生表现、教师教学效果、实际应用能力和培养路径的质量等方面。

反馈机制：建立反馈机制，使评估结果能够及时传达给相关教育部门和学校。这有助于及时纠正问题和改进培养过程。

标准制定：明确制定培养路径的标准和指南，以确保培养的一致性和质量。这可以包括课程标准、实践标准、导师标准等方面的制定。

教育研究：开展教育研究，以不断改进培养路径和方法。教育研究可以包括教育创新、教育效果和教育政策等方面的研究。

（五）社会参与

社会参与是"双师型"教师培养体系可持续发展的关键因素。以下是社会参与方面的建议。

社会合作：与社会组织、行业机构和社会企业建立合作关系，以提供实际应用机会和资源支持。社会参与可以丰富教育资源，提供实际经验和知识。

社会反馈：听取社会的反馈意见，了解市场需求和社会发展趋势，以调整培养路径和课程设置。社会反馈可以帮助培养路径与社会需求相适应。

社会支持：社会可以为"双师型"教师培养提供支持，包括职业机会、实际经验机会和导师指导。社会的支持有助于培养教师的综合素质和实际应用能力。

"双师型"教师培养体系的可持续发展是中国教育改革的重要举措之一。通过政策支持、资源整合、师资队伍建设、质量保障和社会参与，可以确保培养模式的质量、适应性和持续性。这将有助于提高教育质量、促进教育改革和满足学生和社会的需求。通过不断改进和调整，中国的"双师型"教师培养体系将在未来取得更大的成功。

第八章 基于高质量教育体系的"双师型"教师评价体系

第一节 "双师型"教师队伍评价体系构建依据与方法

一、"双师型"教师队伍评价体系的设计原则

"双师型"教师队伍是中国教育改革的重要举措，旨在培养既具备丰富教育经验又具备行业经验的教师，以更好地满足学生的需求和社会的发展。为了确保"双师型"教师队伍的质量和效果，需要建立科学合理的评价体系。下面将探讨"双师型"教师队伍评价体系的设计原则，包括公平性、全面性、透明性、可操作性和反馈性等方面。

（一）公平性

公平性是评价体系设计的基本原则之一。评价体系应确保每位"双师型"教师都有平等的机会接受评价，并不受不公平待遇。以下是关于公平性的原则。

公正标准：评价标准应公平、客观和公正，不受个人背景、性别、年龄、种族或其他因素的影响。评价应基于事实和能力，而非主观偏见。

公平程序：评价过程应公平透明，避免任何形式的歧视。评价程序和标准应向被评价者清晰明了，确保被评价者能够充分理解评价标准和过程。

多样化方法：评价体系应采用多样化的方法，包括自评、同行评价、学生评价、导师评价等，以综合考虑教师的教育和行业背景、教学质量和绩效。

反馈机制：评价体系应包括反馈机制，使被评价者能够了解评价结果，以及如何改进和提高自身绩效。

（二）全面性

全面性是评价体系设计的关键原则。评价体系应全面考察"双师型"教师的教育和行业背景、教学质量和绩效。以下是关于全面性的原则。

教育和行业背景评价：评价体系应综合考察"双师型"教师的教育和行业背景，包括教育学位、教育培训、行业经验和相关证书等。

教学质量评价：评价体系应考察教师的教学质量，包括教学方法、学生成绩、教育创新和教育改革等方面的绩效。

绩效评价：评价体系应考察教师的整体绩效，包括实际应用能力、专业发展、实践经验和社会影响等方面的表现。

综合评价：评价体系应综合考察以上三个方面的表现，以全面了解"双师型"教师的绩效和能力。

（三）透明性

透明性是评价体系设计的重要原则。评价体系应对被评价者透明开放，使其能够理解评价标准、过程和结果。以下是关于透明性的原则。

清晰标准：评价标准应明确、清晰和易于理解。被评价者应能够明白如何根据这些标准自我评价和接受评价。

评价过程透明：评价过程应公开透明，被评价者应清楚了解评价程序和流程，包括评价时间表、评价方法和评价人员等。

反馈机制：评价体系应包括反馈机制，使被评价者能够了解评价结果，包括其强项和改进方向，以帮助其提高绩效。

评价结果透明：评价结果应透明，不仅应告知被评价者，还应向教育部门、学校和社会公众开放，以确保评价的公开和公众监督。

（四）可操作性

可操作性是评价体系设计的实际原则。评价体系应容易操作，能够在实际应用中被有效执行。以下是关于可操作性的原则。

明确指导：评价体系应提供明确的指导，告知被评价者如何进行自评、向导师和同行寻求反馈，以及如何准备评价材料。

有效工具：评价体系应提供有效的评价工具，包括评价表、问卷、考试和实际应用案例等，以帮助评价者进行评价和被评价者准备材料。

教育和支持：评价体系应提供必要的培训和支持，以帮助被评价者理解和应对评价过程。培训可以包括评价方法、自我评价技巧和反馈处理等。

可操作性测试：评价体系的可操作性应在实际应用中进行测试和验证，以确保其能够有效执行和产生准确的结果。

（五）反馈性

反馈性是评价体系设计的关键原则。评价体系应提供有用的反馈信息，以帮助被评价者改进和提高绩效。以下是关于反馈性的原则。

及时反馈：评价体系应及时提供反馈信息，包括评价结果和改进建议。反馈不应拖延，以便被评价者能够及时采取行动。

个性化反馈：反馈信息应根据被评价者的具体情况和需要进行个性化，以帮助其解决问题和提高绩效。

强项和改进反馈：反馈应强调被评价者的强项和改进方向，以鼓励其保持优势和积极改进。

持续反馈：评价体系应提供持续的反馈和跟踪，以帮助被评价者持续改进和发展。

"双师型"教师队伍评价体系的设计原则是确保评价的公平性、全面性、透明性、可操作性和反馈性的关键。通过遵循这些原则，可以建立科学合理的评价体系，帮助"双师型"教师持续提高绩效和能力。这将有助于提高教育质量、促进教育改革和满足学生和社会的需求。通过不断改进和调整，"双师型"教师队伍评价体系将在未来取得更大的成功。

二、"双师型"教师队伍评价体系的构建方法

"双师型"教师模式是中国教育改革的一项重要举措，旨在培养既具备教育经验又具备行业经验的教师，以满足不断变化的社会需求。为了确保"双师型"教师队伍的质量和效果，需要建立科学合理的评价体系。下面将探讨"双师型"教师队伍评价体系的构建方法，包括确定评价目标、制定评价标准、选择评价方法、进行数据收集和分析、利用评价结果，以及持续改进等步骤。

（一）确定评价目标

评价体系的构建首先需要明确评价的目标和目的。以下是一些关于确定评价目标的方法。

确定评价目的：评价的目的可以包括教育质量改进、教育政策制定、师资队伍发展等。明确评价的目的有助于确定评价的重点和侧重点。

确定评价对象：确定需要评价的"双师型"教师队伍，包括教育经验、行业经验、教学质量等方面的评价对象。

设定评价指标：制定具体的评价指标，以量化和测量评价目标。指标可以包括教育背景、行业背景、教学效果、学生表现等方面的指标。

确定评价周期：确定评价的周期，包括定期评价和临时评价。评价周期可以根据实际情况而定，通常为一学年或半学年一次。

（二）制定评价标准

评价体系的构建需要明确的评价标准，以便评价者能够根据这些标准进行评价。以下是一些关于制定评价标准的方法。

制定明确标准：评价标准应明确、清晰和具体，能够反映评价目标和指标。标准不应含糊不清或主观性强。

标准的层次：制定标准的层次，包括基本标准、达标标准和优秀标准等。这有助于区分不同水平的绩效。

标准的权重：为不同指标和标准分配权重，以反映其重要性和贡献度。权重的确定可以基于专家意见、数据分析和实际需要。

标准的可操作性：评价标准应具备可操作性，评价者能够根据这些标准进行评价，而不会感到困惑或不确定。

（三）选择评价方法

评价体系的构建需要选择适当的评价方法，以收集评价数据。以下是一些关于选择评价方法的方法。

多元评价方法：采用多元评价方法，包括自评、同行评价、学生评价、导师评价等。不依赖于单一评价方法，可以提供更全面的数据。

定性和定量方法：结合定性和定量方法，以获得丰富的评价信息。定性方法可以包括面谈、问卷、案例分析等，而定量方法可以包括考试成绩、学生表现数据等。

可操作性方法：选择可操作性的评价方法，以确保评价者能够方便地使用这些方法进行评价。评价方法应简单明了，不需要太复杂的技能和工具。

数据收集工具：选择适当的数据收集工具，包括问卷、评价表、面谈指南、考试工具等。数据收集工具应与评价方法和标准相匹配。

（四）数据收集和分析

评价体系的构建需要进行数据收集和分析，以产生评价结果。以下是一些关于数据收集和分析的方法。

数据收集计划：制订详细的数据收集计划，包括数据收集时间表、数据来源、数据收集工具、数据样本等。确保数据收集过程有序和高效。

数据质量控制：实施数据质量控制措施，以确保数据的准确性和可靠性。数据收集人员应经过培训，数据收集工具应进行试验和验证。

数据分析方法：选择适当的数据分析方法，包括统计分析、内容分析、定性分析等。数据分析方法应与评价目标和指标相匹配。

结果报告：生成评价结果报告，包括数据汇总、分析结果、评价结论和改进建议。报告应清晰明了，反映评价标准和指标的达成情况。

（五）利用评价结果

评价体系的构建需要确保评价结果得到充分利用，以改进"双师型"教师队伍的质量和效果。以下是一些关于利用评价结果的方法。

及时反馈：将评价结果及时反馈给被评价者，包括评价结论、改进建议和强项反馈。被评价者应了解自己的绩效和改进方向。

绩效管理：利用评价结果制定绩效管理计划，包括目标设定、行动计划和绩效改进措施。绩效管理应与评价结果相结合，帮助被评价者提高绩效。

政策制定：将评价结果反馈给教育部门和学校，以制定政策和措施，促进"双师型"教师队伍的发展和改进。

绩效奖励：根据评价结果设立绩效奖励机制，以激励和鼓励绩效优秀的"双师型"教师。奖励可以包括荣誉称号、奖学金、职业发展机会等。

（六）持续改进

评价体系的构建是一个不断改进的过程。评价体系应定期审查和更新，以适应变化的教育需求和评价目标。以下是一些关于持续改进的方法。

定期审查：定期审查评价体系，包括评价目标、标准、方法和工具。审查可以每年进行一次，以确保评价体系的有效性和适应性。

收集反馈：收集评价体系的用户反馈，包括被评价者、评价者、教育部门和学校等。反馈可以帮助识别问题和改进点。

调整改进：根据审查和反馈结果，调整评价体系，包括更新评价标准、改进评价方法、优化数据收集工具等。

专家咨询：聘请评价专家或教育专家参与评价体系的设计和改进，以确保评价体系的科学性和有效性。

"双师型"教师队伍评价体系的构建是确保教育质量和教育改革成功的重要一步。通过明确评价目标、制定评价标准、选择评价方法、进行数据收集和分析，以及利用评价结果，可以帮助"双师型"教师队伍持续提高绩效和能力。这将有助于提高教育质量、促进教育改革和满足学生和社会的需求。通过不断改进和调整，"双师型"教师队伍评价体系将在未来取得更大的成功。

三、"双师型"教师队伍评价体系的应用范围和对象

"双师型"教师模式是中国教育改革的一项重要举措，旨在培养既具备教育经验又具备行业经验的教师，以更好地满足学生的需求和社会的发展。为了确保"双师型"教师队伍的质量和效果，需要建立科学合理的评价体系。下面将探讨"双师型"教师队伍评价体系的应用范围和对象，以明确评价的范围和对象。

（一）应用范围

"双师型"教师队伍评价体系的应用范围涵盖了广泛的教育领域和相关领域。以下是关于应用范围的内容。

教育领域：评价体系适用于教育领域的各个层次，包括幼儿教育、基础教育、中等教育、高等教育以及继续教育。无论是小学教师还是大学教师，"双师型"教师队伍评价都可以应用。

不同学科领域：评价体系适用于不同学科领域，包括文科、理科、工科、商科等。不同学科领域的教师都可以接受"双师型"教师队伍评价。

教育机构：评价体系可以应用于各类教育机构，包括学校、大学、培训机构、社区教育中心等。不同类型的教育机构都可以使用"双师型"教师队

伍评价体系。

教育政策和改革：评价体系可以为教育政策和改革提供支持，帮助政府和教育部门了解"双师型"教师队伍的绩效和发展情况，以制定政策和措施。

职业发展：评价体系可以用于教师的职业发展，帮助教师了解自己的绩效和能力，以制定个人发展计划和目标。

（二）评价对象

"双师型"教师队伍评价体系的评价对象主要是"双师型"教师，即既具备教育经验又具备行业经验的教师。以下是关于评价对象的内容。

教育经验：评价对象是那些具备教育经验的教师，包括教育学背景、教育培训和教育教学经验。

行业经验：评价对象是那些具备行业经验的教师，包括在特定行业领域的工作经验、技能和知识。

教学质量：评价对象的教学质量是评价的重点之一，包括教学方法、学生表现、教育创新和教育改革等方面的绩效。

教育背景：评价对象的教育背景也是评价的一部分，包括教育学位、教育培训、教育教学技能等。

实际应用能力：评价对象的实际应用能力是评价的关键因素，包括教育背景和行业背景的结合，能否将知识和技能应用于实际教学和教育。

教育改革和研究：评价对象的教育改革和研究能力也是评价的一部分，包括对教育创新和研究的贡献。

社会影响：评价对象的社会影响也是评价的一部分，包括对社会的贡献、影响力和知名度。

职业发展：评价对象的职业发展也可以纳入评价范围，包括个人职业目标和发展计划。

总的来说，"双师型"教师队伍评价体系的评价对象主要是那些既具备教育经验又具备行业经验的教师，评价范围涵盖了广泛的教育领域和相关领域，涉及不同类型的教育机构和学科领域。这个评价体系的设计旨在为教育改革和提高教育质量提供支持，促进"双师型"教师队伍的发展和提升。

第二节 "双师型"教师队伍评价指标体系构建

一、"双师型"教师队伍教育教学能力的评价指标

"双师型"教师队伍的培养是中国教育改革的一项重要举措，旨在培养具备丰富教育经验和行业经验的教师，以更好地满足学生的需求和社会的发展。为了确保"双师型"教师队伍的教育教学能力达到要求，需要建立科学合理的评价指标。下面将探讨"双师型"教师队伍教育教学能力的评价指标，以帮助机构和个人评估和提高教育教学能力。

（一）教育教学能力的重要性

教育教学能力是"双师型"教师队伍的核心能力之一。它涵盖了教育背景、教育培训、教学方法、学生互动、课程设计、学生评价和教育创新等多个方面。良好的教育教学能力有助于提高学生的学习效果，促进教育改革和教育质量的提升。因此，评价"双师型"教师队伍的教育教学能力是至关重要的。

（二）评价指标的确定原则

在确定"双师型"教师队伍的教育教学能力评价指标时，需要遵循以下原则。

具体性：评价指标应具体、明确和可度量。指标应以具体的行为和表现为基础，而不是抽象的概念。

全面性：评价指标应全面考查教育教学能力的各个方面，包括教学方法、学生互动、课程设计、学生评价等。

可操作性：评价指标应具备可操作性，即评价者能够根据这些指标进行评价。指标应能够在实际教育环境中应用。

量化性：评价指标应具备一定的量化能力，以便将教育教学能力转化为数字数据。这有助于定量评价和比较。

可衡量性：评价指标应具备可衡量性，即能够进行评价的对象和结果可以被量化和比较。这有助于确定绩效水平。

适应性：评价指标应具备适应性，以适应不同类型的教育机构和学科领域。不同教育环境可以有不同的评价指标。

反馈性：评价指标应具备反馈性，即评价结果应能够提供有用的反馈信息，以帮助教师改进和提高教育教学能力。

（三）"双师型"教师队伍教育教学能力的评价指标

"双师型"教师队伍的教育教学能力评价指标可以根据不同教育层次、学科领域和教育环境的不同进行调整和细化。以下是一些通用的教育教学能力评价指标，可以作为参考。

教育背景和培训：评价教师的教育背景和教育培训情况，包括教育学位、教育培训经历、专业资格证书等。

课程设计：评价教师的课程设计能力，包括教学目标的明确性、教材选择、教学方法和学习资源的充实性等。

教学方法：评价教师的教学方法，包括教学计划、课堂组织、教学策略和学生互动等。

学生互动：评价教师与学生之间的互动能力，包括鼓励学生参与、提问技巧、课堂氛围营造等方面的表现。

学生评价和反馈：评价教师对学生的评价和反馈能力，包括定期测验、作业评估、学术建议和学生反馈处理等。

教育创新和研究：评价教师的教育创新和研究能力，包括课程改革、教育研究项目、教育出版物等。

学科专业知识：评价教师的学科专业知识，包括对所教学科领域的深入理解和更新知识的能力。

教育背景和行业背景的整合：评价教师将教育背景和行业背景整合到教学中的能力，以提供实际应用的教育。

学生表现和成果：评价学生的表现和成果，包括学生的学术成绩、学术竞赛表现、学术发表等。

教育质量改进：评价教师对教育质量的改进能力，包括教学方法的改进、课程设计的优化和学生学习效果的提升。

学科交叉能力：评价教师的学科交叉能力，包括能够跨学科领域进行教学和研究的能力。

教育创新和实践：评价教师的教育创新和实践能力，包括教育项目的设计、实施和评估。

这些评价指标可以根据具体情况进行进一步的细化和调整，以满足不同的评价需求和教育环境。评价者可以根据这些指标对"双师型"教师队伍的教育教学能力进行全面的评估，帮助教师改进和提高自己的教育教学能力。

（四）评价方法

为了有效地评价"双师型"教师队伍的教育教学能力，可以采用多元评价方法，包括自评、同行评价、学生评价、教育部门评价等。以下是一些常用的评价方法。

自评：教师可以自我评价自己的教育教学能力，使用评价指标进行自我评估。这有助于教师了解自己的强项和改进方向。

同行评价：教师可以互相评价，以获取同行的反馈和建议。同行评价可以帮助教师学习借鉴他人的经验和教训。

学生评价：学生可以评价教师的教育教学能力，包括课堂教学、学习体验和教学效果。学生的反馈对于改进教育教学非常重要。

教育部门评价：教育部门和学校可以对"双师型"教师队伍进行定期的

评价，以确保教育教学能力的达标。

这些评价方法可以相互结合，以获得全面的评价信息。评价者可以根据不同的评价目标和需求选择合适的评价方法。

二、"双师型"教师队伍行业背景能力的评价指标

"双师型"教师模式是中国教育改革的一项重要举措，旨在培养具备丰富的行业背景和教育经验的教师，以更好地满足学生的需求和社会的发展。为了确保"双师型"教师队伍的行业背景能力达到要求，需要建立科学合理的评价指标。下面将探讨"双师型"教师队伍行业背景能力的评价指标，以帮助机构和个人评估和提高行业背景能力。

（一）行业背景能力的重要性

"双师型"教师队伍的行业背景能力是其独特之处，这种能力允许教师将实际行业经验与教育教学相结合，使教育更加贴近实际需求。行业背景能力包括了解行业的最新发展动态、行业技术和知识、职业技能等。良好的行业背景能力有助于提高学生的职业素养和就业竞争力，促进教育质量和社会的发展。

（二）评价指标的确定原则

在确定"双师型"教师队伍的行业背景能力评价指标时，需要遵循以下原则。

具体性：评价指标应具体、明确和可度量。指标应以具体的行为和表现为基础，而不是抽象的概念。

全面性：评价指标应全面考查行业背景能力的各个方面，包括行业知识、职业技能、行业经验等。

可操作性：评价指标应具备可操作性，即评价者能够根据这些指标进行评价。指标应能够在实际教育环境中应用。

量化性：评价指标应具备一定的量化能力，以便将行业背景能力转化为数字数据。这有助于定量评价和比较。

可衡量性：评价指标应具备可衡量性，即能够进行评价的对象和结果可以被量化和比较。这有助于确定绩效水平。

适应性：评价指标应具备适应性，以适应不同类型的教育机构和学科领域。不同教育环境可以有不同的评价指标。

反馈性：评价指标应具备反馈性，即评价结果应能够提供有用的反馈信息，以帮助教师改进和提高行业背景能力。

（三）"双师型"教师队伍行业背景能力的评价指标

"双师型"教师队伍的行业背景能力评价指标可以根据不同教育层次、学科领域和教育环境的不同进行调整和细化。以下是一些通用的行业背景能力评价指标，可以作为参考。

行业知识：评价教师对所在行业的基本知识掌握情况，包括行业发展历史、行业结构、行业标准和规范等。

行业技术和知识：评价教师对所在行业的专业技术和知识的掌握情况，包括最新技术、前沿研究和应用知识等。

职业技能：评价教师在所在行业的职业技能，包括工作技能、职业操守、职业素养等。

行业经验：评价教师在所在行业的工作经验，包括职业生涯、工作项目、职业成就等。

行业网络和资源：评价教师在所在行业的人脉关系、资源获取和合作机会。

职业发展规划：评价教师的职业发展规划和目标，包括在教育和行业领域的职业发展计划。

行业案例和实例：评价教师在教学中运用行业案例和实例的能力，以帮助学生理解实际应用。

跨学科能力：评价教师在跨学科领域中运用行业知识的能力，以丰富教育内容和方法。

行业发展前瞻性：评价教师对所在行业未来发展的前瞻性和洞察力，以指导教育教学内容和方向。

这些评价指标可以根据具体情况进行进一步的细化和调整，以满足不同的评价需求和教育环境。评价者可以根据这些指标对"双师型"教师队伍的行业背景能力进行全面的评估，帮助教师改进和提高自己的行业背景能力。

（四）评价方法

为了有效地评价"双师型"教师队伍的行业背景能力，可以采用多元评价方法，包括文件审查、面试、同行评价、学生评价等。以下是一些常用的评价方法。

文件审查：评价者可以审查教师的简历、职业资格证书、工作经历、行业成就等文件，以了解其行业背景。

面试：面试是一种常见的评价方法，评价者可以通过面对面的交流和提问了解教师的行业知识、职业技能和职业经验。

同行评价：同行评价可以由具有相似行业背景的专业人士进行，以获得专业性反馈和建议。

学生评价：学生可以评价教师在教学中运用行业背景的能力，以帮助评价者了解教师的实际表现。

教育部门评价：教育部门和学校可以对"双师型"教师队伍进行定期的评价，以确保行业背景能力的达标。

这些评价方法可以相互结合，以获得全面的评价信息。评价者可以根据不同的评价目标和需求选择合适的评价方法。

（五）反馈和改进

评价"双师型"教师队伍的行业背景能力不仅是为了评定绩效，更重要的是为了帮助教师改进和提高行业背景能力。因此，反馈和改进是评价过程的重要一部分。

及时反馈：评价结果应及时反馈给被评价者，包括评价结论、改进建议和强项反馈。被评价者应了解自己的绩效和改进方向。

绩效管理：利用评价结果制定绩效管理计划，包括目标设定、行动计划和绩效改进措施。绩效管理应与评价结果相结合，帮助被评价者提高绩效。

教育培训：根据评价结果提供有针对性的教育培训，以帮助教师改进弱项，提高绩效。

职业发展规划：评价结果可被用于制定职业发展规划和目标，帮助教师在教育和行业领域的职业发展计划。

行业合作和项目参与：鼓励教师参与行业合作和项目，以丰富行业背景和提高教育质量。

持续改进：评价"双师型"教师队伍的行业背景能力是一个持续的过程，帮助教师不断改进和提高。

"双师型"教师队伍的行业背景能力是其核心竞争力之一，有助于将实际行业经验融入教育教学中，提高教育质量，培养更具职业素养的学生。评价行业背景能力是确保"双师型"教师队伍质量的重要手段。通过明确的评价指标和方法，可以帮助评价者全面了解教师的行业背景能力，为教师的职业发展和教育质量的提高提供支持。同时，评价过程也应注重反馈和改进，帮助教师不断提高自己的行业背景能力，更好地为学生和社会的发展做出贡献。

三、"双师型"教师队伍职业素养能力的评价指标

"双师型"教师模式是中国教育改革的一项重要举措，旨在培养具备教育教学和行业背景的综合性教师。为了确保"双师型"教师队伍具备良好的职业素养能力，需要建立科学合理的评价指标。下面将探讨"双师型"教师队伍职业素养能力的评价指标，以帮助机构和个人评估和提高职业素养能力。

（一）职业素养能力的重要性

职业素养能力是"双师型"教师队伍的核心竞争力之一。它包括了解职业道德和职业操守、职业沟通和人际关系、职业责任和使命感、职业创新和发展等多个方面。良好的职业素养能力有助于提高学生的职业素养和综合素质，促进教育质量和社会的发展。

（二）评价指标的确定原则

在确定"双师型"教师队伍的职业素养能力评价指标时，需要遵循以下原则。

具体性：评价指标应具体、明确和可度量。指标应以具体的行为和表现为基础，而不是抽象的概念。

全面性：评价指标应全面考察职业素养能力的各个方面，包括职业道德、职业沟通、职业责任等。

可操作性：评价指标应具备可操作性，即评价者能够根据这些指标进行评价。指标应能够在实际教育环境中应用。

量化性：评价指标应具备一定的量化能力，以便将职业素养能力转化为数字数据。这有助于定量评价和比较。

可衡量性：评价指标应具备可衡量性，即能够进行评价的对象和结果可以被量化和比较。这有助于确定绩效水平。

适应性：评价指标应具备适应性，以适应不同类型的教育机构和学科领域。不同教育环境可以有不同的评价指标。

反馈性：评价指标应具备反馈性，即评价结果应能够提供有用的反馈信息，以帮助教师改进和提高职业素养能力。

（三）"双师型"教师队伍职业素养能力的评价指标

"双师型"教师队伍的职业素养能力评价指标可以根据不同教育层次、学科领域和教育环境的不同进行调整和细化。以下是一些通用的职业素养能力评价指标，可以作为参考。

职业道德和职业操守：评价教师的职业道德和职业操守，包括诚实守信、公平公正、尊重他人、职业道德标准的遵守等。

职业沟通和人际关系：评价教师的职业沟通和人际关系能力，包括与同事、学生、家长和社会各界的有效沟通和合作。

职业责任和使命感：评价教师的职业责任感和使命感，包括对教育事业的忠诚、对学生的责任心和使命感。

职业创新和发展：评价教师的职业创新和发展能力，包括教育教学方法的创新、教育项目的设计和发展等。

职业发展规划：评价教师的职业发展规划和目标，包括在教育和行业领域的职业发展计划。

职业知识和技能：评价教师的职业知识和职业技能，包括教育教学技能、行业知识和技术等。

职业教育与发展：评价教师的对学生职业教育和发展的关注和指导能力。

职业伦理和道德：评价教师的职业伦理和道德意识，包括处理职业道德困境的能力。

这些评价指标可以根据具体情况进行进一步的细化和调整，以满足不同的评价需求和教育环境。评价者可以根据这些指标对"双师型"教师队伍的职业素养能力进行全面的评估，帮助教师改进和提高自己的职业素养能力。

第三节　"双师型"教师评价指标体系的权重确定

一、"双师型"教师评价权重分配的原则和方法

"双师型"教师模式是中国教育改革的一项重要举措，旨在培养具备教育教学和行业背景的综合性教师。为了确保"双师型"教师队伍的绩效评价能

够客观准确地反映其教育教学和行业背景能力，需要合理分配评价权重。下面将探讨"双师型"教师评价权重分配的原则和方法，以帮助机构和个人建立科学合理的评价体系。

（一）评价权重分配的重要性

评价权重分配是评价体系设计中的关键环节，它决定了不同绩效因素在绩效评价中的重要性。合理的评价权重分配有助于确保评价过程的公正性和准确性，同时也有助于激励教师不断提高自己的教育教学和行业背景能力。评价权重分配应基于一定的原则和方法，以确保评价体系的有效性和公平性。

（二）评价权重分配的原则

在确定"双师型"教师评价权重分配时，应遵循以下原则。

目标导向：评价权重应与评价的主要目标相一致。评价体系的设计应以促进教育教学和行业背景能力的提高为主要目标。

公平性：评价权重应公平分配，不偏袒任何一方。评价权重应根据不同绩效因素的重要性来确定，而不受个体或利益团体的压力影响。

可度量性：评价权重应基于可度量的标准和指标。评价体系中的绩效因素应具备可度量性，以便进行客观的评价和比较。

透明性：评价权重分配应透明，评价者和被评价者应清楚了解不同绩效因素的重要性和权重分配原则。

反馈和改进：评价权重分配应有助于提供有用的反馈信息，帮助被评价者改进和提高绩效。评价体系应注重改进和学习。

（三）评价权重分配的方法

在确定"双师型"教师评价权重分配时，可以采用以下方法。

专家咨询法：可以请教专家和领域内的专业人士，根据其专业知识和经验来确定不同绩效因素的重要性和权重。专家咨询可以确保评价体系的科学性和客观性。

权重分配矩阵法：权重分配矩阵法是一种常用的方法，可以通过让相关利益相关方进行投票或评分，来确定不同绩效因素的权重。这种方法可以体现多元意见和参与，提高评价的公正性。

目标导向法：根据评价体系的主要目标和需求，确定不同绩效因素的权重。评价体系的目标可以根据教育机构的使命和教育政策来确定。

经验法：根据过去的评价经验和实际效果，来确定不同绩效因素的权重。这种方法可以根据实际效果来不断调整和改进评价体系。

比例法：可以根据不同绩效因素的重要性来分配权重，使得总权重为100%。这种方法可以确保不同因素之间的相对重要性。

不同的方法可以结合使用，根据具体情况来确定评价权重。重要的是要确保评价权重分配的过程是透明和公平的，能够反映教育教学和行业背景能力的实际贡献和重要性。

（四）绩效评价权重的分配

"双师型"教师队伍的绩效评价应考虑教育教学和行业背景能力的重要性，同时也要充分考虑不同教育阶段、学科领域和教育环境的差异。以下是一个可能的权重分配示例，仅供参考。

教育教学能力：权重占60%。这包括课堂教学质量、学生学业成绩、课程设计和教育创新等方面的绩效。

行业背景能力：权重占30%。这包括行业知识、职业技能、行业经验等方面的绩效。

职业素养能力：权重占10%。这包括职业道德、职业沟通、职业责任和职业创新等方面的绩效。

这个权重分配示例可以根据具体情况进行调整和细化，以满足不同的评价需求。例如，如果在某个特定学科领域，教育教学能力更为重要，那么可以适度增加其权重。另外，要根据不同学校或机构的教育目标和政策来确定权重，以确保评价体系与实际情况相符。

在实际应用中，可以采用综合评价的方法，将不同绩效因素的分数按照权重相加，得到总绩效分数。这样的方法有助于综合考虑不同绩效因素的重要性，确保评价的公平性和客观性。

（五）反馈和改进

绩效评价权重的分配不是一成不变的，应该根据实际效果和需求进行定期的调整和改进。评价体系应注重反馈和学习，以帮助教师不断提高自己的绩效和发展。

及时反馈：评价体系应提供及时的反馈信息，帮助被评价者了解自己的绩效情况，包括各项绩效因素的得分和权重分配。

绩效管理：评价体系应与绩效管理相结合，帮助被评价者制定绩效改进计划和目标。绩效管理计划应考虑权重分配和绩效评价的结果。

绩效改进：被评价者应根据评价结果和反馈信息制定改进措施，提高绩效，不断学习和成长。

反馈循环：绩效评价和权重分配应是一个反馈循环的过程，不断循环调整和改进评价体系，以适应教育教学和行业发展的变化。

"双师型"教师评价权重分配是评价体系设计的重要环节，它决定了不同绩效因素在绩效评价中的重要性。合理的评价权重分配有助于确保评价过程的公正性和准确性，同时也有助于激励教师不断提高自己的教育教学和行业背景能力。评价权重分配应基于一定的原则和方法，以确保评价体系的有效性和公平性。通过明确的原则和方法，可以确保评价权重的分配合理、透明和公平，有助于评价体系的有效实施和绩效提高。

二、"双师型"教师评价权重分配的具体过程

"双师型"教师模式是中国教育改革的一项重要举措，旨在培养具备教育教学和行业背景的综合性教师。为了确保"双师型"教师队伍的绩效评价能

够客观准确地反映其教育教学和行业背景能力，需要合理分配评价权重。下面将探讨"双师型"教师评价权重分配的具体过程，以帮助机构和个人建立科学合理的评价体系。

（一）准备工作

评价权重分配的具体过程首先需要进行充分的准备工作，包括确定评价目标、明确评价标准、建立评价委员会等。

确定评价目标：首先要明确"双师型"教师绩效评价的主要目标和需求。评价目标应基于教育机构的使命和教育政策，以确保评价的目标导向性。

明确评价标准：建立明确的评价标准，包括不同绩效因素的定义、描述和指标。评价标准应基于可度量的标准和指标，以便进行客观的评价。

建立评价委员会：成立评价委员会，由具有相关背景和经验的专家、教育管理者和教师代表组成。评价委员会负责制定评价体系、权重分配和评价方法。

（二）确定绩效因素和权重

在确定绩效因素和权重时，需要考虑教育教学和行业背景能力的重要性，并结合评价目标和需求，进行权重分配。

绩效因素的确定：确定要纳入绩效评价的因素，包括教育教学能力、行业背景能力、职业素养能力等。这些因素应基于评价标准和评价目标来确定。

权重分配的方法：可以采用不同的方法来确定权重，如专家咨询法、权重分配矩阵法、目标导向法、经验法等。选择适合的方法，根据实际情况确定不同绩效因素的权重。

绩效因素的权重确定：根据选定的权重分配方法，为不同绩效因素分配权重。权重应总和为100%。权重分配应经过评价委员会的讨论和决定。

（三）权重分配的讨论和决定

评价委员会应进行充分的讨论和决定，以确定权重分配的最终方案。讨论应考虑不同绩效因素的重要性、教育机构的需求和政策、评价目标等因素。

讨论权重分配：评价委员会成员应讨论不同绩效因素的重要性，以及权重分配的原则和方法。讨论应充分听取各方意见，确保决策的公平性和科学性。

决定权重分配：评价委员会应根据讨论的结果，决定不同绩效因素的权重分配。决策应经过投票或一致决定，确保权重的合理性和公平性。

编制权重分配方案：评价委员会应将最终的权重分配方案编制成正式文件，以备将来的参考和实施。

（四）权重分配的公示和解释

一旦确定权重分配方案，应对其进行公示和解释，以确保评价体系的透明性和公正性。

公示权重分配方案：将权重分配方案公示在教育机构的官方网站或其他适当的媒体上，以供教师和利益相关方查看。

解释权重分配原因：同时应解释权重分配的原因和依据，以便被评价者和利益相关方了解权重分配的合理性和科学性。

接受反馈和建议：在公示权重分配方案后，应接受教师和其他利益相关方的反馈和建议，以进一步改进评价体系。

（五）实施和监督

一旦确定权重分配方案，评价体系就可以开始实施。同时，需要建立监督机制，确保权重分配的有效性和公平性。

实施评价体系：根据确定的权重分配方案，实施绩效评价。评价体系应能够客观准确地评价教师的教育教学和行业背景能力。

监督和评估：建立监督和评估机制，定期审查和评估评价体系的效果。监督机构应确保评价体系的公平性和客观性。

收集反馈和改进：定期收集教师和利益相关方的反馈信息，用于改进评价体系。根据反馈信息，进行必要的调整和改进，以确保评价权重分配的合理性和效用。

（六）反馈和改进

权重分配不是一成不变的，应根据实际效果和需求进行定期的调整和改进。反馈和改进是评价体系的重要组成部分。

及时反馈：评价体系应提供及时的反馈信息，帮助被评价者了解自己的绩效情况，包括各项绩效因素的得分和权重分配。

绩效管理：评价体系应与绩效管理相结合，帮助被评价者制定绩效改进计划和目标。绩效管理计划应考虑权重分配和评价结果。

绩效改进：被评价者应根据评价结果和反馈信息制定改进措施，提高绩效，不断学习和成长。

反馈循环：绩效评价和权重分配应是一个反馈循环的过程，不断循环调整和改进评价体系，以适应教育教学和行业发展的变化。

"双师型"教师评价权重分配的具体过程是一个综合性的工作，需要充分的准备、讨论、决定、公示和监督。通过明确的原则和方法，可以确保评价权重的分配合理、透明和公平，有助于评价体系的有效实施和绩效提高。评价权重分配的过程不仅有助于提高教师的绩效，也有助于推动"双师型"教师模式的不断发展和完善。同时，反馈和改进是评价体系的重要组成部分，应注重评价体系的可持续发展和不断改进，以适应不断变化的教育环境和需求。通过科学合理的权重分配，可以更好地激励教师提高教育教学和行业背景能力，促进教育质量的提升和教育改革的推动。

三、"双师型"教师评价权重分配的效果评估和调整

"双师型"教师模式是中国教育改革的一项重要举措，旨在培养具备教育教学和行业背景的综合性教师。为了确保评价体系的公平性和有效性，以及权重分配的合理性，需要进行评价的效果评估和可能的调整。下面将探讨"双

师型"教师评价权重分配的效果评估和调整过程，以帮助机构和个人建立科学合理的评价体系。

（一）评价效果评估的重要性

评价效果评估是评价体系设计的关键环节，它有助于了解评价体系的实际运行情况，是否达到了既定的目标，是否反映了教育教学和行业背景能力的实际情况。评价效果评估有助于检查权重分配的合理性，以及是否需要进行调整和改进。

评价效果评估的重要性包括以下几点。

评价公平性：评价效果评估可以帮助检查评价体系是否公平，是否能够客观准确地反映教育教学和行业背景能力，是否对不同教师和教育机构一视同仁。

评价有效性：评价效果评估有助于了解评价体系的有效性，是否能够鼓励教师提高自己的绩效，是否能够提高教育教学和行业背景能力。

绩效提高：评价效果评估有助于发现绩效不足和改进的空间，从而帮助教师不断提高自己的绩效，提高教育质量。

教育改革推动：评价效果评估还有助于了解"双师型"教师模式的推广和应用情况，是否能够推动教育改革的进展。

（二）评价效果评估的方法

评价效果评估的方法可以根据具体情况和需求选择，常用的方法包括：

数据分析：通过对评价结果数据的分析，可以了解各项绩效因素的得分情况，以及不同教师和教育机构之间的差异。数据分析可以发现潜在的问题和改进的空间。

调查和问卷：可以通过向被评价者、评价者和利益相关方发送调查问卷，收集他们的意见和建议。调查和问卷可以提供多元的反馈信息。

同行评价：可以组织同行评价，由具有相似背景和经验的专业人士对"双师型"教师进行评价。同行评价可以提供专业性的反馈和建议。

学生评价：学生可以评价教师的教育教学和行业背景能力。学生的评价可以提供重要的参考意见，因为教育的最终目标是学生的学习和发展。

定性研究：可以进行定性研究，通过深度访谈、焦点小组讨论等方式，深入了解教师的绩效和体验，帮助改进评价体系。

不同的方法可以相互结合，以获得全面的评价信息。评价效果评估的方法应根据评价体系的具体情况和评价目标来选择和设计。

（三）调整权重分配的原则

在进行权重分配的调整时，需要遵循一定的原则，以确保调整的合理性和有效性。

目标导向：调整权重分配应以评价体系的主要目标为导向。权重分配的调整应有助于实现评价体系的目标。

公平性：调整权重分配应公平，不偏袒任何一方。评价体系应能够客观准确地反映教育教学和行业背景能力的实际贡献和重要性。

可度量性：调整后的权重分配应基于可度量的标准和指标。评价体系中的绩效因素应具备可度量性，以便进行客观地评价和比较。

反馈和改进：调整权重分配应有助于提供有用的反馈信息，帮助被评价者改进和提高绩效。评价体系应注重改进和学习。

（四）评价效果评估和权重分配的调整过程

评价效果评估和权重分配的调整是一个迭代的过程，需要多次进行，以适应不断变化的教育环境和需求。以下是具体的过程步骤。

数据收集和分析：首先，收集评价结果数据，并进行数据分析。分析应涵盖不同绩效因素的得分情况，不同教师和教育机构的差异，以及评价体系的有效性。

反馈收集：同时，收集反馈信息，包括被评价者的意见、建议，评价者的观点，以及利益相关方的反馈。反馈信息可以来自多个渠道，如调查问卷、同行评价、学生评价等。

分析反馈信息：将收集到的反馈信息进行分析，以了解评价体系的不足之处和需要改进的地方。分析反馈信息时要考虑不同绩效因素和权重分配的影响。

评价效果评估报告：根据数据分析和反馈信息，编制评价效果评估报告。该报告应包括评价体系的强项和改进点，以及权重分配的合理性和可能的调整建议。

讨论和决策：评价委员会应组织会议，讨论评价效果评估报告，以确定是否需要调整权重分配。讨论应充分考虑评价体系的目标和原则，以确保决策的合理性。

调整权重分配：如果评价效果评估和讨论表明需要调整权重分配，评价委员会应制定新的权重分配方案。调整应根据反馈信息、数据分析和评价体系的目标来确定。

公示和解释：新的权重分配方案应进行公示，解释调整的原因和依据，以确保评价体系的透明性和公平性。

实施和监督：一旦确定新的权重分配方案，应开始实施并建立监督机制，以确保新的权重分配的有效性和公平性。

绩效提高和反馈循环：评价体系的实施和调整应促进绩效提高，帮助教师不断提高自己的绩效。评价体系应继续进行反馈和改进，形成一个反馈循环的过程。

（五）调整的原则和方法

在调整权重分配时，应遵循以下原则和方法。

目标导向：调整应基于评价体系的主要目标，以确保评价体系能够实现既定目标。

公平性：调整应公平，不偏袒任何一方。权重分配的调整应能够客观准确地反映教育教学和行业背景能力的实际贡献和重要性。

可度量性：调整后的权重分配应基于可度量的标准和指标。评价体系中的绩效因素应具备可度量性，以便进行客观地评价和比较。

反馈和改进：调整应有助于提供有用的反馈信息，帮助被评价者改进和提高绩效。评价体系应注重改进和学习。

"双师型"教师评价权重分配的效果评估和调整是评价体系设计的关键环节，有助于确保评价的公平性和有效性。通过评价效果评估，可以了解评价体系的实际运行情况，是否达到了既定的目标，是否反映了教育教学和行业背景能力的实际情况。评价效果评估有助于检查权重分配的合理性，以及是否需要进行调整和改进。通过科学合理的权重分配和调整，可以更好地激励教师提高教育教学和行业背景能力，促进教育质量的提升和教育改革的推动。评价体系应不断进行反馈和改进，形成一个反馈循环的过程，以适应不断变化的教育环境和需求。

第四节　高质量教育体系的"双师型"教师评价指标体系分析

一、"双师型"教师评价体系的完整性和一致性

"双师型"教师模式是中国教育改革的一项重要举措，旨在培养具备教育教学和行业背景的综合性教师。为了确保评价体系的有效性和公平性，需要建立完整性和一致性的评价体系。下面将探讨"双师型"教师评价体系的完整性和一致性，以帮助机构和个人建立科学合理的评价体系。

（一）评价体系的完整性

评价体系的完整性是指评价体系包含了所有相关的绩效因素和标准，能

够全面反映被评价者的教育教学和行业背景能力。完整性的评价体系应涵盖各个方面，确保不会遗漏重要的评价因素。

教育教学能力：评价体系应包括对"双师型"教师教育教学能力的评价，包括教学设计、课堂管理、学生指导、评估与反馈等方面。

行业背景能力：评价体系还应包括对"双师型"教师行业背景能力的评价，包括行业知识、实践经验、行业联系等方面。

职业素养能力：评价体系还应涵盖"双师型"教师的职业素养能力，包括教育伦理、职业操守、教育领导力等方面。

全面性：评价体系应全面反映被评价者的综合能力，不偏袒某一方面的能力，以确保评价的全面性和公平性。

目标导向：评价体系应以评价的主要目标为导向，确保评价的目标导向性。评价的目标可以包括教育质量提升、教育改革推动等。

（二）评价体系的一致性

评价体系的一致性是指评价体系中各个绩效因素和标准之间应相互协调和一致，以确保评价体系的内部一致性。一致性的评价体系可以减少评价体系的不确定性和主观性，提高评价的公正性和可信度。

标准协调：评价体系中的各个绩效因素和标准应相互协调，不应出现矛盾或重复的情况。各个绩效因素和标准之间应有一定的关联性，以确保评价的一致性。

权重分配：不同绩效因素之间的权重分配应合理协调。权重分配的不合理会导致评价的失衡和不公平。

评价方法：评价体系中的不同绩效因素应使用一致的评价方法，以确保评价的一致性。评价方法可以包括定量评价、定性评价、自评、同行评价等。

评价标准：评价体系中的评价标准应明确、清晰，以确保评价的一致性。评价标准应包括具体的描述和指标，以便被评价者理解和评价。

绩效等级：评价体系中的绩效等级应一致，不同绩效因素之间的绩效等级应有一定的关联性，以确保评价的一致性。

（三）建立完整性和一致性的评价体系

建立完整性和一致性的评价体系需要进行以下工作。

明确评价标准和指标：评价体系应明确各个绩效因素的评价标准和指标，包括教育教学能力、行业背景能力和职业素养能力。

确定权重分配：评价体系应确定不同绩效因素之间的权重分配，以确保评价的一致性和公平性。

制定评价方法：评价体系应制定一致的评价方法，包括定量评价、定性评价、自评、同行评价等。

规范绩效等级：评价体系应规范绩效等级，明确各个绩效等级的标准和描述，以确保评价的一致性和公平性。

培训评价者：评价体系的评价者需要接受培训，以确保他们能够正确理解和运用评价体系，保证评价的一致性和公正性。

监督和反馈：建立监督机制，定期审查评价体系的运行情况，收集反馈信息，以帮助改进评价体系。

（四）维护评价体系的完整性和一致性

维护评价体系的完整性和一致性是一个持续的工作，需要定期进行评估和改进。以下是一些维护评价体系的完整性和一致性的方法和建议。

定期评估：定期对评价体系进行评估，检查是否存在缺失或矛盾的绩效因素和标准。评估应涵盖评价标准的完整性和一致性，以确保评价体系的有效性和公平性。

收集反馈：定期收集被评价者、评价者和利益相关方的反馈意见，了解他们对评价体系的看法和建议。反馈信息可以帮助改进评价体系的完整性和一致性。

调整权重分配：如果评估和反馈信息表明需要调整权重分配，应根据权重分配的原则和方法进行调整，以确保评价的一致性和公平性。

培训和指导：为评价者提供培训和指导，帮助他们正确理解和运用评价体系，保证评价的一致性和公正性。

定期审查：定期审查评价体系的运行情况，包括评价方法、绩效标准、权重分配等，以确保评价体系的一致性和公平性。

参与利益相关方：积极参与利益相关方，包括被评价者、家长、学生、教育机构等，与他们合作，了解他们的需求和期望，以确保评价体系的一致性和公平性。

收集数据和证据：评价体系应依赖数据和证据，而不仅是主观判断。数据和证据可以帮助保证评价的一致性和客观性。

透明和公示：评价体系应是透明和公示的，被评价者应清楚了解评价标准、权重分配和评价方法，以确保评价的一致性和公平性。

"双师型"教师评价体系的完整性和一致性对于培养具备教育教学和行业背景的综合性教师至关重要。完整性的评价体系应涵盖教育教学能力、行业背景能力和职业素养能力，以全面反映被评价者的绩效。一致性的评价体系应确保各个绩效因素和标准之间的协调和一致，减少评价的不确定性和主观性。

建立和维护完整性和一致性的评价体系需要定期地评估、反馈、调整和监督。通过科学合理的权重分配和评价方法，可以更好地激励教师提高教育教学和行业背景能力，促进教育质量的提升和教育改革的推动。评价体系的完整性和一致性有助于确保评价的公平性和有效性，提高教育体系的质量和竞争力。

二、"双师型"教师评价体系的有效性和可操作性

"双师型"教师模式是中国教育改革的一项重要举措，旨在培养具备教育教学和行业背景的综合性教师。为了确保评价体系的有效性和可操作性，需

要建立科学合理的评价体系。下面将探讨"双师型"教师评价体系的有效性和可操作性，以帮助机构和个人建立合理的评价体系。

（一）评价体系的有效性

评价体系的有效性是指评价体系能够客观准确地反映被评价者的教育教学和行业背景能力，能够激励被评价者提高绩效，以达到评价的主要目标。有效的评价体系有助于提高教育质量、推动教育改革和促进教育教学的不断提高。

客观性：有效的评价体系应是客观的，不受主观因素的干扰。评价体系的标准和指标应明确、清晰，可以用于量化和定性评价，以减少主观判断的可能性。

预测性：评价体系应有预测性，即被评价者的绩效与未来的表现和发展有关。评价体系应能够帮助被评价者发现不足和改进的空间，以提高未来的绩效。

激励性：有效的评价体系应能够激励被评价者提高绩效。评价体系的结果应与奖惩制度相结合，以鼓励被评价者积极提高绩效。

目标导向：评价体系应以评价的主要目标为导向，确保评价体系能够实现既定目标，如教育质量提升、教育改革推动等。

（二）评价体系的可操作性

评价体系的可操作性是指评价体系能够在实际操作中有效运行，被评价者能够理解和接受评价体系的标准和方法，评价者能够正确运用评价体系，评价体系不会给机构和个人带来过大的负担。

易理解：评价体系的标准和指标应易于被评价者理解，不应过于复杂或抽象。被评价者应能够清楚地知道如何满足评价标准。

易操作：评价体系的方法和流程应易于操作。评价者应能够根据评价体系的要求进行评价，不需要过多的培训或复杂的操作步骤。

公平性：评价体系应是公平的，不应偏袒任何一方。评价体系的运行和操作应符合公平的原则，不受人为干扰。

有效性：评价体系应是有效的，能够达到评价的主要目标。评价体系的操作应能够提高教育质量、推动教育改革和促进教育教学的不断提高。

（三）建立有效性和可操作性的评价体系

建立有效性和可操作性的评价体系需要进行以下工作。

明确评价标准和指标：评价体系应明确各个绩效因素的评价标准和指标，以帮助被评价者理解如何满足评价标准。

制定评价方法：评价体系应制定合理的评价方法，包括定量评价、定性评价、自评、同行评价等。评价方法应与评价标准相匹配，不应过于复杂。

培训被评价者：被评价者需要接受培训，以帮助他们理解评价标准和方法，提高评价体系的可操作性。

建立监督机制：建立监督机制，确保评价体系的运行符合规定，不受人为干扰。监督机制可以包括审查、检查、投诉渠道等。

收集反馈：定期收集被评价者、评价者和利益相关方的反馈意见，了解他们对评价体系的看法和建议。反馈信息可以帮助改进评价体系的有效性和可操作性。

调整和改进：根据反馈信息和实际运行情况，定期调整和改进评价体系。评价体系应不断适应教育环境和需求的变化。

透明和公示：评价体系的标准、方法和流程应是透明和公示的，被评价者应清楚了解评价体系的要求和运行方式，以提高评价体系的可操作性。

（四）维护有效性和可操作性的评价体系

维护评价体系的有效性和可操作性需要定期的评估和改进。以下是一些维护评价体系的有效性和可操作性的方法和建议。

定期评估：定期对评价体系进行评估，检查是否能够有效反映被评价者的绩效，是否符合评价的主要目标。

收集反馈：定期收集被评价者、评价者和利益相关方的反馈意见，了解他们对评价体系的看法和建议，以帮助改进评价体系的有效性和可操作性。

调整和改进：根据评估和反馈信息，定期调整和改进评价体系，以确保评价体系能够有效运行。

培训和指导：为评价者和被评价者提供培训和指导，帮助他们正确理解和运用评价体系，提高评价体系的可操作性。

监督和反馈：建立监督机制，确保评价体系的运行符合规定，不受人为干扰。监督机制可以包括审查、检查、投诉渠道等。

透明和公示：评价体系的标准、方法和流程应是透明和公示的，被评价者应清楚了解评价体系的要求和运行方式，以提高评价体系的可操作性。

"双师型"教师评价体系的有效性和可操作性对于培养具备教育教学和行业背景的综合性教师至关重要。有效的评价体系应能够客观准确地反映被评价者的教育教学和行业背景能力，能够激励被评价者提高绩效，以达到评价的主要目标。可操作性的评价体系应易于被评价者理解和接受，易于操作，不会给机构和个人带来过大的负担。

建立和维护有效性和可操作性的评价体系需要定期的评估、反馈、调整和监督。通过科学合理的标准、方法和流程，可以更好地激励教师提高教育教学和行业背景能力，促进教育质量的提升和教育改革的推动。评价体系的有效性和可操作性有助于确保评价的公平性和有效性，提高教育体系的质量和竞争力。

第九章 基于高质量教育体系的"双师型"教师激励机制

第一节 "双师型"教师激励相关理论

一、"双师型"教师激励理论的基本概念

"双师型"教师模式是中国教育改革的一项重要举措,旨在培养具备教育教学和行业背景的综合性教师。在这一模式下,如何有效激励教师提高教育教学和行业背景能力是一个关键问题。下面将探讨"双师型"教师激励理论的基本概念,以帮助教育管理者和政策制定者设计有效的激励政策。

(一)激励理论的基本概念

激励:激励是指通过内在或外在的因素,诱导个体或组织采取一定的行为,以达到特定的目标。激励可以是正向的,即为了奖励或回报而采取行动,也可以是负向的,即为了避免惩罚而采取行动。

激励理论:激励理论是研究激励行为的原理和方法的学科领域。激励理论试图解释为什么个体或组织采取一定的行为,以及如何通过激励来影响行为。激励理论包括多种不同的模型和理论,如马斯洛的需求层次理论、赫兹伯格的双因素理论、VIE 理论等。

内在激励和外在激励：激励可以分为内在激励和外在激励。内在激励是个体内部的动机，来自于个体的兴趣、满足感和自我实现。外在激励是来自于外部的奖励、回报、惩罚和压力，用于激励个体采取特定的行为。

激励因素：激励因素是影响个体或组织行为的因素。它可以包括物质奖励、职业发展机会、工作满足度、工作环境、管理风格、认可和表扬等。激励因素可以影响个体的工作动机和绩效。

（二）"双师型"教师激励理论的基本概念

"双师型"教师模式要求教师具备教育教学和行业背景的综合能力，因此需要设计有效的激励政策，以激励教师提高这两方面的能力。以下是"双师型"教师激励理论的基本概念。

教育教学能力激励："双师型"教师需要具备优秀的教育教学能力，因此激励政策应重点关注如何提高教师的教育教学能力。这可以通过提供教育培训、教育研究机会、教育成果奖励等方式来实现。

行业背景能力激励："双师型"教师还需要具备行业背景的专业知识和技能，因此激励政策应关注如何提高教师的行业背景能力。这可以通过提供行业培训、行业研究机会、行业成果奖励等方式来实现。

内在激励和外在激励："双师型"教师的激励可以包括内在激励和外在激励。内在激励可以是个体对教育和行业背景的热情和兴趣，外在激励可以是工资、奖金、晋升机会等。

绩效奖励：绩效奖励是一种有效的激励方式，可以根据教师的教育教学和行业背景绩效来奖励教师。绩效奖励可以鼓励教师不断提高绩效，以获得更多的奖励。

职业发展机会：提供职业发展机会是另一种有效的激励方式。教师可以通过职业发展机会来提高自己的教育教学和行业背景能力，进而获得更多的机会和奖励。

工作满足度：工作满足度是影响教师绩效的重要因素。通过改善工作环境、管理风格、认可和表扬等方式，可以提高教师的工作满足度，从而提高教育教学和行业背景能力。

（三）"双师型"教师激励理论的实施

为了实施"双师型"教师激励理论，需要考虑以下几个方面。

制定激励政策：教育管理者和政策制定者需要制定明确的激励政策，包括奖励制度、绩效评估体系、培训计划等。这些政策应该明确激励教师提高教育教学和行业背景能力的途径和奖励机制。

设定明确的目标：激励政策应设定明确的目标，包括提高教育教学和行业背景能力的目标，以及相应的绩效标准。这些目标和标准应具体、可衡量和可达成。

提供培训和发展机会：为了提高教师的教育教学和行业背景能力，需要提供培训和发展机会。这可以包括教育培训课程、行业研究项目、导师指导等。

建立绩效评估体系：绩效评估体系是激励政策的关键部分，用于评估教师的教育教学和行业背景绩效。绩效评估应公平、客观、可靠，同时应与激励政策相一致。

奖励教师绩效：根据绩效评估的结果，应奖励教师的教育教学和行业背景绩效。奖励可以包括奖金、晋升机会、荣誉称号等。

提高工作满足度：改善工作环境、管理风格、认可和表扬，可以提高教师的工作满足度，从而提高他们的教育教学和行业背景能力。

监测和调整：激励政策的实施需要定期监测和调整，以确保政策的有效性和可行性。监测可以包括绩效评估的结果、教师满意度调查等。

"双师型"教师激励理论是一个复杂的领域，需要综合考虑教育教学和行业背景能力，以制定有效的激励政策。激励政策应包括绩效评估、奖励机制、培训计划、工作满意度调查等方面，以全面提高教师的绩效。激励政策的实施需要政府、教育机构和教师共同合作，不断调整和改进政策，以推动"双师型"教师模式的发展。通过有效的激励政策，可以提高教师的教育教学和行业背景能力，提升教育质量，促进教育改革的推动。

二、"双师型"教师教育领域的激励理论

教育是社会进步和个体发展的基石，而教师则是教育体系中的核心力量。教师的素质和表现直接影响学生的学习成就和未来发展。为提升教师的教育质量，各国纷纷探索不同的激励理论和机制。在此背景下，"双师型"教师模式作为一种重要的教育创新，备受关注。下面将探讨"双师型"教师教育中的激励理论，旨在促进更高水平的教育质量和教师绩效。

（一）理论框架

激励理论是一门研究内在动机和外部刺激如何相互作用的学科，广泛应用于教育领域以理解教师的行为、决策和绩效表现。在"双师型"教师教育中，激励理论扮演着重要角色，帮助解释教师的职业发展、学习动机、工作满意度及其教学绩效。"双师型"教师教育模式通过引入专业领域教育与教育学知识的双重导师体系，培养全面且专业的教师，以提升教育质量和教学水平。

在"双师型"教师教育中，激励理论可以有效解释教师在职业发展中的不同表现。通过合理设计的激励机制，可以吸引更多高素质人才加入教育行业，并激励他们积极参与教学工作，从而提升整体教育水平。

（二）激励理论在"双师型"教师教育中的应用

在"双师型"教师教育模式中，激励机制可分为内部激励、外部激励和社会激励三大类别。

首先，内部激励是指源自教师自身的动机，例如对教育的热爱和对学生成功的追求。在这一模式下，教育机构应通过精心选拔师范生、提供专业发展机会以及定期进行自我评价和反馈，来增强教师的内在动力。

其次，外部激励是指通过外部奖励和刺激来激励教师，如薪酬、晋升机会和其他福利待遇。在"双师型"教师教育中，合理的薪酬制度和职业晋升机会是外部激励的重要组成部分。此外，设立奖励和荣誉可以进一步激发教师的积极性。

最后，社会激励是通过社会支持和同事认可来激励教师的手段。在"双师型"教师教育中，鼓励教师之间的合作和协作、提供培训和专业发展机会，以及分享成功案例，都是社会激励的重要方法。通过这些途径，教师能够建立起强大的社交网络，互相学习和激励，共同提升教育水平。

（三）激励理论的挑战与解决方案

尽管激励理论在"双师型"教师教育中具有重要作用，但其应用过程中也面临一些挑战。首先，不同教师具有不同的动机和需求，因此激励方法需要个性化。其次，设计和管理多层次的激励机制较为复杂，需精心规划。此外，激励的可持续性也是一个重要问题，短期激励可能不足以维持教师的长期动力。

为应对这些挑战，教育机构可以采取个性化激励措施，深入了解每位教师的需求和动机，制定符合他们期望的激励计划。同时，建立有效的绩效评估体系，确保激励机制与教师的表现和贡献相匹配。激励手段应多样化，包括薪酬、晋升、荣誉和专业发展，以满足不同教师的需求。此外，设计长期激励机制，如持续的职业发展和晋升路径，有助于保持教师的长期动力。

"双师型"教师教育中的激励理论是推动教育质量提升的关键。通过内部、外部和社会激励的综合应用，可以有效吸引和留住高素质教师，促进他们更积极地参与教育工作。然而，激励机制的设计和实施需要根据不同国家和教育体系的具体情况进行个性化调整。未来，进一步深入研究和实践将有助于不断改进"双师型"教师教育的激励机制，推动教育事业的持续发展。

三、"双师型"教师激励机制的基本要素

"双师型"教师模式是一种新兴的教育模式，旨在通过整合学科专业教师

与教育专业教师的优势，提供更高质量的教育，促进学生的全面发展。然而，要实现这一目标，必须建立有效的激励机制，以吸引并留住优秀的"双师型"教师。以下将探讨"双师型"教师激励机制的基本要素，以便更好地理解如何激励这一关键教育资源。

（一）激励机制的背景

在探讨"双师型"教师激励机制的基本要素之前，首先需要了解为何需要这样的激励机制。在传统教育模式中，教师主要由学科专业教师担任，他们通常缺乏教育心理学和教学方法的系统培训。这可能导致教育质量的不均衡，并限制学生的全面发展。为了解决这一问题，"双师型"教师模式应运而生，其通过学科专业教师与教育专业教师的合作，提供更加综合和有效的教育。然而，这一模式的成功依赖于是否能够吸引和留住高素质的"双师型"教师，而激励机制正是实现这一目标的关键。因此，理解"双师型"教师激励机制的基本要素至关重要。

激励机制通过奖励和鼓励来促使个体或团队达到特定目标。在"双师型"教师模式中，激励机制可以鼓励学科专业教师与教育专业教师密切合作，提高他们的教学素养，以更好地满足学生的需求。有效的激励机制设计与执行是这一模式成功的基础，因此深入探讨其基本要素具有重要意义。

（二）基本要素

薪酬体系是最直接的激励因素之一。为了吸引并留住高素质的"双师型"教师，学校和教育机构需要建立合理的薪酬体系。这个薪酬体系应能够反映教师的教育背景、教学质量和贡献程度。在"双师型"模式下，教育专业教师应享有更高的薪酬待遇，以吸引更多的专业教育人员参与其中。此外，必须建立透明和公正的薪酬评估机制，以确保激励的公平性。

"双师型"教师需要不断提升自身的教学素养和技能，因此提供职业发展机会是激励机制的重要组成部分。学校和教育机构应建立专门的发展计划，鼓励教师参加专业培训、进修学位课程或参与研究项目，以提高他们的教育水平，从而提升整体教育质量。

为了促进"双师型"教师的有效合作，学校和教育机构必须提供足够的教育资源支持，包括教材、教育技术设备以及教育研究支持等。教育专业教师与学科专业教师需要充分的资源来开展协作教学和研究活动，这不仅能提高教学效果，还能增加教师的工作满意度。

除了薪酬，奖励和认可也是激励"双师型"教师的重要手段。学校和教育机构应设立奖励计划，以表彰在"双师型"教育中取得卓越成就的教师。奖励形式可以包括金钱奖励、奖章、荣誉称号等。此外，公开的认可也能激励教师更加努力工作，提升教育水平。

"双师型"教师模式强调教育专业教师与学科专业教师之间的协作。因此，建立鼓励团队协作的文化至关重要。学校和教育机构可以组织团队建设活动、研讨会和工作坊，以促进教师间的相互理解与合作。此外，设立团队目标和共同工作项目也是鼓励教师协作的有效方法。积极的团队协作文化能够提高教育质量，并激励教师更好地发挥各自的优势。

"双师型"教师模式不仅涉及教学，还包括教育研究。因此，提供教育研究支持是激励机制的重要因素之一。学校和教育机构应鼓励教师参与教育研究项目，提供研究经费和资源支持，以便他们在教育领域取得优异成绩。教育研究的成果能够推动教育的持续改进，从而提高整体教育质量。

除了职业发展和薪酬激励，教育机构还应重视师德师风建设。培养教师的职业操守、责任感和教育热情对于提升教育质量至关重要。学校和教育机构可以定期举办道德与职业培训，强调教育工作者的职业道德和社会责任。通过加强师德师风建设，可以提高教师的专业素养和教育责任感。

为了激励"双师型"教师不断提升教学水平，教育机构应建立有效的教学评估与反馈机制。这包括定期对教师的教学进行评估，提供具体反馈和改进建议。教师可根据评估结果进行调整，以提高教学质量。此外，教育机构还可以鼓励教师参与同行评教和互相观摩，以促进经验分享和教学创新。

"双师型"教师需要有足够的学术自由来探索新的教育方法和研究课题。因此，教育机构应提供学术自由与创新支持，鼓励教师积极参与教育创新活动。这包括支持教师开展教育实验、开发创新教材与教学方法，并鼓励他们参与教育改革项目。学术自由与创新支持可以激发教师探索教育新可能性的积极性，从而提升教育质量。

第二节 "双师型"教师激励机制案例分析

一、成功案例的"双师型"教师激励机制分析

"双师型"教师模式是一种创新性的教育模式，旨在提高学生的综合素质和教育质量。在这一模式中，学科专业教师与教育专业教师协同合作，以更好地满足学生的需求。然而，要实现这一模式的成功实施，需要建立有效的激励机制，以吸引和保留高素质的"双师型"教师。下面将分析一些成功案例中的"双师型"教师激励机制，以了解它们是如何帮助推动这一模式的发展和提高教育质量的。

成功案例一：芬兰的"双师型"教师激励机制

芬兰一直以其卓越的教育系统而闻名，其中"双师型"教师模式是其成功的关键因素之一。芬兰的教育体系鼓励学科专业教师与教育专业教师紧密合作，以提供高质量的教育。以下是芬兰成功案例的"双师型"教师激励机制的分析。

薪酬体系：芬兰的薪酬体系非常公平，没有太大的薪资差距，这鼓励教师更多地关注教育质量而非薪水。此外，芬兰的教师薪酬水平相对较高，吸引了高素质的教育专业人员参与"双师型"教育。

职业发展机会：芬兰的教育体系为教师提供了广泛的职业发展机会，包括终身学习和进修课程。这鼓励教师不断提高自己的教育水平，并参与"双

师型"教育。

教育资源支持：芬兰的学校提供充足的教育资源，包括教材、教育技术设备和学习资源。这为"双师型"教师提供了良好的工作条件，有助于协同合作，提高教育质量。

师德师风建设：芬兰的教育系统强调教师的师德和职业操守，鼓励教育工作者承担社会责任。这种价值观有助于提高教师的教育质量和专业道德。

公众认可和支持：芬兰的社会高度尊重教育，家长和社会一直支持教育系统。这为"双师型"教育提供了有利的社会环境，促使更多的教师愿意参与其中。

芬兰的成功案例表明，综合的激励机制可以有效地推动"双师型"教育模式的发展，提高教育质量，并吸引高素质的教育专业人员。

成功案例二：中国的"双师型"教师激励机制

中国是另一个成功实施"双师型"教育模式的国家，它在发展这一模式中采用了一些独特的激励机制。以下是中国成功案例的"双师型"教师激励机制的分析。

薪酬体系：中国的薪酬体系对"双师型"教师提供了一定的薪酬奖励，以鼓励他们积极参与教育改革和协同合作。此外，一些地方政府还提供额外的激励措施，如奖金和津贴。

职业发展机会：中国的教育机构鼓励"双师型"教师积极参与职业发展，提供不同类型的培训和进修课程，以提高他们的教育水平。

教育资源支持：中国政府投入大量资源用于教育，包括提供现代化的教育技术设备、教材和学习资源，以支持"双师型"教育。

奖励和认可：中国的一些地方政府设立了奖励计划，以表彰在"双师型"教育中取得卓越成就的教师。这些奖励可以包括金钱奖励、奖章和荣誉称号。

团队协作文化：中国的教育机构鼓励"双师型"教师之间的团队协作，

举办团队建设活动和研讨会，以促进经验分享和合作。

公众认可和支持：中国社会对"双师型"教育的认可和支持相当高。家长、学生和社会普遍认为这一模式有助于提高教育质量，为学生提供更好的教育。

成功案例三：美国的"双师型"教师激励机制

美国也在不同地区推广了"双师型"教育模式，并采用了一些激励机制来吸引和留住高素质的"双师型"教师。以下是美国成功案例的"双师型"教师激励机制的分析。

薪酬体系：一些地区的学校系统提供额外的薪酬激励，以吸引学科专业教师和教育专业教师合作。这些额外薪酬可以基于教育质量、学生成绩和其他绩效指标来确定。

职业发展机会：美国的教育机构鼓励教师参与职业发展，提供继续教育和进修课程。这有助于提高教师的教育水平和教育质量。

奖励和认可：一些学校系统设立了奖励计划，以表彰在"双师型"教育中取得卓越成就的教师。这些奖励可以包括奖金、奖章和公开认可。

教育资源支持：学校系统提供足够的教育资源，包括教材、技术设备和学习资源，以支持"双师型"教育。

学术自由和创新支持：一些学校鼓励教师开展教育研究和教育创新项目，提供研究经费和支持。

公众认可和支持：美国社会对教育的认可和支持对于激励"双师型"教师非常重要。家长、学生和社会一直支持这一模式，认为它有助于提高教育质量。

综合来看，不同国家和地区的"双师型"教师激励机制存在一定的差异，但都强调了薪酬、职业发展、教育资源支持、奖励和认可、团队协作文化、学术自由和创新支持，以及公众认可和支持等要素。这些要素共同构成了一个有效的激励体系，促使"双师型"教师积极参与教育改革，提高教育质量。

"双师型"教师模式是一种有潜力提高教育质量的创新教育模式。通过分析成功案例中的"双师型"教师激励机制,我们可以看到,薪酬、职业发展、教育资源支持、奖励和认可、团队协作文化、学术自由和创新支持,以及公众认可和支持等要素在不同国家和地区都起到了关键作用。这些要素的综合应用有助于吸引和留住高素质的"双师型"教师,推动教育模式的发展,提高教育质量,为学生提供更好的教育。希望这些成功案例的分析可以为其他国家和地区提供有关如何建立有效的"双师型"教师激励机制的启示和指导。

二、失败案例的"双师型"教师激励机制分析

"双师型"教师模式作为一种旨在提高教育质量的创新教育模式,一直备受关注。然而,并不是每个尝试推行这一模式的地方都获得成功。一些地区可能存在失败的"双师型"教师激励机制,这些机制未能吸引和保留高素质的"双师型"教师,导致模式无法有效实施。下面将分析一些失败案例中的"双师型"教师激励机制,以了解它们是如何妨碍了这一模式的成功。

失败案例一:印度的"双师型"教师激励机制

印度是一个拥有庞大教育体系的国家,也尝试推行"双师型"教师模式。然而,一些地区的尝试未能取得成功,主要是因为以下激励机制的失败。

薪酬体系:印度的教育体系中,薪酬差距巨大,学科专业教师和教育专业教师之间的薪酬不成比例。这导致教育专业人员不愿意参与"双师型"教育,因为他们可以获得更高的薪酬在其他领域工作。

职业发展机会:印度的教育体系对教师的职业发展机会相对有限。缺乏继续教育和进修课程,导致教师的教育水平无法不断提高。

师德师风建设:一些地区缺乏对师德师风的重视,导致教肺专业人员缺乏职业操守和责任感,不愿意投入到"双师型"教育中。

教育资源支持:教育资源的不足,包括教材和教育技术设备,使"双师型"教育难以实施。

学术自由和创新支持:缺乏支持教育研究和教育创新的体系,使教肇专

业人员难以积极参与"双师型"教育。

公众认可和支持:印度社会对"双师型"教育的认可和支持相对有限,使教育专业人员感到缺乏动力参与其中。

失败案例二:巴西的"双师型"教师激励机制

巴西也尝试推行"双师型"教育模式,但在一些地区并没有取得成功。以下是巴西失败案例的"双师型"教师激励机制的分析。

薪酬体系:巴西的薪酬体系缺乏激励措施,学科专业教师和教育专业教师之间的薪酬差距较小,没有足够吸引力,无法鼓励专业人员参与"双师型"教育。

职业发展机会:巴西的教育体系对教师的职业发展机会有限,没有提供足够的继续教育和进修课程,以提高教师的教育水平。

师德师风建设:一些地区缺乏对师德师风的重视,导致教肺专业人员缺乏职业操守和责任感,不愿意投入到"双师型"教育中。

教育资源支持:巴西的教育体系中,缺乏足够的教育资源,包括教材、技术设备和学习资源,使"双师型"教育难以实施。

学术自由和创新支持:巴西的教育体系缺乏支持教育研究和教育创新的体系,使教育专业人员难以积极参与"双师型"教育。

公众认可和支持:巴西社会对"双师型"教育的认可和支持有限,使教育专业人员感到缺乏动力参与其中。

失败案例三:南非的"双师型"教师激励机制

南非也曾尝试推行"双师型"教育模式,但在一些地区并未获得成功。以下是南非失败案例的"双师型"教师激励机制的分析。

薪酬体系:南非的薪酬体系存在不平等问题,学科专业教师和教育专业教师之间的薪酬差距较大。这使教育专业人员不愿意参与"双师型"教育,因为他们可以获得更高的薪酬在其他领域工作。

职业发展机会:南非的教育体系对教师的职业发展机会有限,缺乏继续教育和进修课程，以提高教师的教育水平。

师德师风建设：一些地区缺乏对师德师风的重视，导致教肺专业人员缺乏职业操守和责任感，不愿意投入到"双师型"教育中。

教育资源支持：南非的教育体系中，缺乏足够的教育资源，包括教材、技术设备和学习资源，使"双师型"教育难以实施。

学术自由和创新支持：南非的教育体系缺乏支持教育研究和教育创新的体系，使教育专业人员难以积极参与"双师型"教育。

公众认可和支持：南非社会对"双师型"教育的认可和支持有限，使教育专业人员感到缺乏动力参与其中。

综合来看，这些失败案例中的"双师型"教师激励机制存在共同的问题，包括薪酬不足、职业发展机会有限、师德师风建设不足、教育资源支持不足、缺乏学术自由和创新支持，以及缺乏公众认可和支持等。这些因素共同阻碍了"双师型"教育的成功实施，使其无法达到预期的教育质量提升效果。

"双师型"教师模式作为一种旨在提高教育质量的创新教育模式，需要有效的激励机制来吸引和留住高素质的"双师型"教师。然而，失败案例表明，薪酬、职业发展、师德师风、教育资源支持、学术自由和创新支持，以及公众认可和支持等要素的不足可能导致模式无法成功实施。因此，教育决策者和教育机构在推行"双师型"教育模式时需要认真考虑这些激励机制，并努力解决存在的问题，以确保模式的成功实施和教育质量的提高。希望这些失败案例的分析可以为其他国家和地区提供有关如何避免类似问题的启示和指导。

第三节　"双师型"教师激励机制存在的
问题及成因分析

一、"双师型"教师激励机制存在问题的分类和程度

"双师型"教师激励机制是指一种教育模式，其中一位教师专门负责知识

教育，另一位教师专门负责素质教育。这种模式旨在提高教育的质量，使学生能够全面发展。然而，实施"双师型"教育模式时，激励机制成为一个关键问题，因为它直接影响到教师的工作积极性和学生的学习成果。下面将讨论"双师型"教师激励机制存在的问题，将其分为不同的分类，并探讨其程度。

（一）问题分类

"双师型"教师激励机制存在的问题可以分为以下几个方面。

1. 薪酬不公平

"双师型"教育模式中，知识教育和素质教育教师通常担任不同的教育任务，但他们的工作负担和工作时间可能并不相同。这导致了薪酬不公平的问题，因为两类教师的薪水可能存在差异。知识教育教师可能因为课时多、备课重等原因获得更高的薪水，而素质教育教师的工资较低。

薪酬不公平的严重程度取决于具体的学校和地区，但这种不公平可能导致教师不满，影响他们的工作积极性。如果不解决薪酬不公平问题，"双师型"教育模式的长期可持续发展可能受到威胁。

2. 职业发展机会不均等

"双师型"教育模式中，知识教育和素质教育教师也可能面临职业发展机会不均等的问题。由于知识教育教师通常受到更多关注，他们更容易获得提升和晋升的机会，而素质教育教师的职业发展可能受到限制。

职业发展机会不均等可能导致素质教育教师感到受到忽视，降低了他们的职业满足度。这也可能导致一些素质教育教师离开这一领域，进一步加剧了素质教育的短缺。

3. 工作压力过大

"双师型"教育模式要求教师同时兼顾知识教育和素质教育，这可能会导致工作压力过大的问题。教师需要备课、教授课程、管理学生和评估学生，这些任务可能相对繁重。由于知识教育和素质教育要求不同，教师可能需要额外的努力来满足这些要求，这会增加他们的工作压力。

工作压力过大可能导致教师的工作满意度降低，甚至影响他们的身体健康。这对教师的长期职业发展和学生的学习成果都有负面影响。

4. 教育资源分配不合理

"双师型"教育模式需要充分的教育资源，包括教室、教材、培训等。然而，有些地区可能无法提供足够的资源来支持这种模式，导致教育资源分配不合理的问题。

教育资源分配不合理可能导致知识教育和素质教育的质量下降，影响学生的学习成果。这也可能导致教师的不满，因为他们无法提供最好的教育给学生。

5. 教师角色不清晰

"双师型"教育模式要求知识教育和素质教育教师在教育过程中发挥不同的作用。然而，有时教师的角色可能不够清晰，导致任务重叠和责任不明确的问题。

教师角色不清晰可能导致教育质量下降，因为教师无法有效地协同工作。这也可能导致教师之间的冲突和不满，影响了教育团队的合作精神。

（二）问题的程度

问题的程度因地区和学校而异，但可以通过一些指标来衡量。以下是评估问题程度的一些指标。

调查和研究：进行定期的调查和研究可以帮助评估"双师型"教师激励机制的问题程度。通过问卷调查、面试、焦点小组讨论等方法，可以了解教师的满意度、工作压力、薪酬情况以及职业发展机会。这些数据可以提供问题的具体情况和程度。

教师离职率：高离职率通常是一个问题的明显迹象。如果大量的教师离开学校或教育领域，那么问题可能非常严重。高离职率会导致教师队伍的不稳定，影响教育质量。

学生成绩和学生反馈：学生成绩和学生反馈可以反映教育质量。如果学生成绩持续下降，或者学生对教育质量不满意，那么问题可能比较严重。

教育资源分配情况：观察学校的教育资源分配情况也是评估问题的一种方法。如果某些学校无法提供足够的资源来支持"双师型"教育模式，那么问题可能较为严重。

教师工会和教育机构的反馈：教师工会和教育机构通常会收到教师的投诉和反馈。他们的观点和建议可以提供问题的有用信息。

综合考虑这些指标，可以对"双师型"教师激励机制存在问题的程度有一个比较全面的了解。

"双师型"教师激励机制的问题涵盖了薪酬不公平、职业发展机会不均等、工作压力过大、教育资源分配不合理和教师角色不清晰等方面。这些问题的程度因地区和学校而异，可以通过调查和研究、教师离职率、学生成绩和学生反馈、教育资源分配情况以及教师工会和教育机构的反馈等指标来评估。解决这些问题需要采取一系列政策和措施，以确保"双师型"教育模式的顺利实施，提高教育质量，增强教师的工作积极性，为学生提供更好的教育。

二、"双师型"教师激励机制问题成因的分析和反思

"双师型"教育模式作为一种创新的教育方式，旨在提高教育质量和学生综合素质发展。然而，随着这种模式的推广，一些问题和挑战浮现出来，其中之一是教师激励机制的问题。下面将对"双师型"教师激励机制问题的成因进行分析和反思，以深入了解问题背后的原因，并提出可能的解决方案。

（一）成因分析

1. 教育政策和体制

教育政策和体制在"双师型"教师激励机制问题中起着关键作用。在一

些地区，政策和法规未能及时跟进和适应"双师型"教育的要求，导致问题的出现。例如，薪酬制度可能仍然基于传统的一位教师制度，难以满足"双师型"教育的需要，从而导致薪酬不公平。

2. 社会认知和评价

社会对教育价值观念的认知和评价也是问题的成因之一。在某些社会中，知识教育被普遍看作是最重要的，而素质教育的价值可能被低估。这导致知识教育教师受到更多的关注和赞誉，而素质教育教师的工作可能被忽视。

3. 教育资源分配

教育资源分配的不均衡也是问题的成因之一。一些学校可能无法提供足够的资源来支持"双师型"教育模式，包括教室、教材、培训等。这会导致知识教育和素质教育教师面临资源短缺的问题，影响了他们的工作和激励。

4. 教师角色和培训

"双师型"教育模式要求教师扮演不同的角色，但一些教师可能没有得到足够的培训和指导，以适应这种模式。教师角色不清晰，任务重叠和责任不明确，这导致了工作混乱和激励问题。

5. 学生需求和期望

学生的需求和期望也对问题的成因有影响。不同学生可能对知识教育和素质教育的需求和期望有所不同，这使得教师面临更多的挑战。教师需要平衡满足不同学生需求的任务，这可能导致工作压力过大和激励问题。

6. 教师工作负担

"双师型"教育模式要求教师同时兼顾知识教育和素质教育，这可能会导致工作负担过大。教师需要备课、教授课程、管理学生和评估学生，这些任务可能相对繁重。工作负担过大会影响教师的工作积极性和工作满意度。

7. 教育领域的文化和传统

教育领域的文化和传统对"双师型"教育模式的实施和教师激励机制产生了影响。一些传统的教育观念可能难以适应新的模式，阻碍了问题的解决。例如，一位教师制度可能仍然占主导地位，使"双师型"教育模式难以获得认可和支持。

（二）反思和解决方案

为了解决"双师型"教师激励机制的问题，需要进行深刻的反思，并采取一系列措施。

1. 教育政策和体制改革

政府和相关教育机构需要积极参与，推动教育政策和体制的改革，以适应"双师型"教育模式的需要。这包括改进薪酬制度，建立适应性更强的评价标准，以及提供支持和培训，以帮助教师适应新的角色和任务。

2. 社会认知和评价的改变

社会需要重新认识和评价素质教育的重要性，将其视为与知识教育同等重要的组成部分。教育机构和媒体可以通过宣传和宣传活动来促进社会对素质教育的认可和支持。

3. 教育资源分配的公平

政府和教育机构需要确保教育资源的公平分配，以支持"双师型"教育模式的实施。这包括提供足够的教室、教材、培训和技术支持，以确保知识教育和素质教育教师都能获得必要的资源来履行自己的角色。

4. 教师角色明晰和培训

为了解决教师角色不清晰的问题，需要提供更多的培训和支持，帮助教师理解和适应他们的角色。教育机构可以制定清晰的教师工作要求和职责，以减少任务重叠和责任不明确的问题。

1. 学生需求和期望的考虑

教育机构应该积极考虑学生的需求和期望，制订灵活的教育方案，以满足不同学生的需求。个性化教育可以帮助教师更好地应对学生的多样性。

2. 教师工作负担的减轻

教育机构可以采取措施减轻教师的工作负担，如提供更多的备课资源、减少行政任务、改进课程设计等。这可以帮助提高教师的工作积极性和工作满意度。

3. 教育领域文化和传统的变革

改革教育领域的文化和传统需要时间和努力，但是这是解决问题的关键。教育机构可以鼓励创新，鼓励新思维方式和方法的采用，以适应"双师型"教育模式的需要。

"双师型"教师激励机制问题的成因是多方面的，涉及教育政策、社会认知、资源分配、教师角色、学生需求、工作负担和文化传统等因素。要解决这些问题，需要政府、教育机构、教师和社会各界的共同努力。通过改革政策和体制、改变社会认知和评价、公平分配教育资源、提供培训和支持、考虑学生需求、减轻教师工作负担以及推动文化传统的变革，可以提高"双师型"教育模式的实施，提高教育质量，增强教师的工作积极性，为学生提供更好的教育。这需要多方面的努力和长期的承诺，但将有助于改善教育体制，使之更适应时代的需求。

第四节 高质量教育体系的"双师型"教师激励机制方案

一、"双师型"教师激励机制的构建和调整

"双师型"教育模式作为一种创新的教育方式，旨在提高学生的综合素质

和整体教育质量。在这一模式中，知识教育和素质教育分别由不同的教师负责，但这种模式的成功运行离不开有效的激励机制。为确保"双师型"教育的稳定发展，下面将探讨如何构建和调整适宜的激励机制。

（一）构建激励机制

首先，差异化薪酬制度是解决薪酬不公平问题的重要手段。该制度根据教师的教育贡献和具体职责确定薪酬水平，知识教育和素质教育教师的工作性质和工作量各不相同，薪酬体系应当体现这些差异。通过差异化的薪酬制度，可以激励教师更加积极地履行职责，同时确保薪酬分配的公平性与公正性。

其次，职业发展机会的平等是确保教师晋升和提升职业地位的重要保障。教育机构应制定明确的晋升标准和程序，确保这些标准基于教师的教育贡献而非其具体身份类别。此外，定期的职业发展培训和支持，可以帮助教师提升专业技能和知识水平，从而促进他们的职业发展。

此外，合理分配教育资源也是保障"双师型"教育质量的关键。政府和教育机构应确保资源的合理配置，以满足知识教育和素质教育的不同需求。这不仅包括充足的教室、教材，还包括技术支持和培训资源。合理的资源分配可以帮助确保"双师型"教育模式的质量和稳定发展。

同时，教师角色的明确性对于"双师型"教育模式的顺利实施至关重要。教育机构应明确教师的职责与角色，制定清晰的工作要求，以减少知识教育与素质教育之间的任务重叠。这种明确的分工有助于教师更好地理解和履行各自的职责。

再者，教育应注重学生的多样性需求。根据不同学生的特点和需求，制定个性化的教育方案，并提供多样化的教学方法和资源。这种因材施教的方式可以更好地满足学生的学习需求，提高整体学习效果。

此外，减轻教师的工作压力是提升其工作积极性的重要措施。教育机构可以通过减少行政任务、提供备课资源以及改进课程设计等方式，帮助教师更好地履行职责，提高工作满意度和教学效果。

最后，教育领域的文化和传统变革是推动"双师型"教育模式创新发展的必要条件。教育机构应鼓励新思维和新方法的应用，支持创新项目和研究，推动教育领域的改革与变革。

（二）调整激励机制

为了确保激励机制的有效性，教育机构应进行定期的评估和反馈。这不仅可以帮助了解激励机制的实施情况，还能及时发现问题并进行调整。评估与反馈可以包括教师满意度调查、学生成绩分析以及教育资源分配情况等。

首先，激励机制的透明性对增强教师信心和动力至关重要。明确的激励标准和程序，使教师了解如何获得激励和晋升机会，可以有效提升教师的工作热情与积极性。

其次，激励机制应具有灵活性，以适应不同地区和学校的特殊需求。由于各地教育资源和条件的差异，灵活的激励机制能够更好地满足不同地区的具体需求，保障机制的有效实施。

教师参与激励机制的制定和调整，也是确保激励机制符合实际需求的重要方式。教师了解自身的需求与挑战，他们的参与可以使激励机制更加贴近实际，增强其执行力和适用性。

再次，激励机制的持续监督和改进至关重要。通过建立监督机制，定期评估激励机制的效果，并发现其中的问题，可以为机制的不断优化提供依据，确保其长期的稳定性和有效性。

在调整激励机制时，还应综合考虑各方利益，包括教师、学生、家长、教育机构和政府的需求。确保激励机制既能够激励教师更好地履行职责，又能提高学生的学习成绩和教育质量，实现多方共赢。

最后，推广最佳实践可以促进激励机制的不断改进与提高。教育机构可以通过教育研究、培训和合作项目，将成功的激励机制经验推广至其他地区和学校，从而提升"双师型"教育模式的整体水平。

构建和调整"双师型"教师激励机制是确保这一新型教育模式成功实施的关键。通过差异化薪酬制度、职业发展机会平等、合理分配教育资源、明确教师角色、关注学生需求、减轻教师压力以及推动教育文化和传统的变革，可以构建一个有效的激励机制，促进教育质量的提升。与此同时，定期的评估反馈、透明性、灵活性、教师参与、持续监督和综合考虑各方利益等措施，将有助于调整和优化激励机制，确保其长期稳定和有效实施。最终，建立一个科学合理、公平公正的激励机制，将有助于推动"双师型"教育模式的进一步发展，提高学生的综合素质和整体教育质量。

二、"双师型"教师激励机制的实施和管理

"双师型"教育模式的推广和实施旨在提升学生的综合素质与教育质量。然而，这一模式涉及知识教育教师和素质教育教师两类群体，需要专门设计的激励机制，以鼓励他们更好地履行职责并推动教育效果的最大化。下文将探讨如何实施和管理"双师型"教师激励机制，以确保其有效性和公平性。

（一）实施激励机制

差异化薪酬制度是激励机制的核心要素之一。由于知识教育与素质教育教师的工作性质和工作量存在差异，制定差异化薪酬制度应基于明确的评估标准和流程，以确保薪酬分配的公平和公正。这种薪酬制度不仅能够激励教师更积极地工作，还能体现出教育机构对不同教师贡献的认可。

在职业发展方面，教育机构应建立透明、明确的晋升机制，为教师提供公平的晋升机会。晋升机制应基于教师的实际教育贡献和职责表现，并提供相关的培训和支持，以帮助教师提升职业技能和知识。这不仅能促进教师的职业发展，还能增强他们的工作动力。

激励机制的透明性和公开性至关重要。教育机构应通过官方文件、网站、会议等渠道公开激励机制的标准和程序，确保教师清楚了解如何获得激励和晋升的机会。透明的制度设计可以提升教师的信任度，并激发他们的积极性。

教师的参与和反馈也是成功实施激励机制的关键。教育机构应鼓励教师参与激励机制的制定和调整，以确保其需求得到充分考虑。通过建立反馈机制，教师可以及时提供意见和建议，从而促进激励机制的持续改进。

教育资源的合理分配和支持是确保"双师型"教育模式质量和稳定发展的基础。教育机构应为知识教育和素质教育提供充足的教室、教材、技术支持和培训资源，确保教师在教学过程中能够有效利用这些资源。

此外，为提高教师的综合素质，教育机构应提供持续的培训和发展机会。这不仅包括素质教育理念和方法的培训，还包括更新知识教育的最新内容和教学技能的培训。通过不断提升教师的专业能力，他们将能够更好地满足学生的学习需求。

个性化教育是满足学生多样化需求的有效途径。教育机构应根据学生的不同特点和需求，制定差异化的教育方案。这些方案应包括不同层次和兴趣的课程设计，以帮助教师更好地提升学生的学习效果。

最后，激励机制的实施需要定期监督和改进。教育机构应建立监督机制，定期评估激励机制的效果，并根据评估结果进行必要的调整。这种持续改进的过程有助于确保激励机制的长期稳定性和有效性。

（二）管理激励机制

激励机制的有效管理需要通过定期评估来实现。教育机构应通过教师满意度调查、学生成绩分析、资源分配情况等方式，对激励机制进行全面评估。评估结果应作为调整和改进激励机制的依据，以确保其公平性和有效性。

建立反馈机制也是管理激励机制的重要环节。教育机构应通过定期反馈会议、评估报告和教育领导的指导，帮助教师了解他们的表现，并对激励机制的实施效果进行反思和调整。这样的反馈过程有助于教师更清晰地理解其职业发展机会和职责要求。

激励机制需要具备灵活性，以适应不同地区和学校的实际需求。教育机构应建立调整机制，允许根据实际情况灵活地调整激励措施。调整应基于评估结果和教师反馈，以确保激励机制的适应性和有效性。

教师的积极参与是确保激励机制公平性的重要保证。通过教师代表和委员会的参与，教师可以直接参与决策和政策制定过程。这种参与不仅提高了激励机制的合法性，还确保了教师需求的充分体现。

激励机制的制度设计应注重稳定性。频繁的制度变更可能会引发教师的不确定感和不满情绪，因此在调整机制时应采取慎重态度，避免不必要的波动。

在管理激励机制时，还需要综合考虑各方的利益，包括教师、学生、家长、教育机构和政府。只有在各方利益得到平衡的情况下，激励机制才能有效促进教育质量的提升和教师职业满意度的提高。

推广最佳实践是推动激励机制不断改进的重要手段。教育机构应通过教育研究、培训和合作项目，分享成功经验，帮助其他地区和学校优化激励机制，从而促进教育质量的整体提升。

总结而言，"双师型"教育模式的成功实施依赖于一个有效的激励机制。通过差异化薪酬制度、明确的晋升机制、透明性和公开性、教师参与、资源分配和支持、持续培训和发展、个性化教育以及定期监督等措施，可以构建和实施有效的激励机制，鼓励教师更好地履行职责，提升教育质量。在管理激励机制过程中，通过定期评估、反馈机制、调整和改进、教师参与、制度稳定性、综合管理和推广最佳实践等措施，可以确保激励机制的长期有效性和公平性。最终，建立一个科学合理、公平公正的激励机制将有助于推动"双师型"教育模式的持续发展，提高学生的综合素质和教育质量。这需要各级教育机构和政府的共同努力和长期承诺。

第十章 基于高质量教育体系的"双师型"教师队伍建设策略

第一节 全链条规划"双师型"教师职业发展道路

一、职业发展道路的设计和规划

职业发展是每个人生活中的重要组成部分，关乎个人在工作和职业方向上的成长与进步。成功的职业发展需要精心的设计和规划，以确保个人能够实现职业目标，提升职业满意度，并获得经济独立性。以下将探讨如何设计和规划职业发展道路，以实现个人与职业的成功。

（一）职业发展的重要性

职业发展直接影响着个人的经济状况、社会地位和生活质量，是生活中不可忽视的关键领域。通过有效的职业发展，个人可以实现经济独立，获得满足的职业体验，并提升社会地位与认可度。成功的职业发展还可以促使个人在职业上不断成长，赢得更好的职位与机会，同时增强个人的自尊与自信。这些因素共同构成了职业发展的核心重要性。

（二）职业发展的设计与规划

职业发展的设计与规划是一个系统性的过程，需要仔细考虑个人的兴趣、技能、价值观和职业目标。首先，进行自我评估是设计职业发展的第一步，帮助个人明确自己的职业优势与劣势，从而为职业规划打下基础。接着，设定明确的职业目标是关键一步，这些目标应当涵盖短期、中期与长期，并与个人的价值观和愿望相契合。

在设定目标之后，个人需要获得相应的教育和培训，以提升竞争力，实现职业目标。这可能包括学习新技能、获得专业资格或继续教育。此外，了解职业市场的现状和趋势对于职业发展至关重要，有助于选择合适的发展方向。职业导师和辅导者可以提供宝贵的建议和指导，帮助个人克服职业发展中的障碍。

实践和积累经验也是职业发展不可或缺的一部分。通过实习、志愿工作或兼职工作，个人可以提高职业技能，深入了解行业实际情况，从而增强就业竞争力。最终，制定一个清晰的职业发展计划，包括明确的步骤与时间表，以确保个人能够按计划实施，朝着职业目标稳步前进。

在职业发展过程中，持续学习和适应变化至关重要。随着职业市场的变化和新技术的出现，个人需要不断更新技能与知识，以保持竞争力和职业成功。

（三）职业发展的管理

管理职业发展是一个持续的过程，个人需要不断关注并调整自己的职业发展道路。定期跟踪职业目标的实现情况，有助于及时调整职业规划，确保目标的适应性与现实性。与此同时，随着职业领域的变化，个人需要不断更新技能，以适应市场需求。

建立并维护一个强大的职业网络是职业发展中的关键环节。通过与同行和行业领袖建立联系，个人可以获得职业建议、就业机会和支持。此外，积极寻求反馈和建议，有助于改进职业表现，并提升职业发展路径的有效性。

在职业发展中，灵活性和适应性同样不可或缺。职业道路可能会充满挑战，个人需要具备迅速适应变化的能力，及时解决问题。此外，保持职业满意度和工作与生活的平衡对于长期的职业成功至关重要。制定备用计划可以帮助个人应对不确定性，确保职业发展道路的稳健与持续性。

总之，职业发展是每个人生活中的重要方面，只有通过仔细的设计与规划、不断的努力与调整，个人才能够实现职业目标，提升职业满意度，获得职业上的成功与满足感。这一过程虽然充满挑战，但也是通向个人生活与职业成功的重要途径。

二、职业发展道路的支持和保障

职业发展是每个人生活中不可或缺的一部分，它涉及个人在工作和职业道路上的成长与进步。然而，职业发展的过程可能面临各种挑战和困难，因此需要得到充分的支持和保障。以下内容将探讨如何通过各类措施来支持和保障个人的职业发展，从而确保他们能够实现职业目标，并提升职业满意度。

（一）职业发展的支持

职业发展需要多方面的支持，以帮助个人在职业道路上取得成功。职业咨询和指导是提供支持的重要方式，通过了解个人的兴趣、技能和职业目标，职业咨询师能够为其提供个性化的建议，帮助其制定切实可行的职业计划。此外，职业培训和发展机会同样重要，教育机构、雇主及政府可以提供多种学习资源，如课程、研讨会和认证项目等，以帮助个人提升职业技能和知识。职业导师与辅导则能够通过分享经验和见解，帮助个人了解行业动态，增强自信心。建立和维护职业网络有助于拓展职业机会，与行业领袖建立联系，可以提供职业建议和支持。工作安全和稳定性是职业发展的基础，确保工作可靠性和稳定的收入对个人职业成长至关重要。提供职业资源和信息，使个人了解市场需求和趋势，能够更好地做出职业决策。此外，财务支持和奖学金为个人提供了获得必要教育和培训的机会，确保其具备竞争力。在职业发展的过程中，工作与生活的平衡以及健康支持也需要得到重视，弹性工作时间和健康福利可以帮助员工更好地平衡工作与生活，维持身心健康。

（二）职业发展的保障

保障职业发展同样至关重要，需要通过法律、政策和社会机制来实现。首先，职业权益必须得到法律保障，确保雇主不会侵犯员工的合法权益，并提供解决争议的途径。职业多样性和机会均等是社会公平的重要体现，政府和雇主应采取措施，确保每个人都有平等的发展机会，避免任何形式的歧视。职业福利和社会保障为个人提供了面对职业变化的安全网，失业救济、医疗保险、退休金等都是保障个人生活的重要措施。制定和实施职业发展计划与政策，是政府支持个人职业发展的重要手段，涵盖职业培训、创业鼓励、中小企业支持等多个方面。监管和调查机制对于职业发展中的不当行为和不公平做法进行监督，确保职业发展过程的公平性和合法性。此外，进行职业发展研究并提供准确的信息，可以帮助个人更好地了解市场趋势，制定合理的职业计划。企业社会责任也是保障职业发展的重要部分，企业应积极为员工的职业发展提供支持，提升员工满意度和忠诚度。职业发展教育则应在早期阶段纳入教育体系，帮助学生了解职业发展的基本原则，为未来职业生涯打好基础。

支持和保障个人的职业发展不仅对个人至关重要，也是社会繁荣和进步的基础。通过提供职业咨询、培训机会、职业导师支持、职业资源和信息，以及法律保障、多样性推动、职业福利等措施，能够帮助个人实现职业目标，提升职业满意度并获得成功。政府、教育机构、雇主及社会各界应共同努力，为个人的职业发展提供全方位的支持和保障，从而推动社会的整体进步。

第二节　全过程完善"双师型"教师管理制度体系

一、"双师型"教师管理制度体系的完善原则

"双师型"教育模式是一种结合了专职教师和行业专家的教学方式，旨在提高学生的实际技能和就业竞争力。然而，要确保"双师型"教育模式的有效实施，需要建立完善的教师管理制度体系，以保障教师的权益、激励教师提供高质量的教育，并确保教育质量。下面将讨论"双师型"教师管理制度体系的完善原则，以推动这一教育模式的发展。

（一）激励机制的建立

1. 差异化薪酬制度

建立差异化的薪酬制度，以根据教师的贡献和表现来确定薪资水平。这可以包括基本工资、绩效奖金、特殊任务津贴等。差异化薪酬制度可以激励教师提供更好的教育，并吸引高素质的教育从业者。

2. 晋升机制

建立明确的晋升机制，以鼓励教师不断提升自己的教育和教学水平。晋升可以包括升职、晋升、职称评定等，需要根据教师的教育背景、工作经验和绩效来确定。晋升机制可以提供发展和职业前景，激励教师不断进步。

3. 透明性和公开性

激励机制应具有透明性和公开性，以确保公平竞争和公正评价。教师应清楚了解评估标准、评价过程和激励政策，以使他们知道如何获得奖励和晋升。透明性和公开性可以减少不满和争议。

4. 教师参与

教师应参与激励机制的制定和评估,以确保它们符合他们的需求和期望。教师代表和委员会可以与管理层协商和讨论激励政策,为教师发声,确保他们的权益得到尊重。

(二)资源分配和支持

1. 资源分配

确保"双师型"教育机构有足够的资源来支持教师的工作。这包括教学设备、课程材料、技术支持等。资源分配应公平合理,以满足不同学科和领域的需求。

2. 培训和发展

提供培训和发展机会,以帮助教师提高教育和教学技能。培训可以包括课程设计、教学方法、行业知识和教育技术等。教师需要定期接受培训,以保持竞争力和适应教育领域的变化。

3. 个性化支持

提供个性化的支持,以满足不同教师的需求。教师可能需要不同类型的支持,如教学指导、心理健康支持、职业规划和工作生活平衡。个性化支持可以帮助教师更好地履行职责,提高教育质量。

(三)监督和评估

1. 持续监督

建立持续监督机制,以确保教师的工作得到及时的反馈和改进。监督可以包括课堂观察、教育质量评估、学生反馈等。持续监督可以帮助教师识别问题和提高教学效果。

2. 定期评估

建立定期的教师绩效评估制度，以确定教师的表现和贡献。评估可以根据教育目标、学生成绩、教学方法等来进行。定期评估可以为激励机制提供依据，同时帮助教师改进自己的工作。

（四）制度的稳定性

1. 制度的连续性

保持制度的连续性，以确保教师在一个稳定的工作环境中工作。频繁的制度变更可能会导致不确定性和不满，影响教师的工作效率和教育质量。制度的连续性可以增加教师的信心和稳定性。

2. 制度的适应性

制度需要具有适应性，以应对教育领域的变化和挑战。制度应根据新的教育政策、技术进步和学生需求来进行调整和改进。制度的适应性可以确保"双师型"教育模式的持续发展和提高。

（五）综合管理

1. 教育机构的角色

教育机构需要发挥积极的作用，为"双师型"教育模式提供全面的管理支持。教育机构应负责教师的招聘、培训、薪酬管理、绩效评估、监督和支持等方面。他们应建立清晰的管理流程和政策，以确保教育机构的目标得以实现。

2. 教师自主管理

教师也应该具有一定的自主管理权，以参与决策和管理教育过程。他们可以参与课程设计、教学方法选择、学生评估和教育政策制定。教师的自主管理可以增加他们的责任感和承诺，提高教育质量。

3. 制度的信息化

建立信息化的管理制度，以提高效率和透明度。信息化可以帮助管理层更好地监督和评估教师的工作，同时为教师提供更多的资源和支持。信息化管理可以促进教育机构的发展和提高教育质量。

"双师型"教育模式是一种具有潜力的教育方式，它可以提高学生的实际技能和就业竞争力。然而，要确保这一模式的成功实施，需要建立完善的教师管理制度体系，以激励教师、分配资源、监督和评估工作，同时保障教师的权益和提高教育质量。完善的教师管理制度体系应包括激励机制的建立、资源分配和支持、监督和评估、制度的稳定性、综合管理等方面的原则。这些原则可以帮助"双师型"教育模式实现其教育目标，提高教育质量，为学生提供更好的教育。同时，这一制度体系也需要教育机构、教师和管理层的共同努力，以实现其有效实施和发展。

二、"双师型"教师制度体系的建设和升级

"双师型"教育模式是一种结合了专职教师和行业专家的教学方式，旨在提高学生的实际技能和就业竞争力。为了有效实施这一教育模式，需要建设和不断升级"双师型"教师制度体系，以保障教师的权益、激励教师提供高质量的教育，并提高教育质量。下面将探讨"双师型"教师制度体系的建设和升级，为这一教育模式的发展提供指导。

（一）建设"双师型"教师制度体系的原则

1. 合法性和公平性

"双师型"教师制度体系的建设应基于法律法规，确保合法性和公平性。制度应遵守国家和地方的教育政策，不偏袒任何一方，以保证教师的权益和公平竞争。

2. 激励机制

建设激励机制，以激励教师提供高质量的教育。激励机制可以包括差异化薪酬、绩效奖金、晋升机制等，以奖励表现出色的教师，鼓励他们不断提高教育水平。

3. 专业发展

支持教师的专业发展，提供培训和发展机会。培训可以涵盖教学技能、行业知识、课程设计等方面，以帮助教师提高综合素质，适应"双师型"教育的要求。

4. 教育质量保障

建设监督和评估机制，以确保教育质量。监督可以包括定期的课堂观察、学生评估、教育质量评估等，以发现问题并及时改进。

5. 政策和制度的稳定性

保持政策和制度的连续性，以确保教育机构的稳定运行。频繁的政策变更可能会导致不确定性和不满，影响教育质量。

6. 教育机构的角色

教育机构应发挥积极的作用，为"双师型"教育模式提供全面的管理支持。他们应负责教师的招聘、培训、绩效评估、薪酬管理等方面，确保教育机构的目标得以实现。

7. 教师自主管理

教师应具有一定的自主管理权，以参与决策和管理教育过程。他们可以参与课程设计、教学方法选择、学生评估和教育政策制定，提高教育质量。

8. 制度的信息化

建设信息化的管理制度，提高效率和透明度。信息化可以帮助管理层更好地监督和评估教师的工作,同时为教师提供更多的资源和支持,提高教育质量。

(二)"双师型"教师制度体系的建设

1. 教师招聘

"双师型"教育模式需要吸引高素质的行业专家作为兼职教师。因此,建设制度应包括招聘流程,明确招聘条件和程序。教育机构可以通过广告、面试和评估来选拔合适的候选人。

2. 教育背景要求

建设制度应明确教师的教育背景要求。这可以包括学历要求、专业要求、教育培训要求等。确保教师具备相关的教育背景和知识,以保证教育质量。

3. 培训和发展

提供培训和发展机会,帮助教师提高教育和教学技能。培训可以包括课程设计、教学方法、教育技术等。教育机构可以与专业培训机构合作,为教师提供培训课程。

4. 激励机制

建立差异化薪酬制度,以根据教师的表现和贡献来确定薪资水平。绩效奖金和晋升机制也应建立,以奖励表现出色的教师。这可以激励教师提供高质量的教育。

5. 教师支持

提供个性化的支持,以满足不同教师的需求。这可以包括教学指导、心理健康支持、职业规划和工作生活平衡。个性化支持可以帮助教师更好地履行职责,提高教育质量。

6. 监督和评估

建立持续监督和定期评估机制,以确保教育质量。监督可以包括定期的课堂观察、学生评估、教育质量评估等。定期评估可以用来测量教师的表现和贡献，为激励机制提供依据。

7. 制度的透明性

制度应具有透明性，确保教师清楚了解政策和流程。这可以通过公开政策文件、清晰的评估标准和政策的公告来实现。透明性可以减少不满和争议，提高制度的合法性。

8. 政策和制度的稳定性

保持政策和制度的连续性，避免频繁的变更。稳定性可以增加教师的信心和稳定性，提高教育质量。政策的制定应充分考虑教师的反馈和建议，以确保制度的适应性和可持续性。

9. 教师自主管理

教师应参与决策和管理教育过程。他们可以参与课程设计、教学方法选择、学生评估和教育政策制定，以提高教育质量。教师代表和委员会可以与管理层协商和讨论政策，为教师发声，确保他们的权益得到尊重。

10. 制度的信息化

建设信息化的管理制度，提高效率和透明度。信息化可以帮助管理层更好地监督和评估教师的工作，同时为教师提供更多的资源和支持。信息化管理可以促进教育机构的发展和提高教育质量。

（三）"双师型"教师制度体系的升级

1. 持续培训

提供持续的培训机会，以帮助教师跟随教育领域的变化和发展。培训可以涵盖新的教学方法、技术工具、行业知识等。教育机构可以与行业合作，为教师提供最新的培训资源。

2. 教育研究和创新

鼓励教师参与教育研究和创新。他们可以开展教育研究项目、设计新的教学方法、制定教育政策建议等。鼓励教师的研究和创新可以提高教育质量，推动教育领域的进步。

3. 教师参与决策

增加教师的参与决策的机会。教师代表和委员会可以与管理层协商和讨论政策，为教师发声，确保他们的权益得到尊重。教师应在政策和制度的制定中发挥更大的作用。

4. 职业发展机会

提供更多的职业发展机会，鼓励教师提升自己的教育和教学技能。这可以包括升职、晋升、职称评定等。制度应根据教师的表现和贡献来确定职业发展机会。

5. 制度的适应性

制度需要具有适应性，以应对教育领域的变化和挑战。制度应根据新的教育政策、技术进步和学生需求来进行调整和改进。制度的适应性可以确保"双师型"教育模式的持续发展和提高。

"双师型"教育模式是一种具有潜力的教育方式，可以提高学生的实际技能和就业竞争力。然而，要确保这一模式的成功实施，需要建设和不断升级"双师型"教师制度体系，以激励教师、分配资源、监督和评估工作，同时保障教师的权益和提高教育质量。制度体系的建设和升级应基于合法性和公平性、激励机制、专业发展、教育质量保障、政策和制度的稳定性、教育机构的角色、教师自主管理、制度的信息化等原则。这些原则可以帮助"双师型"教育模式实现其教育目标，提高教育质量，为学生提供更好的教育。同时，不断升级制度也需要教育机构、教师和管理层的共同努力，以实现其有效实施和发展。

第三节　全方位督导"双师型"教师政策落地落细

一、"双师型"教师政策的制定和执行

教育被视为国家和社会发展的关键因素，而教师是教育系统中最重要的组成部分之一。随着中国教育体制的逐步完善，政府一直致力于提升教育质量和教师队伍的水平。在此背景下，中国政府推出了"双师型"教师政策，旨在进一步提高中小学教育质量和教师队伍的专业水平。下面将探讨这一政策的制定与执行，分析其动机、内容以及实施过程中面临的挑战与成就。

（一）政策制定的背景和动机

中国教育体制虽然不断发展，但仍存在教育资源分布不均衡等问题。城乡之间的教育资源差距明显，师资力量不足成为中小学教育提升的瓶颈。为了应对这些挑战，政府意识到必须采取有效措施，提出了"双师型"教师政策。这一政策的动机包括提高教育资源的均衡分配，缩小城乡教育差距；提升教师的专业水平，促进教育质量提高；以及提供更多发展机会和职业发展路径，吸引高素质人才加入教育行业。同时，国际上一些国家已成功采用"双师型"教师制度，强调教育质量与教师专业化，这为中国政府提供了重要参考。

（二）政策内容

"双师型"教师是指既具备教育理论与实践知识，又拥有专业领域知识的教育者。他们不仅具有教育教学的专业素养，还掌握某一学科或领域的深入知识，能够为学生提供更全面、更高质量的教育。为此，中国政府进行了一系列教育体制改革，包括教育资源的重新分配、教师培训体系的调整以及职业发展路径的设立。这些改革旨在打破传统教育模式，促进教育的创新与发

展。政府还投入大量资源用于培训"双师型"教师，提供教育理论和实践知识培训以及专业领域深造。同时，为吸引更多高素质人才从事教育工作，政府出台了一系列激励政策，如提高薪酬待遇、拓宽职业发展机会等，旨在提升教师的职业满意度，激发工作热情。

（三）政策执行的挑战与成就

尽管"双师型"教师政策取得了初步成效，但在执行过程中仍面临诸多挑战。例如，政策实施需要大量资金和人力资源，当前资源尚不足以满足需求；各地区教师队伍素质差距较大，亟需解决这一问题；教育体制改革是政策执行的难点，需要克服一系列制度性障碍；此外，不同地区和学校对新政策的接受程度不同，教育观念的转变需要时间。尽管如此，政策的执行已带来了显著成效，包括培养了一大批"双师型"教师，提高了教育质量；缩小了城乡教育差距，改善了教育资源分布；提高了教师职业满意度，吸引了更多高素质人才加入教育队伍；提升了中国教育体系的国际竞争力，赢得了国际认可。

总的来说，"双师型"教师政策是中国教育领域的重要创新，旨在提升中小学教育质量和教师队伍专业化水平。尽管政策实施过程中面临挑战，但其成就显著，未来中国政府需继续克服困难，完善政策细则，确保顺利实施。教育部门也需不断监测政策效果，根据实际情况进行调整和改进，以进一步提升中国教育体系的竞争力和创新力。

二、"双师型"教师监管体系的建立和完善

"双师型"教师政策的制定和实施是中国教育领域的一项重要举措，旨在提高中小学教育的质量和教师队伍的素质。然而，政策的有效实施和监管至关重要，以确保政策目标的实现和教育质量的提升。下面将探讨"双师型"教师监管体系的建立和完善，分析监管体系的必要性、构建要素以及面临的挑战和前景。

（一）监管体系的必要性

首先，"双师型"教师政策的核心目标是提高中小学教育的质量和教师队伍的素质。为了实现这一目标，建立监管体系是必不可少的，这一体系能够确保政策的有效实施，避免在执行过程中出现滥用和失误。其次，教育质量是关乎国家未来发展和社会稳定的重要因素。一个有效的监管体系可以保障教育质量的提升，维护学生的受教育权益，防止低素质教师进入教育系统，从而保护教育的根本利益。此外，监管体系还可以促进教育公平，确保政策在全国范围内的均衡实施，防止资源分配不公和教育机会的不平等，这对缩小城乡教育差距、消除地区间教育水平差异具有重要意义。最后，建立一个透明且可信的监管体系有助于提高政策的透明度和可信度，增强政府、教育机构与社会公众之间的信任，为政策的长期稳定性提供保障。

（二）监管体系的构建要素

要构建一个有效的监管体系，首先需要制定相应的法律法规，明确"双师型"教师政策的执行标准和要求，厘清教育机构与教师的权利和责任，并明确监管机构的职责和权限。其次，需要设立专门的监管机构或部门来负责"双师型"教师政策的监督工作，这些机构应具备必要的专业知识和监管经验，能够有效履行其职能。此外，监管体系还应建立一套完整的监管标准和评估体系，用以评估教育机构和教师是否符合政策要求，这些标准应全面涵盖教育质量、教师素质和教育资源分配等多方面内容。数据收集和信息公开是监管体系的关键工具，监管机构需定期收集并公开相关数据，以提高政策的透明度并接受社会监督。教育机构自身也应承担部分监管责任，建立内部监督机制和激励措施，确保政策的有效执行。最后，社会参与也是监管体系的重要组成部分，社会公众、家长、学生及教育专家等各方应积极参与监督，提供反馈和建议，以促进政策的不断改进和完善。

（三）面临的挑战

尽管监管体系在政策执行中发挥着重要作用，但其构建和完善仍面临诸多挑战。首先，建立和维护监管体系需要大量资源，包括人力、财力和技术支持，政府需投入足够的资源以保障监管工作的顺利进行。其次，教育领域常常存在信息不对称的问题，学校和教育机构可能不愿透露真实信息，监管机构需要克服这一障碍，以确保所获取信息的真实和可靠。此外，监管体系的建立可能需要变革现有的制度和文化，这可能会遇到一定的阻力和挑战。制定科学有效的评估标准也十分复杂，需要综合考虑教育质量、教师素质和资源分配等多方面因素。最后，社会参与度的提升也需要加强社会教育和宣传工作，以提高公众的意识和参与积极性。

在建立和完善"双师型"教师监管体系的过程中，政府、教育机构以及社会各界需要通力合作，确保监管体系的有效运行和政策目标的实现。一个强有力的监管体系不仅将有助于提高中小学教育的质量，提升教师队伍的素质，还将推动中国教育体系的进一步发展和进步。监管工作的成功将为中国教育事业注入新的活力，使其更加具备国际竞争力和创新力。

参考文献

［1］李丽华，高杨，梁秋栢．"双师型"教师队伍建设模式改革与制度创新研究［M］．沈阳：辽宁大学出版社，2014．

［2］龙辉明．双高建设背景下高职院校"双师型"教师队伍建设研究［M］．合肥：合肥工业大学出版社，2020．

［3］韩雪军，韩猛．民族地区高职院校"双师型"教师队伍建设研究［M］．长春：吉林大学出版社，2018．

［4］黄立．产教融合背景下高职院校"双师型"教师团队建设研究［M］．长春：吉林人民出版社，2020．

［5］王晞．新时代职业教育教师队伍专业化建设与发展［M］．北京：北京理工大学出版社，2019．

［6］吴炳岳．职业院校"双师型"教师专业标准及培养模式研究［M］．北京：教育科学出版社，2014．

［7］李梦卿．"双师型"职教师资培养制度研究［M］．武汉：华中科技大学出版社，2012．

［8］陈宝珠，王方等著．旅游高职教育师资队伍建设的研究与实践［M］．北京：中国旅游出版社，2013．

［9］邵建东．现代职业教育研究前沿论丛 高职院校专业教师团队建设与管理研究 以装备制造大类专业为例［M］．武汉：华中科技大学出版社，2021．

［10］谭少元．战略转型背景下开放大学教师角色与素质研究［M］．成都：电子科技大学出版社，2016．

［11］ 杨秀英，兰小云.国际视野下的职业院校专业教师培养研究与实践
［M］.上海：上海交通大学出版社，2018.

［12］ 周洪宇.中国教育黄皮书 2011 年 进一步推进教师队伍建设［M］.武
汉：湖北教育出版社，2011.

［13］ 谢利英.高职院校生产性实训基地与专业群建设研究［M］.长春：吉
林人民出版社，2017.